시간으로의 여행

스페인을 걷다

시간으로의 여행

스페인을 걷다

정병호 지음

BM (주)도서출판 성안당

머리말

『시간으로의 여행, 유럽을 걷다』, 『시간으로의 여행 크로아티아, 발칸을 걷다』에 이어 이번에는 유럽 중에서도 손꼽힐 만큼 많은 여행객들이 찾는 나라, 스페인에 대한 이야기를 하게 되었다. 공식적인 국명인 에스파냐보다 더 친숙한 영어식 이름인 스페인으로 떠나 각 도시의 명소들과 골목들을 살피며 스페인의 고대, 중세 그리고 현재의 역사를 더듬었다.

여행을 하다 보면 결국 사람 사는 곳은 다 비슷하다는 결론을 내릴 수도 있지만, 그 비슷한 모습에서 다른 차이를 발견해내는 것이 여행의 진짜 재미라고 생각한다.

수많은 여행객을 유혹하고 있는 스페인. 사람들이 단순히 스페인의 화려함을 감탄하는 데에서 그치지 않고 여행의 진짜 재미를 느낄 수 있도록 여행 전부터 제대로 가이드 하자라는 마음을 가지고 집필하였다.

유럽의 많은 나라 중 스페인은 특히 뚜렷한 지역별 특색과 흥미로운 역사를 가진 나라이다. 스페인의 역사를 이야기할 때 등장하는 로

마 제국, 게르만족, 가톨릭, 이슬람, 라틴아메리카 정복, 스페인 내전, 프랑코 독재 등의 키워드만 봐도 우리나라만큼이나 우여곡절의 역사를 갖고 있다는 것을 알 수 있다.

이런 스페인의 역사는 복잡하지만 다양한 문화를 만들어냈고, 그만큼 많은 볼거리가 있는 곳이 바로 스페인이다. 또한 스페인이 위치한 이베리아 반도는 메세타 지형이라는 특성상 각 지역이 산맥들로 차단되어 각각의 독특한 문화를 발전시킬 수 있었으며, 동서로는 대서양과 지중해가 만나고, 남북으로는 유럽과 아프리카가 만나는 문명의 교차로이다.

나에게 스페인은 '아주 맛있는 음식'이다. 역사, 환경과 문화라는 좋은 식재료가 잘 어우러져 훌륭한 맛을 내는 음식이라고 생각한다. 또 단순히 맛의 즐거움만 주는 것이 아니라 건강에도 좋은 매력적인 음식이기도 하다. 이 책을 보는 사람들이 이런 매력적인 스페인의 맛을 제대로 음미할 수 있기를 바란다.

마지막으로 이 책을 출판하는 데 도움을 주신 관계자 여러분에게 감사의 마음을 전한다.

저자 정병호

추천하는 글

요즘 들어 처리해야 할 일은 많은데 부족한 시간 때문에 조바심을 내다 지쳐버리는 사람들의 모습을 주변에서 자주 본다. 이럴 때 필요한 것은 휴식을 통한 치유인데, 20년 넘는 세월을 여행 관련 일을 한 사람으로서, 휴식의 방법으로 여행을 적극 추천한다.

"인생은 한 권의 책이고, 여행은 그 책의 중요한 한 페이지를 넘기는 것과 같다."라는 구절처럼 여행이 우리 삶에 미치는 긍정적인 영향에 대해서는 여행을 한 번이라도 간 사람이라면 공감할 것이다.

저자는 여행을 위한 진짜 사전 준비는 여행 정보서나 인터넷 검색을 통해 알 수 있는 정보 수집이 아니라 자신이 여행하려는 곳에 대한 관심과 이해이며, 그것이 여행의 질을 얼마나 높일 수 있는지에 대해 거듭 말하고 있다. 그리고 이런 생각에 나 역시 크게 공감한다. 물론 특별한 준비 없이 무작정 떠나는 여행도 좋지만, 어렵게 시간과 경비를 들여 떠나서 보고 들은 것들을 제대로 느끼고, 즐기는 여행이 좀 더 좋은 내용으로 인생의 한 페이지를 채울 수 있을 것이라고 생각한다.

마지막으로 이 책은 스페인 최고 명소들의 역사적 배경과 함께 그곳의 흥미로운 이야기들을 소개하고 있는 친절하고, 특별한 역사 여행서라고 말하고 싶다.

스페인 여행 정보를 찾는 데 지쳐버린 예비 스페인 여행객, 스페인을 태양의 나라, 정열의 나라 정도로만 알고 있는 사람들, 색다른 문화를 간접 체험이라도 하고 싶어 하는 이들에게 이 책을 적극 추천한다.

하나투어 구미대양주 에어텔팀 부장 **이진영**

차 례

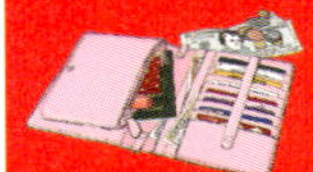

엘레나와의 스페인 여행 코스 (13박 14일)

1일 차	바르셀로나
2일 차	피게레스
	카다케스
3일 차	사군토
	발렌시아
4일 차	쿠엥카
	라 만차(콘수에그라)
5일 차	그라나다
6일 차	세비야
	코르도바
7일 차	톨레도
	아빌라
8일 차	세고비아
	살라망카
9일 차	바야돌리드
10일 차	아스트로가
	레온
11일 차	빌바오
12일 차	팜플로나
	사라고사
13일 차	마드리드

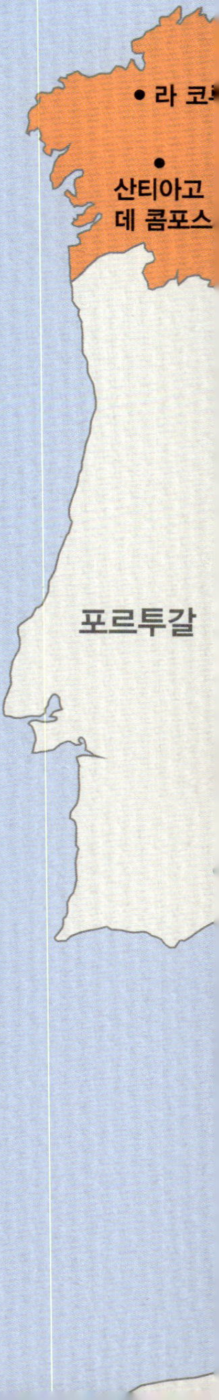

프랑스
오비에도
산탄데르
빌바오
트로가
레온
팜플로나
안도라 라 베야
카다케스
피게레스
헤로나
바야돌리드
사라고사
바르셀로나
Start
타라고나
세고비아
살라망카
아빌라
Finish
마드리드
쿠엥카
사군토
톨레도
발렌시아
라 만차
(콘수에그라)
알카사르 데 산 후안
코르도바
세비야
그라나다
알제리
모로코

저자가 추천하는 스페인 여행 코스

스페인 카탈루냐 여행 (4박 5일)

1일 차 바르셀로나
2일 차 헤로나
3일 차 피게레스
안 도라 라 베야
4일 차 타라고나
5일 차 발렌시아

스페인 안달루시아 여행 (3박 4일)

1일 차 마드리드
2일 차 그라나다
3일 차 코르도바
4일 차 세비야

스페인 카스티야 여행 (6박 7일)

1일 차 마드리드
2일 차 알카사르 데 산 후안
3일 차 라 만차(콘수에그라)
4일 차 톨레도
5일 차 쿠엥카
6일 차 엘 에스코리알
아빌라
7일 차 세고비아

스페인 북부 여행 (6박 7일)

1일 차 마드리드
2일 차 산탄데르
3일 차 오비에도
4일 차 라 코루냐
5일 차 산티아고 데 콤포스텔라
6일 차 살라망카
7일 차 마드리드

프롤로그

여행은 언제나 설렘으로 다가온다

내가 엘레나를 다시 만난 건 바르셀로나 공항에서였다. 그동안 가끔 이메일을 주고받기는 했지만 얼굴을 마주 보는 건 1년하고 3개월 만이다. 그녀가 이번 내 스페인 여행의 안내자를 자청한 덕분이었다. 비행기를 타고 유럽을 경유하여 스페인의 바르셀로나에 도착할 때까지 여행을 시작한다는 들뜬 마음과 그녀를 다시 만난다는 또 다른 설렘이 있었다.

공항에 도착해 환하게 웃는 그녀를 보았을 때 앞으로 여행 내내 나를 설레게 할 스페인의 뜨거운 태양 같은 느낌이 들었다. 그런 생각을 하고 있을 때 그녀가 나를 안으며 서양식으로 인사를 해 나는 살짝 당황하였다. 짧게 인사를 마치고 우리는 그녀의 빨간색 미니MINI 자동차에 짐을 싣고 람블라스 거리에 있는 호텔로 향하였다. 차를 운전하는 그녀의 모습은 처음 보았다.

"호텔부터 체크인하고 혹시 피곤하지 않으시면 저녁 식사 하실

차콜린 레스토랑의 간판

래요?"

"그럼요. 피곤하더라도 오래간만에 만났는데 한잔해야죠."라고 말하며 그녀를 쳐다보자 그녀는 또 한번 환하게 웃어주었다.

나는 호텔에 도착해 체크인을 한 후 객실에 올라가 가방만 놓아두고 서둘러 다시 그녀의 차에 올라탔다.

"어디로 가는 건가요?"

"바르셀로나는 바닷가이니까 배고프시면 해물 요리, 아니면 가벼운 와인과 함께 핀초Pincho 어때요?

"네, 꼬치 먹고 싶네요."

"네? 꼬치가 뭐예요?"

"아, 핀초 먹자는 얘기예요. 핀초처럼 꼬챙이에 꽂아 먹는 요리를 한국에서는 보통 '꼬치'라고 부르거든요."

"아, 그렇군요."

엘레나의 차는 피카소 미술관을 지나 바르셀로나 프란사 역 정면에 있는 한 레스토랑에서 멈췄는데, 차콜린Txakolin이라는 간판이 붙어 있었다. 안으로 들어가자 중앙에는 바 형태의 테이블이 있고, 시끌벅적한 것이 레스토랑 보다는 바 같았다. 안내 받은 자리에 앉으며 엘레나가 내게 물었다.

핀초

차콜리를 따르는 모습

"여기 분위기 어때요? 전형적인 스페인 북부지역에 음식점인데요. 리세우Liceu 극장 교수들도 자주 들르는 곳이에요."

"리세우 극장이요?"

"밀라노 라스칼라 극장과 같은 오페라 극장인데 겨울에는 발레

공연도 하죠. 그리고 카탈루냐Cataluna의 중산층 문화를 대변하는 극장이기도 합니다."

이때 종업원이 주문을 요청하자 엘레나는 내가 먹고 싶다는 핀초와 함께 차콜리Txakoli를 시켰다.

"차콜리? 여기 레스토랑 이름이랑 비슷한데요?"

"차콜리는 빌바오 지역의 특별한 와인이에요. 스파클링 와인으로 까바와 비슷한 맛이고 바르셀로나인들이 사랑하는 와인이죠. 핀초는 종류가 많아 골라 먹는 재미가 있어요. 얇게 썬 빵 위에 다양한 요리를 올린 것인데 소시지, 연어, 소고기, 돼지 피와 당면, 채소가 들어간 순대, 치킨 꼬치 등 여러 가지예요. 드시고 싶은 핀초를 개인 접시에 담아 와서 먹은 다음 나갈 때 꼬치 개수만큼 계산하면 되요."

식사가 끝나갈 때쯤 엘레나는 나에게 스페인을 여행한 경험이 있느냐고 물었다.

"다른 사람에 비해 많이 왔다고 할 수 있죠. 그래서 조금은 스페인 적응이 빠르지 않을까 생각해요."

"아, 다행이에요. 스페인은 각 도시마다 품고 있는 이야기가 풍부해요. 들려주고 싶은 이야기는 많지만 오늘은 오랜 비행 시간과 시차 때문에 피곤하실 테니 이만 돌아가 쉬고 내일부터 본격적으로 스페인 구석구석을 돌아보기로 해요."

나는 엘레나의 배려가 고맙기도 했지만 오랜만에 만났는데 너무 빨리 호텔에 돌아가는 아쉬움이 더 컸다. 우리는 내일을 기약하며 자리에서 일어났다.

DAY 1

여행의 시작, 역사와 예술의 도시

바르셀로나

가우디, 피카소, 달리의 도시 그리고 카탈루냐 모더니즘의 도시 바르셀로나. 스페인에서 두 번째로 큰 도시로 스페인 동부 지중해부터 프랑스 남쪽의 피레네 산맥과 경계를 이루고 있다. 도시 명칭은 고대 페니키아의 언어인 바르케노에서 유래하였다고 한다. 스페인 내전으로 인해 많은 파괴와 슬픔을 겪기도 했지만 지금은 스페인 제2의 도시로 거듭나게 되었다.

구엘 공원

카탈루냐 모더니즘이 흐르는 람블라스 거리

람블라스(Ramblas)는 아랍어로 '물이 흐르는 길'을 뜻한다. 바르셀로나의 북쪽 카탈루냐 광장에서 남쪽 포르탈 데 라 파우 광장까지의 거리로, 물길은 끊겼지만 사람들의 관심과 사랑이 흐르는 바르셀로나 대표 거리이다.

시차 때문인지 아니면 어제 마신 차콜리 때문인지 잠에서 깨고 자기를 반복하다가 새벽이 다 돼서야 잠이 들었다. 엘레나와 호텔 로비에서 8시 반에 만나기로 하였기 때문에 서둘러 준비했다.

호텔의 위치는 아주 좋았다. 람블라스 거리 골목 안으로 150미터 정도, 가우디가 만든 구엘 저택에서 불과 30미터 거리에 있었다. 로비로 내려가니 이미 도착해 있던 엘레나가 오늘도 서양식 인사로 나를 반겼다. 그리고 "오늘은 바르셀로나 시내와 고딕 지구를 중심으로 하루 종일 걸어 다닐 거예요." 하고 말하였다.

우리는 호텔을 나와 람블라스 거리와 고딕 지구가 있는 방향으로 걸었다. 30미터 정도 가니 엘레나가 한 건물을 가리키며 내게 물었다.

"건너편의 저 건물이 무엇인지 아세요?"

"글쎄요. 건축 양식으로 봐서는 가우디 작품 같은 느낌이 드네요."

"맞아요. 안토니 가우디Antoni Gaudi[1]의 초기 작품인 구엘 저택이에요. 유리, 자기, 철 세공과 빛 등으로 공간을 꾸몄죠. 가우디의 명성을 높여준 건축물이기도 하고요. 가우디의 후원자였던 에우세비 구엘Eusebi Güell[2]을 위해 설계했다고 해요. 가우디에 대해서는 구엘 공원과 주변 건축물들을 보면서 더 자세히 얘기해요."

골목 끝을 지나 람블라스 거리로 나왔다. 아침인데도 많은 사람들이 있었다.

엘레나는 "스페인 사람들이 어떻게 아침 식사를 하는지 보면서 우리도 그들처럼 식사해보는 것은 어때요?" 라고 물었고, 나는 "좋

구엘 저택

지요." 하고 흔쾌히 대답하며 걸음을 재촉했다. 가는 길에 어제 이야기 했던 국립 극장 리세우Liceu 극장[3]도 보았다.

"이곳에서 가장 유명한 바bar로 안내할게요. 아시아와는 다르게 바는 술집의 개념이 아니라 식사하고 커피를 마시는, 일종의 레스토랑이에요."

엘레나는 나를 이끌고 람블라스 거리에 있는 한 시장 안으로 들어섰다. 보케리아Boqueria라는 이름의 시장으로 현지인이 많이 이용할 뿐 아니라 여행객들도 많이 방문하는 관광지라고 한다.

우리는 시장 입구 쪽에 있는 피노초 바Pinotxo bar라는 식당에 들어가 자리를 잡고 앉았다. 피노초는 카탈루냐어로 피노키오를 의미한다고 한다.

보케리아 시장

조끼와 나비넥타이 차림의 주인장 산 호세San Jose에게 인사를 한 엘레나는 이 집에 인기 메뉴를 먹고 싶다는 나의 요청에 따라 '추초'라는 빵, 이집트 콩으로 만든 '가라반사'와 함께 카페솔로café solo 4, 커피 코르타도Cortado 5를 주문했다.

식사를 하면서 엘레나는 "여기 바르셀로나Barcelona의 역사에 대해서 아세요?"라고 물었고, 나는 "글쎄요, 아주 조금." 하고 얼버무리며 식사를 계속했다.

"그럼 기본적인 것들만 간단히 이야기해 드릴게요. 바르셀로나는 스페인의 자치 지방인 카탈루냐 주의 주도로, 비옥한 평야가 펼쳐져 있는 스페인 최대의 산업 도시죠.

과거로 거슬러 올라가보면 페니키아의 도시를 기원으로 하는데,

피노초 바

피노초 바의 주인 산 호세

추초

가라반사

카르타고인이 도시 이름을 바르시노Barcino라고 명명한 데서 시작되었죠. 바르시노는 '바르카 가문의 도시'라는 뜻이래요.

기원전 201년에는 로마의 지배를 받아 구시가지인 고딕 지구 안에는 당시 로마인이 지었던 성벽 일부가 아직도 남아 있어요. 8세기에는 이슬람 무어제국, 801년에는 프랑크왕국의 샤를마뉴 대제의 지배하에 들어가죠. 그리고 12세기에는 카탈루냐 백작과 아라곤 여왕의 결혼으로 아라곤 왕국이 이루어집니다. 이때부터 이 왕국의 수도로 자리매김하면서 해운, 금융업, 수공업 등의 산업이 발전해 14세기에 와서는 절정에 달합니다.

바르셀로나는 로마 시대를 거쳐 중세 시대 그리고 19세기 중반을 넘어가면서 점차 그라시아 거리까지 확장돼요. 그라시아 거리는 18세기에 예술가들이 모여 살던 곳으로, 파리의 몽마르트와도 같은 역할을 했어요."

식사를 거의 끝마친 엘레나가 물을 한 모금 마신 뒤 이야기를 이어갔다.

"그리고 이들은 고유의 언어인 카탈루냐어를 사용하고 있는데, 그래서인지 자신의 문화에 대한 긍지가 아주 대단해요. 거리를 걷다 보면 바르셀로나 주기가 걸린 집들을 자주 볼 수 있는데, 국가 스페인으로부터의 독립을 찬성하거나 주장하는 사람들이 걸어 놓은 거죠.

19세기에 와서는 스페인 사회주의와 무정부주의 운동의 중심지가 되었고, 스페인 내전 때는 인민전선 정부, 즉 공화 정부의 마지막 거점이 되었던 곳이 바로 이곳 바르셀로나입니다."

식사를 마친 엘레나와 나는 피노초 바에서 나와 람블라스 거리를 천천히 걸어 올라갔다. 도중에 엘레나가 왼편 건물을 가리켰는데, 'ESCRIBA 1820'이라 적혀 있는 빵집이었다.

나는 엘레나에게 말하였다.

"저 빵집 건물, 좀 독특하네요."

"그렇죠? 이 건물에서 카탈루냐의 모더니즘이 시작되었다고 해요. 바르셀로나에는 이런 건물이 몇 군데 더 있는데, 가르시아 거리 끝에 있는 '카사 바트요Casa Batllo'는 사람의 머리뼈를 장식적 요소로 사용한 기괴한 베란다를 가지고 있는데, 2005년에 세계문화유산에 등록되었어요. 또 1900년에 설계한 주택 '카사 아마트예르Casa Amatller'는 모더니즘 양식의 대표적 건물이고, 가르시아 거리 남쪽 끝에는 또 다른 모더니즘 건물로 1906년에 완공한 '카사 레오 모레라Casa Lleo Morera'가 있습니다."

엘레나와 나는 길 건너편 고딕 지구 방향으로 발길을 돌렸다. 좁은 골목길에 늘어선 상점을 보면서 구시가지 안으로 들어갔다.

"이곳 구시가지 안에는 옛날 길드의 흔적이 남아 있어요. 이곳에 들어오기 전 봤던 건물에 우산 그림이 그려져 있었잖아요. 아마도 그 건물은 우산을 만들던 길드 조합이었을 거예요. 그리고 이 건물은 모자를 만들던 조합이었을 거고요. 바르셀로나는 항구를 끼고 있는 만큼 예전부터 상업이 활발했던 도시죠."

카탈루냐의 모더니즘이 시작된 건물

카사 바트요

카탈루냐 모더니즘을 보여주는 장식 조각

바르셀로나의 구시가지 모습

산 자우메 광장과 바르셀로나 대성당

산 자우메는 예수의 열 두 제자 중 야고보를 카탈루냐어로 읽은 것이다. 산 자우메 광장은 메르세 축제의 인간 탑 쌓기 행사가 열리는 곳으로도 유명하다. 산 자우메 광장과 바르셀로나 대성당은 한 길로 이어져 있다. 대성당은 고딕 지구를 대표하고 있는 일대에서 가장 오래된 건축물이다.

우리는 위쪽으로 걸어 올라가 산 자우메 광장Plaça de San Jaume에 도착했다. 광장에는 아직 시간이 일러서인지 사람이 별로 없었다.

"바로 여기서부터 바르셀로나 도시가 시작되요. 저기 오른쪽은 시청사, 왼쪽은 자치 정부 청사예요."

'바르셀로나란 도시가 시작된 곳.' 나는 혼자 중얼거렸다.

산 자우메 광장을 둘러본 후 자치 정부 청사 골목길로 걸어 나왔다. 골목 거의 끝에 닿으니 오른쪽에 바르셀로나 대성당이 나타났다. 대성당의 정문은 아니고 옆문이었다. 엘레나는 대성당에는 나중에 가고, 우선 자기가 좋아하는 곳이 있는데 함께 가보자며 나를 맞은편 골목길로 이끌었다. 집집마다 베란다에 화분이 놓여 있는 것을 보며 마음이 편안해지는 느낌을 받았다. 이윽고 네리Neri라는 호텔이 나타나자 엘레나가 말했다.

"제가 좋아하는 호텔이에요. 분위기가 정말 근사한 곳이죠. 더 좋은 건 호텔 안쪽으로 들어가 바bar 밖으로 나오면 네리 교회가 연결된다는 거예요."

나는 그녀와 함께 호텔 안으로 들어갔다. 호텔 로비 천장에는 심플하지만 격이 있어 보이는 조명이 아름답게 장식되어 있었다. 안으로 좀 더 들어가자 엘레나가 말했던 바가 나왔다. 그 바를 통해 밖으로 나오니 산 펠리페 네리 교회가 있었고 그 앞에서 아이들이 뛰어놀고 있었다.

"가우디는 성가족 성당이라고도 불리는 사그라다 파밀리아 성당La Sagrada Familia에서 하루 일과를 마치고 이곳까지 걸어와서 기도했다고 해요."

산 자우메 광장

산 펠리페 네리 교회

엘레나가 나에게 물었다.

"왜 가우디는 성가족 성당에서 이곳까지 걸어왔을까요?"

"글쎄요. 무슨 특별한 이유가 있었나요?"

"당시 가우디는 류머티즘을 앓고 있었는데 물리법의 창시자인 세바스찬 크네이프Sebastian Kneipp 신부의 운동이 필요하다는 처방에 따라 매일 걸어서 이 교회까지 왔습니다."

"그런데 벽에 있는 저 자국은 뭐예요?"

"아, 저건 총탄 자국이에요. 스페인 내전[6] 때 생긴, 이 나라 사람들에게는 아픈 흔적이죠."

교회 안뜰에는 두 그루의 아카시아 나무와 분수대가 있었다. 나무와 분수대 그리고 교회와 아이들이 어우러져 무척 아름다운 분위

네리 교회 벽에 남아있는 총탄 자국

산 펠리페 네리 교회의 분수대와 나무

기를 연출했다. 영화 속의 한 장면이나 책에서 읽었던 기억 속 풍경이 펼쳐진 느낌이었다.

"오른쪽을 보세요. 저 두 건물은 보일러협회와 신발제조협회 건물이었어요. 아까도 얘기했듯이 고딕 지구 안에는 이전 길드의 흔적이 많이 남아 있죠."

엘레나와 나는 교회 광장 옆에 있는 골목길로 나와서 다시 왔던 길을 따라 대성당 쪽으로 향했다. 우리가 도착한 곳은 대성당의 정문이 아니라 옆문이었는데 안으로 들어가니 이미 많은 관광객이 있었다. 나는 대성당을 예전에도 방문한 적이 있었지만 그때는 보지 못했던 곳이었다. 성당 안 정원에는 서양 모과나무와 목련, 종려나무가 가득했다. 신기하게 거위도 있었다. 나는 거위 사진을 찍으며 엘레나에게 물었다.

"아니, 왜 성당 안에 거위가 있는 거죠?"

엘레나는 나의 이런 물음이 당연하다고 생각하는지 웃으면서 말하였다.

"옛날에는 알람 시계라는 게 없었잖아요. 그래서 수도사들은 거위를 키웠다고 해요. 한국에서 새벽에 닭의 울음소리를 듣고 시간을 짐작했듯이 말이죠. 또 중세 시대 때 거위는 수도사를 호위하는 수호자로 순교자의 순결성을 의미하기도 했고요. 원래 거위는 열세 살 어린 나이에 혹독한 고문으로 순교한 바르셀로나의 수호 성녀인 산타 에우랄리아를 기리기 위해 열세 마리의 거위를 키웠다고 해요."

"참 재미있네요."

정원을 뒤로하고 성당 안의 문을 통해 본당으로 들어가자 화려하게 빛나는 스테인드글라스가 우리를 맞아주었다. 한쪽에서는 미사가 진행되고 있었다.

엘레나는 미사에 방해되지 않도록 한껏 목소리를 낮추어 대성당에 대한 얘기를 들려주었다.

“이 바르셀로나 대성당은 고딕 지구를 상징하는 랜드마크예요. 1298년 자우메 2세 때 착공해서 1448년에 완공했는데, 이 지방 특

대성당 안의 열세 마리 거위들

유의 카탈루냐 고딕 양식으로 지어졌어요. 그리고 저기 성가대석을 에워싼 흰 대리석 보이시죠? 이 흰 대리석으로 만든 묘에는 바르셀로나의 수호 성녀인 산타 에우랄리아가 처형되는 순교 장면이 정교하게 조각되어 있어요. 바르톨로메 오르도네스Bartolomé Ordónez7가 제작했는데 스페인 르네상스 시대 조각의 걸작으로 평가받고 있죠. 그리고 에우랄리아의 유골은 입관되어 지하 성당에 안치되어 있어요. 이 대성당은 가우디의 장례식과도 관계가 있어요. 가우디 사후 그의 장례 행렬은 산피우 병원을 나와 카르멘 거리, 파세오 그라시아 거리를 거쳐 건축 학교 학생들이 어깨에 관을 메고 대성당 안으로 들어갔죠. 그의 관은 죽은 자에게 드리는 기도를 위해 성직자석 앞에 놓였다가 대성당을 나와 카스페 거리를 지나 성가족 성당에 안치되었어요. 다시 한 번 둘러보세요. 이야기를 들으니 뭔가 또 다른 건축미가 느껴지지 않나요?"

"네, 정말 그런 거 같아요. 그런데 저기 오른쪽에 있는 물통 같은 것은 뭔가요?"

"아, 세례장이에요. 1493년 크리스토퍼 콜럼버스Christopher Columbus가 신대륙에서 데려온 6명의 원주민이 이곳에서 세례를 받은 기록이 남아 있어요. 그리고 저기 제단을 한번 보세요. 6세기 서고트족의 왕관 모양이 새겨진 커다란 기둥머리 두 개를 가진 장엄한 십자가가 보일 거예요."

우리는 천천히 대성당을 둘러보고 밖으로 나와 광장으로 향했다.

"이 광장에서는 매주 일요일 낮 12시부터 사람들이 모이기

바르셀로나 대성당

시작해 오후 2시까지 카탈루냐 민속춤인 사르다나Sardana를 추기도 해요. 옆에서는 벼룩시장도 함께 열리고요. 광장 맞은편에 있는 카탈루냐 건축가협회 건물에는 피카소의 벽화가 장식되어 있어요."

건축가협회 건물까지 보고 난 후 엘레나는 특별한 것을 보여주겠다고 하더니 좁은 골목길로 들어갔다. 조금 걸으니 카페가 나타났고, 문 앞에는 관광객 그룹이 모여 가이드의 설명을 듣고 있었다.

엘레나는 그 카페 앞에 서더니 나를 보고 웃고는 안으로 들어가 자리를 잡았다. 나는 그녀의 웃는 모습을 참 좋아한다. 따라 들어간 카페에는 벽에 커다란 그림이 걸려 있는 아주 오래된 세월이 느껴

카탈루냐 건축가협회 건물에 장식된 피카소 벽화

지는 카페였다.

"콰트로 가츠라고 하는 카페예요. 참, 이 메뉴판 한번 보세요. 이곳 지배인이던 페레 로메오가 피카소에게 부탁하여 만든 것인데 지금까지 사용하고 있어요."

엘레나와 나는 카페솔로를 주문했다. 주위를 둘러보니 벽에는 당시의 모습을 볼 수 있는 그림과 사진이 걸려 있었다.

"벽에 걸린 그림들을 보니 진짜 꽤 역사가 오래된 곳 같은데요?"

"1895년에 만들어진 건물인데 20세기 초에는 바와 카바레Cabarett[8]

카페 콰트로 가츠

로 쓰였대요. 당시에는 가난한 예술가들이 모이던 곳으로, 가우디와 파블로 피카소Pablo Picasso도 왔었다고 해요. 이 바가 유명해진 이유는 지배인 페레 로메오가 가난한 예술가들에게 한 달에 한 번씩 전시를 할 수 있게 해주었기 때문이죠. 액자 살 돈이 없는 예술가들이 그린 그림을 캔버스 채로 벽에 걸었다고 해요."

콰트로 가츠에서 나온 후 엘레나는 자신이 가끔 가는 식당에서 점심 식사를 하자며 조개 모양이 그려진 콘차Concha라는 레스토랑으로 안내했다. 이곳 사람들이 자주 이용하는 곳이라고 하였다. 엘레

예술가들의 그림이 걸려 있는 콰트로 가츠

나는 와인과 면 요리, 나는 샐러드, 생선과 돼지고기 요리, 후식으로는 커피를 주문해 아주 천천히 식사를 했다. 마치 여기 스페인 사람처럼.

식사를 마치고 엘레나는 나에게 파블로 피카소의 〈아비뇽의 처녀들 Les Demoiselles d'Avignon〉이라는 작품을 아느냐고 물어보았다.

"물론이지요."

"그럼 〈아비뇽의 처녀들〉의 배경이 바로 이곳 바르셀로나라는 것도 아세요?"

"음, 바르셀로나라는 것은 알지만 정확한 장소는 모르겠어요."

엘레나는 이 식당에서 아주 가까운 곳에 있으니 보러 가자고 했다. 벽면에 'CARRER D'AVINYO'라고 적혀 있는 한 건물이 보였다. 엘레나는 좁은 골목 안으로 들어가면서 이야기하였다.

"〈아비뇽의 처녀들〉은 미술사 최초의 입체주의 작품으로 평가받고 있어요. 그림을 기억하실지 모르겠지만 다섯 여자의 누드가 등장하는데 바르셀로나 아비뇽 인근 사창가 여성을 그렸다고 전해지죠. 그 배경이 바로 이곳이에요. 원근법에 구애받지 않고 하나의 평면 위에 처리되어 있는 구도가 특징인 작품이죠."

"아, 생각해보니 그러네요. 그런데 지금 〈아비뇽의 처녀들〉은 어디에 소장되어 있나요?"

"미국 뉴욕 현대미술관에 있어요."

엘레나와 나는 천천히 걸었다. 나는 이전에 이곳이 사창가였을 때를 상상하며 골목 안 가게를 둘러본 다음 그녀와 함께 레알 광장

아비뇨 거리 명판

아비뇨 거리

Placa Reial으로 향했다. 레알 광장은 람블라스 거리와 가까워 금세 도착했다.

"엘레나, 생각한 것보다 좀 한가한 느낌이 드는데요?"

"여기는 밤이 되어야 활기를 띠어요. 저기 한번 보세요."

나는 그녀가 가리키는 방향을 보았다.

"저 가로등 말인가요?"

엘레나는 고개를 끄덕이며 이야기를 하였다.

"레알 광장은 19세기 중반에 건축 디자이너 다니엘 몰리나Daniel Molina가 디자인했어요. 신고전주의적 건축 양식으로 만들었죠. 여기서 중요한 것은 가우디가 디자인한 저기 있는 가로등이에요. 그가 건축 학교를 졸업한 후 만든 첫 번째 작품으로 바르셀로나 시는 이 가로등을 시 전체에 걸쳐 세울 계획이었지만 결국 무산되었다고 해요. 그래서 아쉽지만 저 2개만 남아 있어요."

우리는 레알 광장을 나와 다시 람블라스 거리로 갔는데 엘레나는 그곳에서 스페인의 또 다른 예술가를 만날 수 있다고 하였다.

"누구인데요?"

"바로 미로예요. 호안 미로Joan Miro."

엘레나와 나는 호안 미로의 작품이 있는 람블라스 거리의 호안 미로 광장으로 갔다. 광장에는 타일로 만든 커다란 그림이 바닥에 새겨져 있었다.

"호안 미로는 바르셀로나에서 태어난 판화가로 1954년 베네치아 비엔날레에서 국제전 판화 대상을 받았죠. 그는 초현실주의나 추상적인 작품을 그리기로 유명해요. 이 작품이 여기 있는 이유가 있는데, 바로 바르셀로나를 여행하는 여행객을 환영하기 위해서라고 해요. 이 밖에도 스페인 전역 곳곳에서 그의 작품을 볼 수 있어요."

"스페인 전역에서요?"

엘레나와 내가 걸어가고 있는 앞쪽으로 라 카이사라는 은행이 보였다. 엘레나는 나에게 손짓하며 그 건물을 가리켰다.

"네, 맞아요. 예를 들면 저기 보이는 라 카이사La Caixa는 한국의 농

레알 광장과 가우디가 만든 가로등

협과 같은, 은행보다는 규모가 작은 스페인의 금융 기관인데, 이곳의 로고를 디자인한 게 바로 미로예요. 사람과 돈을 나타냈다고 해요."

예술가가 디자인한 은행 로고를 보고 나니 생활 속에서도 많은 예술을 접할 수 있는 곳이 바로 스페인이라는 생각이 들었다.

엘레나는 다시 나에게 말하였다.

"해양 박물관에 가볼래요? 거기에 레판토 해전[9]에서 왕이 타던

람블라스 거리 바닥에 새겨진 호안 미로의 작품

배가 그대로 복원되어 있습니다."

엘레나와 나는 해양 박물관을 거쳐 드라사네스Drassanes 거리에 있는 콜럼버스의 동상이 서 있는 광장으로 갔다. 가는 길에는 요트 정박장도 보였다.

엘레나와 나는 콜럼버스 동상을 바라보았다.

"엘레나, 이 탑의 높이는 어느 정도예요?"

"60미터예요. 탑 오른쪽에는 이사벨라 여왕의 좌상이 있는데 콜

라 카이사의 로고

럼버스가 신대륙을 발견하고 스페인에 돌아왔을 때 이 자리에서 여왕이 직접 콜럼버스를 치하하며 작위를 수여하였던 곳이라고 해요. 혹시 저 콜럼버스 동상의 손가락이 어느 방향을 가리키고 있는지 아세요?"

"아마도 아메리카 대륙이 아닐까요?"

"맞아요. 아메리카 대륙이에요."

"이곳은 어찌 보면 스페인의 대항해 시대가 시작되는 출발점이라고도 할 수 있겠네요."

나는 이렇게 말하며 주위를 둘러보았다. 탑 주위에 있는 네 마리의 사자상 위로 사람들이 올라가 사진을 찍고 있었다.

내가 리베라 지구에 있는 피카소 미술관에 가보자고 하자 엘레나는 이곳에서 15분 정도 걸린다고 하였다. 엘레나와 나는 천천히 걸어서 고딕 지구를 거쳐 오래전 로마의 성곽 흔적을 보며 리베라 지구에 도착했다. 좁은 골목을 지나니 피카소 미술관이 나타났다.

"피카소 미술관은 13세기 저택 세 채로 구성되어 있어요. 1963년에 피카소의 친구인 '사바르테스'가 기증한 피카소의 작품을 정리하면서 개관했지요. 1968년 사바르테스가 죽자 피카소는 여동생이 보관하고 있던 자신의 초기 작품들과 가지고 있던 작품들을 이 미술관에 기증했어요."

엘레나의 설명을 듣고 나서 나는 "주로 어떤 작품들이 전시되어 있나요?" 하고 물었다.

"색채화와 데생, 판화 그리고 세라믹 작품들로 구성되어 있는데,

콜럼버스 동상

초기 작품인 색채화와 데생이 많아요."

미술관 안은 조용하였다. 사람들은 천천히 피카소의 작품을 둘러보고 있었다.

"몇 작품 정도가 전시되어 있나요?"

"약 3,000점이 전시되어 있다고 해요."

우리는 천천히 발걸음을 옮기면서 그림을 보았다. 시간이 얼마나 흘렀을까. 꽤 오랜 시간이 지나고 나서야 엘레나와 나는 밖으로 나왔다. 엘레나는 전시를 보며 느꼈던 여운을 잊기 싫은지 바로 피카소

이사벨라 여왕의 좌상

미술관과 피카소에 관하여 이야기하기 시작했다.

"여기는 19개의 전시실로 구성되어 있어요. 그중 중요하다고 생각되는 방은 11번 전시실이에요. 1901년부터 1906년까지 피카소의 일명 청색과 홍색 시기라고 불리는 작품들을 전시하고 있는데, 화가로서의 불안정한 처지로 인해 파리와 바르셀로나를 오가며 그린 작품들이에요. 청색 시기의 작품에는 단색인 푸른색을 많이 써서 우울함이나 슬픔 등이 묻어나 있는데 피카소의 절망과 궁핍을 알 수 있죠. 1902년 〈자화상〉이 대표적인 작품이에요. 그리고 홍색 시기는 장미의 시기, 광대의 시기라고도 해요. 몽마르트르 화가들이 선호하는 주제인 연주자들, 서커스 단원들을 자주 화폭에 담았죠. 1905년 〈파이프를 든 소년〉이 대표 작품이고요. 이때부터 가난하고 절망적인 피카소의 파리 생활에 변화가 찾아와요. 서서히 그림이 팔리기 시작하거든요."

나는 고개를 끄덕이며 엘레나에게 물었다.

"그러면 피카소가 청년기에 느꼈던 불안감에서 벗어난 때는 언제인가요? 홍색 시기부터라고 할 수 있나요?"

"적절한 질문이에요. 그때 피카소는 페르낭드 올리비에라는 여자를 만나는데, 그녀가 피카소의 창작 활동에 자극을 주지요. 그녀와의 사랑 덕분에 피카소는 인간적 성숙과 자기 예술에 대한 자신감을 가지기 시작해요. 그런데 그녀는 유부녀였어요. 그녀는 너무 어린 10대에 결혼한 뒤 남편에게 구타를 당하며 모진 인생을 살았죠. 피카소와 페르낭드는 서로 사랑했지만 바로 같이 살지는 못했어요."

우리는 골목을 빠져나와 구엘 공원으로 가기 위해 버스 타는 곳으로 걸어갔다. 엘레나는 계속해서 피카소 이야기를 이어나갔다.

"12번 전시실에는 큐비즘[10]에 관한 작품들이 배치되어 있는데, 피카소가 자연과 건축의 어울림을 보고 만든 것이라고 해요. 스페인의 전원 풍경에서 큐비즘을 발견하여 인간을 표현하는 데 사용한 거죠. 혹시 피카소가 남긴 작품이 총 몇 점이나 되는지 아세요?"

프랑크 게리의 〈황금 물고기〉

"글쎄요, 한 2만~3만 점 정도?"

"아뇨. 거의 5만 점에 가까웠다고 해요. 작품성은 말할 것도 없이 작품의 수로도 그는 미술계의 아주 영향력 있는 한 사람으로 평가받을 만하죠. 결론적으로 그는 15세기 이후 미술을 보는 우리의 시각을 바꿔놓은 화가라고 할 수 있어요."

엘레나와 나는 기회가 되면 프랭크 게리의 작품이 있는 빌라 올림피카Villa Olimpica에 있는 바르셀로네타Barceloneta 해변에도 가보자고 말하며, 우선은 카사밀라로 향했다. 그리고 마지막으로 구엘 공원을 가서 성가족 성당을 보기로 하였다. 이런저런 이야기를 하면서 도착한 카사밀라에는 많은 사람들이 있었다.

가우디의 숨결이 느껴지는 바르셀로나

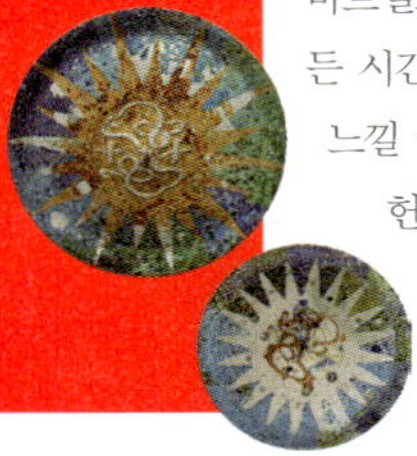

바르셀로나를 찾는 이들이 가우디의 건축물 순례에 거의 모든 시간을 바칠 정도로 걸음을 옮길 때마다 가우디의 숨결을 느낄 수 있는 곳이다. 그중 가우디가 성가족 성당에 완전히 헌신하기 전 마지막으로 완성한 건물 카사밀라와 유네스코가 세계문화유산으로 지정한 가우디의 작품 중 가장 화려한 색채를 자랑하는 구엘 공원이 대표적이다.

"카사밀라는 1905년부터 1910년 사이에 지어졌고, 가우디가

카사밀라

성가족 성당에 완전히 헌신하기 전 마지막으로 완성한 건물이에요. 1969년에는 스페인의 역사적 예술 건물로, 1984년에는 유네스코 세계문화유산으로 지정되었어요. 1986년에는 카탈루냐 은행으로 재건되어 현재는 개인 소유의 주거 시설과 은행 본점으로 사용 중이에요."

엘레나는 횡단보도를 건너며 이야기하였다.

"전체 부지는 1,620제곱미터로 두 개의 건물이 합쳐지며 곡선 모양의 중앙 안뜰 주위를 둘러싸고 있어요. 테라스는 모두 다른 모양인데 가공한 철에 가늘게 줄 세공을 하였으며, 최고의 걸작은 물결 모양의 채광창들로 되어 있는 지붕의 테라스죠."

나는 엘레나의 설명을 다시 한 번 생각하며, 천천히 카사밀라를 둘러보았다.

이어 우리는 구엘 공원을 가기 위해 키오스코Kiosco[11]에서 버스 티켓을 산 뒤, 버스 맨 뒷자리에 가 앉았다. 버스는 가르시아 거리를 지나 구엘 공원까지 20~30분 정도 걸려 도착하는 노선이었다.

"여기가 바로 가르시아 거리에요. 거리를 잘 보세요. 바르셀로나에 편입되기 전에는 파리의 몽마르트르처럼 예술가가 많이 활동하였던 지역이거든요."

버스는 큰 길에서 꺾여 좁은 길로 들어선 뒤 언덕 위로 올라갔다.

아주 오래전 나는 차를 몰고 이곳 바르셀로나에 온 적이 있다. 그때 내비게이션이 없어 지도를 보거나 사람들에게 물어서 구엘 공원을 찾느라 애를 먹었던 것이 생각났다.

이윽고 버스가 구엘 공원의 입구에 섰다. 엘레나와 나는 버스에서 내려 공원 후문을 통해 안으로 들어갔다. 공원에는 관광객 몇 무리와 유모차를 밀고 다니는 젊은 부부, 산책하는 노인 등 동네 주민처럼 보이는 사람들이 있었다. 멀리 바다가 내려다보이는 곳에 위치한 구엘 공원, 여기에 가우디가 있었다.

엘레나가 가우디에 관해 아느냐고 내게 물었다.

"카탈루냐 모더니즘을 추구한 건축가? 성가족 성당을 건축하고,

구엘 공원

구엘 저택을 만든 사람."

엘레나는 빙그레 웃으면서 말하였다.

"맞아요. 가우디는 바르셀로나에서 좀 떨어진 타라고나Tarragona 지역의 레우스Reus 출신으로 4남 1녀 중 막내로 태어났죠. 그를 한마디로 표현하자면 카탈루냐 모더니즘 양식의 가장 뛰어난 천재 건축가라고 말할 수 있어요. 그의 작품은 매우 독창적이라고 평가받는데, 이유는 과거 낭만주의를 열망하는 민족주의의 영향을 받아서죠. 그 대표적인 작품은 성가족 성당이고요."

우리는 공원 안으로 들어가 천천히 걸었다.

"보시면 아시겠지만 가우디 건축물의 특징은 직선보다 곡선을 많이 사용하였다는 점이에요. 형태는 소라, 파도, 보리, 옥수수 등과 같은 자연을 테마로 하였고요. 특히 구엘 공원은 유네스코가 세계문화유산으로 지정했고, 가우디의 작품 중 가장 화려한 색채를 자랑해요. 1900년부터 1914년 사이에 만들어졌는데 가우디가 죽으면서 미완성 작품으로 남았고, 구엘의 상속자가 시에 기증해 1929년 시민 공원으로 개방했습니다."

갑자기 엘레나가 왼쪽 방향을 가리키며 말하였다.

"저기 저 집이 1906년부터 1926년까지 약 20년간 가우디가 살았던 집이에요."

"아, 그렇군요. 이곳에 살면서 많은 구상을 했겠네요. 그런데 혹시 여기에 이런 공원이 들어서게 된 특별한 이유가 있나요?"

"네, 있어요. 가우디의 후원자인 구엘이 산자락에 상류층 사람들만 사는 공간을 만들기 원한다며 가우디에게 설계를 의뢰했죠. 의뢰를 받은 가우디는 먼저 15헥타르, 대략 4만 5,300평 정도의 부지에 먼저 도로 건설을 착수했어요. 상류층 사람들의 참여도가 높았지만 그럼에도 불구하고 도심과 너무 떨어져 있기도 하고, 물과 자본이 점점 부족해져 1914년에 공사가 중단되죠. 아, 저기 돌로 된 둥근 공같이 생긴 게 무엇을 뜻하는지 아세요?"

"글쎄요, 종교적 상징성이 있는 것처럼 느껴지는데요."

구엘 공원 산책로

"맞아요. 바로 가톨릭의 묵주알 50개를 상징해요."

우리는 천천히 계단을 따라 내려왔다.

엘레나는 가우디의 최고 협력자인 조셉주홀과 공동 설계한 〈광장 벤치〉는 파도를 상징하고, 〈파도치는 형상의 홀〉은 홍해의 물 갈라짐을 나타낸다고 말해주었다.

"저기 보이는 86개의 기둥은 원래 90개였는데, 그중 4개를 제거하고 그 자리에 봄, 여름, 가을, 겨울을 상징하는 원형 모자이크를 만들었어요."

한참을 걸어 내려오니 도마뱀의 모습을 한 조각상이 보였다.

"도마뱀이 상징하는 것이 있나요?"

"도마뱀은 그리스 신화에서 지하수를 지키는 수호신이에요. 퓌톤Python이라고 하죠."

도마뱀을 지나쳐 나타난 정문 입구에 있는 건축물을 보고 내가 헨델과 그레텔의 과자집 같다고 하자 엘레나는 빙긋 웃으며 많은 사람들이 그렇게 생각한다며 동조해주었다.

나와 엘레나는 구엘 공원을 나와 성가족 성당으로 가기 위해 버스를 탔다. 15분 정도 달리자 좁은 길 때문인지 버스가 밀리기 시작해서 버스에서 내려 5분 정도 걸어갔다.

드디어 가우디의 최고 건축물인 사그라다 파밀리아, 성가족 성당에 도착했다. 성가족 성당의 모습은 이전에 몇 번 봤음에도 불구하고 여전히 엄청난 장엄함을 풍기고 있었다. 동시에 여전히 옥수수 같은 느낌도 받았다.

“성가족이란 무엇을 뜻할까요?”라며 엘레나가 내게 물었다.

“요셉, 마리아, 예수를 말하는 거 아닌가요?”

“역시 잘 아시네요. 이 성당은 어떻게 보면 아주 자유로운 것을 나타내요. 1882년 고딕 양식으로 짓기 시작해 1년 후 가우디에게 총책임이 위임되죠. 그는 혼을 바쳐 이 성당을 지었어요. 그의 유해가 이곳 지하 납골당에 묻혀 있을 정도로요. 지금 우리가 보고 있는 성당은 스페인 내전 때 일부가 무너지기도 했었죠. 현재도 계속 진

구엘 공원의 퓌톤

행 중으로 입장료와 헌금으로 지어지고 있어요. 이 성당은 4면으로 되어 있어요. 동쪽은 탄생, 서쪽은 고난, 남쪽은 부활을 상징한다고 합니다. 반원 모양의 공간 앱스Apse가 있는 북쪽을 제외한 각 문마다 4개의 탑이 있어요. 그래서 총 12개의 탑이 있죠. 혹시 탑들이 상징하는 게 무엇인지도 아세요?"

"아뇨, 그건 정확히 모르겠네요. 음, 성경에서 12라는 숫자의 의미를 생각했을 때 아마 12사도, 12개월, 12개의 별자리 뭐 이런 의미 중 하나가 아닐까요?"

"네, 맞아요. 바로 12사도를 상징해요. 그리고 이 성당에는 탑이 총 18개가 있는데, 중앙에 있는 제일 높은 탑의 높이는 무려 170미터예요. 12개 이외에 중앙 예수탑, 그 탑을 둘러싼 4개의 탑과 북쪽의 마리아탑까지 18개의 탑이 있어요. 탑의 위에서부터 살펴보면 각각 상징하는 것들이 있는데, 한번 들어보세요. 각 탑의 꼭대기를 잘 보면 베네치안 모자이크 장식이 되어 있는데 그건 신부님의 모자를 상징해요. 또 그 아래에는 둥근 구멍이 있는데 구멍이 의미하는 것은 무엇일까요?"

내가 고개를 갸우뚱하자 엘레나는 나를 보며 다시 설명하기 시작했다.

"반지를 나타내며, 성부를 뜻해요. 아래에는 하나님을 찬양하는 문구가 적혀 있죠. 아래 비둘기는 성령과 신도, 나무는 교회를 상징하고요. 그리고 중앙에 펠리컨이 있는데 예수님의 죽음을 상징해요."

성가족 성당

"그런데 왜 하필 예수의 죽음을 상징하는 것이 펠리컨인가요?"

"펠리컨은 새끼에게 줄 먹이가 없으면 자기 내장을 꺼내 새끼에게 주고 죽어가죠. 이것이 무엇을 뜻하는지는 아시겠죠?"

성당 안을 둘러보고 밖으로 나오자 해가 거의 저물고 있었다.

성가족 성당 내부

바르셀로나의 대표 축제, 메르세 축제

메르스 축제는 매년 9월 바르셀로나의 도시를 수호하는 성인 성모 마리아의 영광을 기리기 위해 열리는 종교 축제이다.
정오에는 축제의 백미인 인간 탑 쌓기 행사가 열리고, 저녁에는 거인으로 변신한 사람들의 가장행렬이 펼쳐진다.

엘레나와 나는 차를 타고 프랭크 게리의 작품을 볼 수 있는 바르셀르네타 해변으로 갔는데 거리에는 많은 사람들이 나와 산책을 하고 있었다. 사람들이 너무 많아 빠르게 둘러보고 다시 스페인 광장으로 갔다. 스페인 광장에 거의 다 왔을 때쯤 붉은 원형 건물이 나타나는데 이전에는 투우장이었던 건물로, 지금은 리모델링한 아레나 쇼핑몰이었다. 엘레나는 나에게 물었다.

"아레나 쇼핑몰 이전의 투우장 건물이 붉은색이었는데, 이유를 혹시 아시겠어요?"

"글쎄요. 스페인을 떠올리면 투우사들이 두르는 열정의 붉은색 스카프가 떠오르기는 한데 혹시 그것과 관련이 있는 건가요?"

"사실 저도 특별한 의미가 있지 않을까 했었는데 단지 투우장이 지어지던 19세기에 붉은 벽돌이 유행해서 그렇대요."

이런 대화를 나누고 있을 즈음 스페인 광장에 도착했다.

스페인 광장 분수대에서 이베리아 반도를 둘러싸고 있는 지중해, 대서양, 칸타브리아 해를 상징하는 세 명의 여인 동상을 볼 수 있었다.

정면에는 카탈루냐 미술관이 있었다. 미술관은 종탑과 함께 1929년 박람회 전시장으로 지어졌고, 1936년 재정비되면서 미술관이 되었다. 분수대에서 바라본 카탈루냐 미술관은 아름다웠다. 엘레나는 미술관 위에서 내려다보이는 풍경은 더 아름다울 거라며 올라가자고 하였다. 분수대에서 미술관으로 올라가는 에스컬레이터에서 엘레나는 나에게 물었다.

"바로 위가 몬 주익MontJuic인데 무슨 뜻인지 아세요?"

나는 잘 모르겠다고 하였다.

스페인 광장

“몬은 산을 말해요. 그리고 주익은 유대인을 의미하고요. 이사벨 여왕 때 유대인을 가톨릭화하려고 했는데 개종하지 않는 유대인들을 이 산으로 추방하였대요. 그래서 몬 주익이라는 이름이 유래된 거죠. 산의 높이는 170미터 정도로 한국의 남산 높이라고 하네요.

1640년 이 언덕 꼭대기에 성이 세워지기 전까지 건물은 거의 없었어요. 1929년 국제 박람회 때 산자락에 건물이 만들어지고, 1992년에는 위쪽에 건물이 들어서면서 도시와 연계되기 시작했죠. 아시겠지만 위에는 올림픽 스타디움, 황영조 동상 그리고 1640년에 세워진 성벽이 있어요. 몬 주익 성이라고 하는데 1808년 나폴레옹 정복 시 프랑스 왕의 별장으로, 1936년부터 1939년 내란 시에

몬 주익

는 감옥, 1975년 독재자 프랑코 사후에는 시에서 매입해 군사 박물관으로 사용하고 있어요."

엘레나가 말한 대로 미술관 앞에서 내려다보는 스페인 광장은 아름다웠다. 엘레나와 나는 저녁 식사를 하러 타파스Tapas 바에 가기로 하였다. 가는 길에 엘레나가 바르셀로나의 축제에 대해 아느냐고 물어보았다.

나는 "글쎄요, 이야기는 들었지만 자세한 건 잘…." 하고 말끝을 흐렸다.

"바르셀로나에는 메르세 축제Les Festes de la Mercè가 있어요. 혹시 예전에 오셨을 때 스페인 축제를 본 적이 있으신가요?"

"세비야의 봄 축제 기간에 한 번 본 적이 있어요."

바르셀로나에 사는 엘레나는 스페인 축제가 좋아 이곳 축제는 물론이고 다른 지역 축제에도 가보았다고 하였다. 그러면서 나와의 여행 기간과 축제 기간이 맞물려 볼 수 있었으면 좋겠다고 하였다.

"하지만 축제 기간에는 호텔이 거의 만원이에요. 반경 200킬로미터 밖으로 나가야 방을 구할 수 있을까 말까 할 정도죠."

"바르셀로나에는 어떤 축제가 유명한가요?"

"아까 말했던 메르세 축제가 대표적이지요. 매년 열리는데, 바르셀로나를 수호하는 성인 성모 마리아의 영광을 기리는 종교 축제예요."

"아, 그러면 메르세라는 말은 무슨 뜻인가요?"

"메르세Mercè란 한마디로 이야기하면 '성모 마리아'를 의미해요.

카탈루냐에서는 성모 마리아를 '자비로운 신의 어머니La Mare de Déu de la Mercè'라고 부르거든요."

"메르세 축제는 오래됐나요?"

"바르셀로나의 공식 휴일로 지정된 '자비의 성모 마리아' 축일인 9월 24일 이전에 5~7일 동안 이어져요. 이 축제는 1902년부터 공식적으로 시작됐어요. 교황 피우스 9세Pius IX가 성모 마리아를 바르셀로나 시의 수호성인으로 1868년 공식 인정한 뒤 시에서 '자비의 성모 마리아' 축일을 공휴일로 지정한 1871년 이전에도 이미 성모 마리아를 공경하는 축제가 열리고 있었다고 합니다."

"축제는 어떤 식으로 진행되나요?"

"메르세 축제는 말씀드린 대로 성모 마리아에게 바치는 종교 축제입니다. 무더운 여름의 끝을 알리고 서늘한 가을을 맞이하는 축제이기도 하죠. 바르셀로나에서 가장 규모가 크고 가장 화려하게 치러지는데 축제 기간에는 수백 가지 행사가 바르셀로나 전역에서 펼쳐집니다. 카탈루냐의 전통을 반영하는 것부터 바르셀로나의 현대 문화 예술을 망라하는 것까지 그 범위가 매우 다양해요. 대표적인 행사인 '코레폭스Correfocs'라는 불꽃 달리기를 포함해서 인간 탑 쌓기, 거인들의 행렬, 각종 음악 및 연극 공연, 10킬로미터 레이스, 불꽃 뮤지컬, 와인 페스티벌, 에어쇼 등 바르셀로나 시민과 관광객이 모두 함께 즐길 수 있는 놀거리로 가득합니다.

이 축제의 유래와 관련해 바르셀로나 도시와 성모 마리아의 관계에 대해 전해져오는 이야기가 있어요. 1218년 9월 24일 밤, 성모 마리아가 당시 아라곤의 왕이며 바르셀로나의 백작인 자우메 1세Jaume I, 카탈루냐의 기사 페레 놀라스크Pere Nolasc, 그리고 그의 고해 사제인 성 라몬 데 페냐포르트Saint Ramón de Penyafort 앞에 동시에 나타났다고 해요. 그러고는 그들에게 성모의 이름을 딴 수도회를 세우라고 했대요. 그들은 성모의 명령을 받들어 '자비의 성모 수도회'를 설립하고 십자군 전쟁 때 사라센인[12]들에게 끌려가거나 잡힌 가난한 그리스교인들을 위해 그들의 몸값을 지불하고 구해내는 일에 헌신했다고 해요. 그로부터 오랜 시간이 흘러 1687년, 메뚜기 떼가 도시를 습격해 황폐해지자 바르셀로나를 다스리던 시의회에서는 성모 마리아에게 간절히 기도해요. 모든 이야기가 그러하듯, 성모를 향한 기도 덕분에 메뚜기 떼의 기승이 가라앉고 도시가 자유를 되찾자 바르셀로나 시의회는 성모 마리아를 바르셀로나 시의 수호성인으로 추대했다고 합니다. 1868년 교황의 공인이 있기 이전부터 바르셀로나를 구한 자비의 성모 마리아를 기념하는 축제를 지속적으로 개최해왔고, 메뚜기 떼의 습격은 두 번 다시 오지 않았다고 해요. 이후 성모 마리아는 1714년에 바르셀로나가 프랑스의 침략을 받았을 때 프랑스 군대를 패배시킴으로써 다시 한 번 바르셀로나를 지켜주었다고 합니다. 지금 바르셀로나에서는 프랑스가 패배한 9월 11일을 카탈루냐의 국경일로 지정하였고요."

"정말 자세히 알고 계시네요. 그만큼 메르세 축제가 이곳 사람들에게 사랑받는 대표적 축제라는 거겠죠. 거의 모든 행사가 신나고 재밌겠지만, 특히 엘레나가 재밌다고 느끼는 행사가 있나요?"

"말씀하신 대로 모든 것이 즐겁고 재미있죠. 삼방가 데 헤간트스 Xambanga de Gegants, 카발카다 메르세 Cavalcada Mercè, 코레폭 인판틸 Correfoc infantil, 코레폭 Correfoc, 인간 탑 쌓기 Mercé Castellers 등 정말 많아요. 그래도 그중 꼽으라면 저는 삼방가 데 헤간트스가 가장 재미있어요. 아마도 이곳에서만 볼 수 있는 행사 아닌가 하는 생각이 들거든요."

"근데 행사 이름들이 다 길고 어렵네요. 조금이라도 기억할 수 있게 어떤 건지 간단히 설명해주실 수 있나요?"

"우선, 제가 가장 재미있다고 느끼는 삼방가 데 헤간트스는 각

성 고난 주간의 모습

구역과 주변 지역에서 모여든 춤추는 거인들의 행렬이에요. 이들은 전통 북과 피리 소리, 아니면 대중음악에 맞춰서 춤을 추고, 각 지역 특유의 독특한 옷차림이 특히 눈길을 끌죠. 거인의 행렬은 밤에 이루어져요. 밤 9시에 바르셀로나 해양 박물관을 출발해서 람블라스 거리를 따라 산 자우메 광장까지 이어집니다.

다음 카발카다 메르세는 축제 마지막 날 저녁 6시에 시작하는데, 메르세 축제에서 가장 큰 행렬이에요. '라 그란 카발카다 데 라 메르세La Gran Cavalcada de la Mercè'라고 부르기도 하는데, 바르셀로나를 대표

성 고난 주간의 모습

하는 자우메 1세와 그의 왕비 비올란트Violant d´Hongria로 분장한 거인이 여러 지역의 거인들을 이끌고 나갑니다. 거리 예술가들과 무용수, 카탈루냐 전통 의상을 입고 분장을 한 사람들이 그 뒤를 따르죠. 카탈루냐 광장과 근처 펠라이 거리에서 시작해 두 시간 정도 시내를 순례한 후 산 자우메 광장에서 끝나요. 그리고 바르셀로나 대성당 앞에서 코블라Cobla라고 부르는 악단의 연주에 맞춰서 카탈루냐의 전통 춤인 사르다나sardana를 추는 공연이 펼쳐지기도 해요.

또 다른 행사로는 밤에 불꽃을 들고 폭죽을 터뜨리며 달리는 놀이인 코레폭 인판틸이 있어요. 좀 위험스럽기도 하지만 아주 많은 사람이 모이는 가장 인기 있는 행사죠. 보통 6만~7만 명 정도의 관람객이 몰려들고 악마 분장을 한 40여 개 그룹이 참가해요. 코레폭이라는 행사는 안토니 마우라 광장Plaça Antoni Maura에서 시작해 라이에타나 거리를 따라 진행된 후 콘솔라트 데 마르 거리Carrer del Consolat de Mar에서 끝나요."

엘레나는 지치지도 않고 계속해서 이야기를 이어나갔다.

"마지막으로 인간 탑 쌓기는 메르세 축제를 대표하는 행사예요. 카탈루냐 지방의 전통 놀이로 카탈루냐의 다른 축제에서도 볼 수 있기는 하지만 수천 명이 산 자우메 광장을 가득 메워 인산인해를 이루고 있는 모습은 정말 장관이에요. 카탈루냐 전역에서 초청된 참가 팀들이 더 견고하고 더 높은 탑을 쌓기 위해 겨루는데 지금까지 쌓은 탑의 최고 기록은 10단으로 카탈루냐의 많은 축제에서 시도했지만 단 세 번밖에 달성하지 못한 기록이라고 해요. 제가 말씀드린 것 말고도 수많은 축제 놀이와 행사가 있습니다."

엘레나의 이야기를 들으니 내가 마치 메르세 축제를 신나게 즐기고 돌아온 느낌이었다. 바르셀로나 축제에 관한 이야기가 끝나갈 때쯤 식당에 도착하였다. 바쁘게 돌아다닌 하루였다. 엘레나와 나는 타파와 맥주를 간단히 먹은 후 내일은 오늘보다 일찍 호텔 로비에서 다시 만나기로 하고 헤어졌다. 저녁 늦게까지 나와 함께 다니며 귀찮은 내색 한 번 하지 않고 바르셀로나를 안내해준 엘레나에게 고마움을 느낀 하루였다.

주

1 **안토니 가우디(Antoni Gaudi)_** 1852~1926. 스페인 바르셀로나를 대표하는 천재 건축가로 건축 혁명을 시작하였으며, 주로 자연에서 영감을 얻은 곡선으로 이루어져 있는 독특한 건축물을 많이 남겼다.

2 **에우세비 구엘(Eusebi Güell)_** 카탈루냐의 사업가이자 안토니 가우디의 경제적 후원자

3 **리세우(Liceu) 극장_** 바르셀로나 최고의 오페라 극장

4 **카페솔로(café solo)_** 우유를 타지 않은 진한 커피

5 **코르타도(Cortado)_** 우유 비율이 낮은 산미가 약한 커피

6 **스페인 내전_** 1936~1939. 1936년 2월 총선거에서 스페인에 인민전선 내각이 성립되자 이것에 반대하는 프랑코 장군이 인솔하는 군부가 반란을 일으켜 일어난 내전이다.

7 **바르톨로메 오르도네스(Bartolomé Ordónez)_** 스페인에 미켈란젤로 양식을 도입한 스페인 르네상스 시대의 가장 뛰어난 조각가

8 **카바레(Cabarett)_** 작은 예술 무대가 있는 주점

9 **레판토 해전_** 16세기에 오스만투르크를 상대로 스페인과 신성 동맹군이 벌인 최대의 해전이다.

10 **큐비즘(Cubism)_** 입체파라고도 불리며, 1907~1908년경 피카소와 브라크에 의해 시작된 20세기 가장 중요한 예술 운동 중 하나이다.

11 **키오스코(Quioco)_** 간이 상점

12 **사라센인_** 중세의 유럽인이 서아시아의 이슬람교도를 부르던 호칭

TIP

스페인의 공항 이야기

마드리드 바라하스 공항

스페인의 수도 마드리드에 있는 국제공항으로 시의 중심가에서 북동쪽으로 13㎞ 떨어진 곳에 있다. 공항에 도착한 것만으로도 이국적인 유럽의 아름다움을 바로 느끼게 하는 마드리드 바라하스 공항은 총 5개의 터미널(제 1, 2, 3, 4, 4S 터미널)로 이루어져 있다. 그중 4터미널은 세계적인 건축가 리처드 로저스와 안토니오 라멜라의 공동 작품으로 영국 왕립 건축가협회의 스털링 상을 수상할 정도로 건축미가 뛰어나다.

엄청난 규모의 건물은 벽이 유리로 되어 있으며, 물결 모양의 드높은 천장은 보는 사람들을 압도한다. 대나무로 만든 천장 사이사이로 들어오는 빛이 실내를 조용하고 차분하게 만들어 또 다른 분위기를 연출하고 있다. 유럽에서는 두 번째로 큰 공항이다.

마드리드 바라하스 공항

바르셀로나 엘 프랏 공항

스페인 바르셀로나 도심에서 약 10km 떨어진 곳에 위치한 공항. 스페인에서는 마드리드 국제공항에 이어 두 번째 규모이다. 아에로부스(Aerobus)라는 공항버스가 바르셀로나 도심과 공항을 연결하며, 구 여객터미널인 터미널2와 새로 지어진 터미널1로 구성되어 있다. 구청사인 터미널2는 다시 A, B, C로 나뉘어 있다.

아에로부스 버스

DAY 2

신성한 산 **몬세라트,**
달리의 도시 **피게레스·카다케스**

세계적인 천재 건축가 가우디에게 영감을 준 고요와 평화의 산 몬세라트는 스페인의 3대 순례지인 '몬세라트 수도원'과 '라 모레네타'라고 하는 검은 성모상, 13세기에 생겨난 유럽에서 가장 오래된 소년합창단 '에스콜로니아 성가대'가 유명하다.
살바도르 달리의 출생지인 피게레스와 스페인 내전으로 파괴된 극장을 복구해 1974년에 개관한 달리 미술관이 있는 카다케스는 스페인의 화가 '살바도르 달리'의 도시이다.

몬세라트

검은 마돈나가 지켜주는 몬세라트

몬세라트는 카탈루냐 지방 바르셀로나 근교에 있는 높이 1,238미터의 산이다. 로마인에게는 '톱니 모양의 산'이라는 몬스세라투스, 카탈루냐인에게는 '신성한 산'이라는 몬트사그라트라는 이름으로 불렸다. 몬세라트 수도원과 라 모레네타 목각상, 에스콜로니아 성가대가 유명하다.

오늘은 몬세라트Montserrat를 거쳐 살바도르 달리Salvador Dali의 흔적이 있는 피게레스Figures와 카다케스Cadeques에 다녀올 예정이기 때문에 일찍 출발하기로 하였다.

엘레나는 나보다 일찍 나와 로비에서 기다리고 있었다. 그녀의 차를 타고 바르셀로나 시내를 출발하여 몬세라트로 향하였다. 몬세라트 근처에 도착하는 데 대략 한 시간 정도 걸려 고속도로를 빠져나와 꼬불꼬불한 산길로 접어들었다. 몬세라트에는 약 2,000개가 넘는 등산로가 있다고 한다. 많은 사람들이 다양한 이유로 이곳을 찾지만 무엇보다 '라 모레네타La Moreneta', 검은 마돈나라는 애칭이 있는 검은 성모상을 보기 위한 순례자들의 발길이 끊이지 않는다.

우리는 차를 주차장에 세우고 천천히 걸었다. 산이어서 그런지 좀 쌀쌀하다고 느껴졌다. 날씨 탓인지 아니면 시간이 일러서인지 생각보다 사람들이 많지 않아 여유가 느껴졌다.

"몬세라트는 이곳 카탈루냐어로 톱니 모양의 산이라는 의미예요. 아까 말한 검은 마돈나에 관한 이야기 아세요?" 하고 엘레나는 물었다.

나는 자세히는 모른다고 대답했다.

"작은 목각상인 검은 마돈나는 전설에 의하면 성 누가Saint Luke가 만든 것이라고 해요. 서기 50년에 성 베드로가 이곳에 가져왔대요."

엘레나와 나는 몬세라트 수도원Montserrat Monastery을 향해 천천히 걸었다.

"몬세라트는 아서 왕의 성배 전설에 등장하는 베네딕트의 산타

몬세라트

마리아 몬세라트 수도원이 세워지면서 기독교의 성지, 영적인 토대가 되었다고 할 수 있습니다."

"몬세라트에 수도원은 언제, 어떻게 만들어진 건가요?"

"흥미로운 이야기가 있어요. 880년에 어린 목동들이 몬세라트 산 위 하늘에서 천사 모습의 빛이 내려오는 것을 목격했다고 해요. 하늘에서 내려오는 천사들의 방문은 한 달 동안 계속되었고, 그 빛이 산속 동굴로 이어져 마을 사제들이 이곳을 둘러보다가 마리아의 모습을 발견하였습니다.

훗날 1025년에 올리바 수도원장이 이곳에 작은 수도원을 세웠고, 1221년부터 성모상의 기적이 퍼지기 시작했다고 해요. 몬세라트가 유럽 전역으로 알려지기 시작한 것은 14세기부터인데, 1493년에는 베르날 보일Bernal Boil이라는 이곳의 수도사가 콜럼버스와 함께 아메리카 탐험에 동행하기도 했죠. 그러다 19세기 초 나폴레옹 군대에 의해 파괴돼요. 수도원의 모든 재산을 잃어버리고 한 명만 남고 모든 수도사가 이곳을 떠났죠. 그 후 약 10년쯤 지나 수도사들이 다시 돌아왔지만 스페인 내전이 일어나 다시 떠나야 했고, 그 과정에서 32명의 수도사들이 죽었어요. 그리고 1991년이 돼서야 성당 복원이 시작되었고, 현재의 모습을 갖추게 되었습니다."

엘레나와 나는 라 크레우La Creu 광장 안 뜰에 있는 성인 미카엘St Michael을 본 후 산타 마리아 광장으로 갔다. 입구를 지나쳐 광장으로 들어가니 광장은 산을 깎은 큰 산책로처럼 되어 있었다.

정원 중앙에는 15세기에 만들어진 고딕 십자가, 바실리카 안쪽 뜰에는 성 베네딕트 조각상이 있었다. 그리고 나폴레옹 군대에 의해 파괴되었던 중세와 르네상스의 몬세라트를 생각하게 하는 고딕의 클로이스터Cloister[1]가 있었다. 엘레나와 나는 성 요셉과 세례 요한의 조각상과 바실리카와 성모상까지 보고 밖으로 나왔다.

"혹시 그리스 메테오라Meteora에 있는 '트리니티 수도원[2]'을 아세요?" 하고 나는 엘레나에게 물었다.

"아뇨." 하고 엘레나는 짧게 대답하였다.

"그리스어로 공중에 떠 있다는 뜻으로 500미터 바위산 위에 있는 수도원이 갑자기 생각나네요."

수도원과 수도사는 현실 세계에 사는 우리와는 아주 다른 사람들처럼 생각되었다. 엘레나와 나는 주차장 방향으로 천천히 걸어 내려갔다. 내려다보이는 풍경은 아래에서 올려다 본 풍경과는 사뭇 달랐다.

주차장에 도착한 우리는 다시 차를 타고 피게레스와 카다케스로 출발하였다.

살바도르 달리의 도시, 피게레스와 카다케스

피게레스는 달리가 태어난 곳으로 달리 미술관을 비롯해 달리의 어린 시절 흔적을 곳곳에서 볼 수 있는 곳이다. 카다케스는 달리와 그의 연인 갈라가 살았던 집이 있는 곳으로 두 사람의 사랑을 느낄 수 있다. 이 두 도시는 피레네 산맥 가까이에 위치해 있다.

엘레나와 나는 몬세라트 수도원을 나와 달리의 미술관이 있는 달리의 고향, 피게레스로 향하였다. 150킬로미터 정도 되는 거리로 두 시간 정도 소요되었다. 피게레스는 고속도로를 타고 가기 때문에 그나마 길이 안정적이었다. 엘레나의 빨간색 미니는 미끄러지듯 고속도로를 달렸다. 운전을 하면서 엘레나는 나에게 물었다.

"살바도르 달리 Salvador Dali[3]의 살바도르의 뜻이 무엇인지 아세요?"

"물론 그 정도는 알죠. 살바도르는 '구세주'를 의미하는 그리스도의 별칭이죠."

"맞아요. 달리는 우리가 지금 가고 있는 카탈루냐 북동부의 상업 도시인 피게레스에서 태어났어요. 프랑스와 안도라를 접하고 있는 곳이죠. 달리의 아버지는 공증인으로 음악과 미술을 좋아했고, 어머니는 아버지보다 11세 연하로 바르셀로나 부유한 상인의 딸이었죠. 달리의 부모님은 어린 달리에게 달리가 일곱 살 때 뇌막염으로 죽은 형이 다시 태어난 거라고 늘 이야기했다고 합니다. 침대 위에는 디에고 벨라스케스의〈십자가에 못 박힌 그리스도〉와 형의 사진을 걸어놓고, 어린아이에게 그렇게 이야기했을 때 달리는 어떤 생각이 들었을까요?"

엘레나는 핸들을 돌리며, 달리에 대한 이야기를 계속 들려주었다.

"달리는 운명적으로 콤플렉스를 가지고 태어난 사람이에요. 그래서인지 어려서부터 현실과 뭐랄까 피안의 세계 이런 것을 직접 경험했다고 해요. 그리고 자기 과시욕과 과대망상증이 심했는데, 이런

디에고 벨라스케스

디에고 벨라스케스의 〈십자가에 못 박힌 그리스도〉

성향이 그가 초현실주의 작품을 그리는 데 영향을 준 것 같아요."

나는 갑자기 달리가 태어나고 자란 곳의 모습과 분위기는 어떨지 무척 궁금해졌다.

"초현실주의, 사실 관심이 없는 사람은 이게 뭔가 할 거예요. 하기야 설명하기도 쉽지 않죠." 하고 나는 엘레나에게 말하였다.

"초현실주의에 대해 굳이 개념을 설명하자면 무의식적인 정신세계를 탐구하는 것이라고 봐야겠죠. 갇혀 있는 상상력을 해방시켜 창작으로 나아가는 예술 활동으로 봐야 되지 않을까요."

나는 엘레나의 말을 이어 이야기하였다.

"초현실주의는 모든 기성 개념에 반기를 들고 모든 예술을 부정하는 것에서부터 시작하죠. 후에 팝 아트, 비디오 아트 등에서 볼 수 있듯이 많은 예술가들에게 사고의 전환점을 주는 통로, 다리 역할을 하고 있습니다."

"다시 달리에 대한 이야기를 하면 달리는 여섯 살 때 처음 그림을 그리고, 열 살 때는 인상파적인 그림을 그렸다고 해요. 아마도 어려서부터 화가가 될 자질을 보였던 것 같아요. 그러다가 1921년 어머니가 돌아가시고, 마드리드에 있는 산 페르난도 미술 학교에 입학하죠. 여기서 그의 인생에 있어 아주 중요한 두 사람을 만납니다. 기숙사에 머물면서 두 친구를 만나는데, 바로 스페인의 시인이자 극작가인 페데리코 가르시아 로르카Federico Garcia Lorca와 영화 제작자이자 초현실주의 창설자 루이스 부뉴엘Luis Bunuel이에요."

엘레나는 그들을 잘 알고 있는 눈빛을 보내더니 계속 이야기를 이어갔다.

"페데리코 가르시아 로르카는 천재였죠. 하지만 안타깝게도 프랑코 독재 시절의 희생물이 되어 결국 총살당해요. 그는 스페인의 전통적인 서정을 현대적으로 표현한 작가로 스페인 안달루시아 마을을 초현실주의 기법으로 드라마틱하게 노래한 사람이기도 합니다.

그리고 또 한 사람인 루이스 부뉴엘은 스페인 아라곤 지방에서 태어나 마드리드 대학을 졸업한 후 프랑스로 갑니다. 무성 영화 말기의 전위 영화 전성기에 조감독으로 지내다가, 1929년 달리와 함께 단편 영화 〈안달루시아의 개〉로 입봉하죠. 이 영화는 초현실주의의 걸작으로 꼽히고 있어요. 알프레도 히치콕 감독도 호평할 정도로 말이죠."

이어 엘레나는 우리가 가고 있는 달리 박물관이 기존의 다른 박물관과 다르게 재미있는 모양을 하고 있다는 얘기도 해주었다.

"달리가 이 두 사람 말고 영향을 받았다고 할까 아니면 좋아했던 사람이 있었다고 하던데 누군지 혹시 아시나요?" 하고 나는 엘레나에게 물었다.

"그럼요. 바로 피카소와 프로이트죠. 달리는 큐비즘에 관심을 갖게 되면서 1926년 피카소를 만납니다. 좀 전에 이야기한 가르시아 로르카의 지인을 통해 파리에서 만났습니다. 피카소와의 만남은 달리의 작품에 많은 영향을 미쳤어요.

또 한 사람은 지그문트 프로이트Sigmund Freud[4]인데, 달리는 『꿈의 해석』이라는 프로이트의 책을 읽고 그에게 빠졌다고 해요. 달리 스스로 '프로이트를 알게 된 것은 나의 연인인 갈라 다음의 행운'이라고 이야기할 정도였으니까요. 그런데 달리에 대해 어떻게 생각하세요?"

"무의식의 세계를 통하여 인간의 내면세계를 표현한 예술가? 음, 좀 어렵네요." 하고 나는 웃으면서 엘레나에게 이야기하였다.

이렇게 달리에 대해 여러 이야기를 하는 동안 목적지인 피게레스에 거의 도착했지만 이야기에 심취해 고속도로 출구를 지나쳐 10킬로미터 정도 더 가는 바람에 다시 국도를 타고 되돌아와 드디어 달리 미술관에 도착할 수 있었다. 미술관 근처로 가니 엘레나가 말한 대로 저 건물이구나 하고 쉽게 알 수 있을 정도로 독특한 모습을 하고 있었다.

엘레나와 나는 차를 주차시키고, 미술관 근처에 있는 식당에서 간단하게 식사를 하고 미술관 근처로 갔다.

"미술관 모습이 참 특이하네요. 붉은 벽과 벽에 붙어 있는 노란색 오브제는 무슨 의미가 있을 거 같은데요?"

"그렇죠. 우선 달리라는 사람 자체가 독특하니까요. 건물에 붙어 있는 노란색은 '빵'이에요."

"빵이라고요?" 나는 이해가 가지 않는다는 표정으로 엘레나의 얼굴을 바라보았다.

"저 빵을 통해 달리가 상징하고 싶었던 것은 죽음이에요. 그는 초현실적 소재로 빵을 사용하였어요. 빵은 시간이 지나면서 메마르고 부패되어 볼품이 없어지는데, 달리는 그런 빵을 보고 아름답게 느꼈다고 하니 독특하죠.

또 달리의 작품에 자주 등장하는 '신발'과 '알', '서랍'도 각각의 상징성을 가지고 있어요. 신발은 항상 부서지는 힘없는 것, 알은 새로운 잉태, 탄생의 상징으로 표현하곤 했답니다. 그리고 들어오는 입구 광장에 있던 서랍은 각기 다른 인간의 무의식의 사고를 이야

달리 미술관의 붉은 외벽

기한다고 해요. 이 세 가지의 상징성과 초현실주의가 무엇인지 이해한다면 달리 작품을 보는 데 도움이 될 거예요."

달리의 독특함을 보고 느끼는 동안 지루함 없이 어느새 미술관을 모두 둘러볼 수 있었다. 오늘은 스페인의 좀 더 색다름을 보는 느낌이었다. 확실히 다른 곳의 그림이나 조각품과는 달랐다.

주차장으로 가는 길에 엘레나는 달리가 몇몇 예술가들의 점수를 매긴 재미있는 일화에 대해서도 이야기해주었다.

"20점 만점을 기준으로 몬드리안이 0.6점으로 꼴등이고, 1등은 베르메르로 19.9점이에요. 그리고 영국 BBC 방송국에서 천재 중에 천재로 자주 언급했던 레오나르도 다빈치는 18.4점, 본인은 16.4점, 피카소는 11.9점이라고 매겼대요. 재미있지 않아요? 왜 이런 점수를 매

탄생을 상징하는 알 모양의 오브제

죽음을 상징하는 빵 모양의 오브제

겼는지 모르겠지만 한편으로는 달리 다운 행동인 것 같기도 합니다."

엘레나와 나는 주차장에서 차를 타고 다음 목적지인 카다케스Cadeques로 출발하였다. 카다케스는 피게레스에서 거리상으로 보면 한 시간 조금 더 걸리는 거리지만 S자 형태의 산길을 계속 오르내리며 가야 했다. 산 넘어 가는 길에 오토바이를 탄 열댓 명의 남자들이 우리 차를 추월해갔다.

"이곳에서 얼마 떨어지지 않은 곳에 달리가 연인 갈라에게 선물한 성이 있는 거 아세요?" 하고 엘레나가 묻기에 나는 처음 듣는 이야기라고 대답했다.

카다케스의 달리와 갈라의 집

"지로나Girona에서 한 시간쯤 가면 라 페라La pera라는 곳이 나오는데, 그곳에서 2킬로미터쯤 더 들어가요. 진짜 재미있는 점은 달리도 갈라가 방문을 허락할 때만 갈 수 있었던 정말 갈라만의 성이지요."

꼬불꼬불한 산길은 계속되었다. 이곳을 넘어가면 바다가 보이는데 산티아고 미야스Santiago Millas 같은 느낌을 준다고 엘레나는 나에게 말하였다.

종잡을 수 없는 달리가 성을 선물할 정도로 사랑한 연인, 갈라에 대해 갑자기 궁금해져 엘레나에게 갈라에 대해 물었다.

"갈라는 러시아 서부의 볼가 강Volga 근처에서 태어나 그곳에서 자랐다고 해요. 참고로 본명은 엘레나 이바노브나 디아코노바Elena Ivanovna Diakonova입니다. 모스크바에서 대학을 다녔고, 도스토옙스키Dostoevskii[5]를 무척 좋아했다고 해요.

그녀의 남편인 폴 엘뤼아르Paul Eluard[6]와의 첫 만남은 파리에 있는 결핵 요양소예요. 요양소에서 다시 모스크바로 돌아가 학교를 졸업하고 교편을 잡게 되는데 그때가 바로 1차 세계 대전 시기입니다. 러시아의 정치적 불안 때문인지 갈라는 폴 엘뤼아르를 처음 만났던 파리로 돌아와 1917년에 결혼합니다. 갈라는 폴 엘뤼아르와 결혼한 이듬해에 아이를 낳죠. 그런데 두 사람의 삶에 달리보다 먼저 끼어든 사람이 있어요. 폴 엘뤼아르의 친구인 화가 막스 에른스트Max Ernst[7]예요. 그들은 영화 〈글루미 선데이Gloomy Sunday[8]〉의 주인공들 같은 삶을 살게 되죠. 남편이 있는 갈라는 그와 정기적으로 잠자리를 하였다고 해요. 하지만 이러한 삼각관계도 1927년 막스 에른스트가 결혼하면서 끝이 납니다."

"갈라가 참 미인이었나 봐요."

"외모적으로 미인은 아니었어요. 독특한 외모에 평범하지 않은 성격, 날카로운 코, 강렬한 눈매를 가지고 있었죠. 다만 그녀는 보통의 엄마, 보통의 여자와는 달랐던 것 같아요. 폴 엘뤼아르와의 사이에서 낳은 딸을 전혀 돌보지 않았고, 오로지 자신의 내면적인 열정을 예술가인 남편과 애인을 통해 발산하였다고 해요. 초현실주의자 모임에서도 그녀는 항상 불편한 존재였다고 합니다. 이유는 예술 활동을 하는 예술가도 아니면서 남편과 애인을 따라 모임에 항상 나타났기 때문이었다고 합니다."

카다케스

달리와 갈라에 대해 이야기하는 동안 차는 어느새 산을 넘어 바다가 보이는 길로 들어섰다. 다시 꼬불꼬불한 길을 따라 내려가자 멀리 흰색으로 되어 있는 마을이 보이기 시작하였다. 산 아래로 내려가 바다가 가까이 보이는 마을로 들어갔다. 마을 입구는 해안가에 위치해 있었다. 마을을 천천히 둘러보는 데는 시간이 그리 오래 걸리지 않았다.

달리와 갈라가 살던 곳은 이곳에서 차로 5분 정도 더 가야 한다고 하니 두 시간 정도 걸린 셈이다. 엘레나와 나는 카다케스 시내를 둘러보고, 현재는 박물관이 된 달리와 갈라가 살았던 집으로 갔다. 아직 휴가철이 아니어서 그런지 사람들은 많지 않았다. 해안가 옆에 마련되어있는 주차장에 차를 세우고 천천히 걸어 들어갔다. 달리의 집에 들어서자 달리 미술관에서 본 것과 비슷한 커다란 알이 먼저 눈에 띄었다. 그 알을 보자 '달리는 갈라와의 사이에서 새로운 탄생을 원했던 것은 아닐까?' 하는 생각이 들었다.

"달리와 갈라가 어떻게 만났는지 아세요?" 하고 엘레나에게 물었다.

"그들이 만난 해가 아마도 1929년일 거예요. 갈라는 남편, 지인과 함께 카탈루냐를 방문했다가 당시 20대이던 달리를 만나게 되는데 그때 그 둘의 운명이 바뀌게 되죠. 운명이 있다고 믿으세요?"

"글쎄요. 어떤 사람에게는 절대적으로 믿고 싶은 것, 또 어떤 사람에게는 별로 믿고 싶지 않은 것이 운명인 것 같아요. 어떻게 보면 운명은 팔자와도 상통하는데 저는 확실하게는 말 못하지만 어느 정도는 타고난 운명이 있는 것 같다는 생각은 들어요. 특히 사람과의 만남에서는 말이죠. 엘레나는 운명이 있다고 믿나요?"

"저도 같은 생각이에요. 100퍼센트 운명이 있다고 믿지는 않지만 어느 정도는 타고난 운명이 있다고 생각해요."

"우리 운명에 대해서 같은 생각을 하고 있네요. 다시 달리와 갈라 이야기를 하면, 당시 달리는 스물 넷, 갈라는 그보다 열 살이나 연상이었어요. 달리는 갈라를 만나 히스테리와 광기가 없어지는 새로운 삶을 살게 되죠. 달리는 부모보다, 그가 좋아하던 피카소보다 더

달리와 갈라

그녀를 사랑했다고 합니다.

남편과 헤어지고 달리와 살던 갈라는 경제적으로 힘들었던 모양이에요. 이러한 그들에게 전남편 폴 엘뤼아르가 경제적으로 도움을 주었다고 해요. 아마도 폴 엘뤼아르는 그녀를 잊지 못하고 진정으로 사랑했던 거겠죠."

바닷가 옆에 바로 있는 흰색의 달리 집은 만 안으로 들어와 있어 아늑하고 포근하게 느껴졌다. 근처에 노 젓는 배가 정박되어 있었는데 엘레나와 나는 자연스럽게 그곳에 걸쳐 앉았다. 노란색의 배가 아주 인상적이었다. 혹시 달리가 칠한 것은 아닌가 생각이 들 정도의 묘한 느낌을 주었다. 이번에는 엘레나가 먼저 이야기했다.

"미국으로 진출한 달리는 갈라의 계획적인 홍보와 마케팅을 통해 많은 돈을 벌게 됩니다. 그런 쪽으로는 전혀 체계적이지 않았던 달리를 아주 빠르게 변화시킨 거예요. 덕분에 달리는 미국에서 큰 성공을 거둬요. 혹시 달리의 사진을 본 적 있으세요?"

엘레나는 고개를 돌려 나를 바라다보더니 말을 이어나갔다.

"콧수염이 아주 인상적이죠. 달리는 외모가 튀지 않으면 인기를 끌 수 없다고 생각했다고 해요. 그래서 디에고 벨라스케스Diego Velazquez 9의 초상화에서 펠리페 4세의 콧수염을 보고 자신의 트레이드마크를 만들었다고 합니다. 그리고 또 한 가지 재미있는 사실이 있는데 바로 추파 춥스Chupa Chups 포장지를 디자인한 게 바로 달리예요."

"하하, 그런가요? 그럼 달리와 갈라 둘은 해피엔딩?"

"아니요. 그들의 말년은 아주 행복하지는 않았어요. 1980년 달리가 76세 되던 해에 중풍이 걸려 활동을 못하게 되는 바람에 수입도 줄어들게 되죠. 그래서 갈라와 잦은 부부 싸움을 했다고 해요. 왜냐하면 그때도 갈라에게는 젊은 애인이 있었는데, 형편이 어려워 젊은 애인에게 선물 공세를 할 수 없었거든요. 이러한 갈라에게 달리는 인내심의 한계를 느끼게 됩니다.

그런데 당시 갈라의 애인이 누구인지 아세요? 들으시면 깜짝 놀랄 거예요. 그 당시 유명했던 블랙 사바스Black Sabbath[10]의 보컬 제프 팬홀드Jeft Fenholt였대요. 50년이 넘는 나이 차이가 있었고요. 결국 화가 난 달리는 갈라를 폭행하는데, 갈라는 달리를 진정시키기 위해 진정제와 약물을 투여해요. 하지만 너무 많이 투여해 달리가 움직이지 않게 되자 암페타마amphetamine[11]라는 각성제를 투여하죠. 그로 인해 달리는 신경계가 파괴되어 몸을 무척 떨게 되었다고 해요. 그러다 정신병을 앓게 되고 1989년 죽을 때까지 고생했다고 합니다. 해피엔딩은 아닌 거죠"

엘레나와 나는 앉아 있던 노란색 배에서 일어나 달리와 갈라가 살던 집을 천천히 둘러보았다.

어느새 하루라는 시간이 다 되었는지 해가 지고 있었다. 엘레나는 이곳에서 달리와 갈라를 더 느끼며 하루 자고 가면 좋겠다고 이야기했지만 내일 일찍 발렌시아로 가야 하기 때문에 동선이 맞지 않아 출발해야만 했다. 차는 왔던 길을 되돌아 바르셀로나로 향하였다.

내일은 엘레나의 차가 아니라 렌터카로 발렌시아에 가려고 한다. 여행의 마지막은 마드리드인데, 엘레나가 혼자 차를 몰고 마드리드에서 바르셀로나까지 오기에는 길이 멀어 렌터카를 이용해 마드리드에서 차를 반납하고 나는 비행기로, 엘레나는 고속 열차인 아베 Ave 12를 타고 돌아오기 위해서이다.

주

1 **클로이스터(Cloister)_** 좁은 의미로는 보도나 통로 자체를 일컫기도 하지만 일반적으로는 수도회의 교회당을 뜻하며 대부분 수도원이나 대성당에 부속되어 있음

2 **트리니티 수도원_** 그리스 트리칼라 테살리아 지역의 작은 마을인 칼람바카에 있는 수도원. 15세기에 페네아스 계곡을 끼고 바위 기둥 위에 건설된 24개의 수도원 시설 중 하나이며, 현존하는 6개의 수도원 중 하나

3 **살바도르 달리(Salvador Dali)_** 1904~1989. 스페인의 초현실주의 화가

4 **지그문트 프로이트(Sigmund Freud)_** 1856.~1939. 오스트리아 정신과의사로 정신 분석파의 창시자. 무의식과 억압의 방어 기제에 대한 이론, 정신 분석학적 임상 치료 방식을 창안

5 **도스토옙스키(Dostoevskii)_** 1821~1881. 『죄와 벌』, 『카마라조프가의 형제들』, 『백치』, 『악령』 등이 대표적 작품인 러시아의 소설가

6 **폴 엘뤼아르(Paul Eluard)_** 1895~1952. 초현실주의를 대표하는 프랑스 시인

7 **막스 에른스트(Max Ernst)_** 1891~1976. 독일 출신의 초현실주의 대표적 화가

8 **글루미 썬데이(Gloomy Sunday)_** 1999년 헝가리와 독일에서 개봉한 영화로 수백 명의 사람들을 자살로 몰고 간 전설적인 노래 '글루미 선데이'와 이 곡을 둘러싼 주인공들의 안타까운 사랑을 이야기 함

9 **디에고 벨라스케스(Diego Velazquez)_** 1599~1660. 스페인 바로크를 대표하는 17세기 유럽 회화의 중심적인 인물

10 **블랙 사바스(Black Sabbath)_** 영국 버밍엄 출신의 하드 록 밴드

11 **암페타마(amphetamine)_** 중추 신경 자극제로 안락감을 주고, 피로를 줄여주는 역할을 해주며 중독성과 내성을 가지고 있음

12 **아베(Ave)_** 스페인 고속열차

TIP

유럽 자동차 여행 1

유럽은 배낭을 메고 걷는 여행도 좋지만 때로는 자동차를 이용해 달려야 진정한 매력을 알 수 있는 곳이기도 하다. 곳곳에 문화적인 유산과 역사적인 사연들이 있어 아무리 작은 시골 동네라 하더라도 시시하지 않게 느껴지는 곳이 바로 유럽이다.

유럽 자동차 여행을 추천하는 가장 큰 이유는 무거운 짐을 들고 다닐 필요가 없다는 것이다. 여행 기간 내내 커다란 배낭을 메고 다니면서 느끼는 여행의 즐거움과는 차원이 다르다. 많은 여행객들이 유레일 등의 기차와 버스를 이용하는 경우가 많은데, 기차나 버스를 기다릴 필요가 없어 여행에 있어서 가장 중요한 시간을 절약할 수 있다는 것도 자동차 여행을 추천하는 또 다른 이유이다. 그리고 기차나 버스로는 갈 수 없는 유럽 구석구석을 돌아볼 수 있고, 더 머물고 싶으면 머물고, 원하지 않는 곳이 있다면 기차나 버스 시간을 알아볼 필요 없이 다른 곳으로 바로 이동할 수도 있다.

같이 여행하려는 사람이 3명 이상이라면 기차나 버스를 이용하는 교통비보다 절약할 수 있다. 하지만 낯선 곳에서 낯선 이들과 여행하는 것은 쉽지 않은 일이기 때문에 잘 생각하고 결정해야 한다.

자동차 여행을 결정했다면 경우에 따라 차를 렌트할 것인지 리스할 것인지 선택해야 한다. 푸조나 르노 등의 회사에서 리스제도를 시행하고 있는데, 21일 이상 차를 사용할 경우 리스가 가능하다. 리스로 할 경우 보험이 풀로 자동으로 가입되지만 번호판이 빨간색이어서 여행객이라는 것이 눈에 띄니 조심해야 한다.

여행 기간이 길지 않다면 렌트를 해야 하며, 나라에 따라 차종이나 조건이 달라진다. 주의해야 할 것은 이때도 보험을 풀로 가입하는 것이 좋다.

DAY 3

고대 도시 **사군토**, 화려한 문화와 풍요의 도시 **발렌시아**

사군토는 한니발 전쟁의 도화선이 되었던 '사군톰 포위전'이 벌어진 곳으로 고대 로마 역사에 관심 있는 사람들에게는 매우 의미 있는 역사의 현장이다. 화려한 아름다움을 가진 도시는 아니지만 곳곳에 있는 고대 로마의 유적들과 성곽들을 보면 역사의 뿌리가 매우 깊은 곳임을 직감할 수 있다. 15세기 황금기를 누렸던 스페인의 동부 도시 발렌시아는 역사적으로 고대와 중세의 역사 모두를 간직하고 있는 도시. 현재는 제2의 부흥기를 맞이하고 있는 관광도시이다.

발렌시아의 예술과 과학의 도시

2차 포에니 전쟁의 도화선이 되었던 사군토

사군토는 발렌시아에서 북쪽으로 30킬로미터 정도 떨어진 곳에 위치해 있다. 기원전 5세기경 사군툼이라는 성곽 도시 국가에서 시작해 그리스 페니키아를 상대로 활발한 무역이 이루어진 곳이며, 한니발이 이곳을 공격하면서 2차 포에니 전쟁의 도화선이 되었다.

오늘은 발렌시아Valencia로의 여행이 시작되는 날이다. 나는 서둘러 짐을 챙겼다. 엘레나가 예약한 렌터카를 픽업해 아침 일찍 호텔로 온다고 했기 때문이다. 호텔 로비에는 엘레나가 벌써 도착해서 기다리고 있었다. 우리는 아침 식사도 못한 채 체크아웃을 하고 짐을 차에 실었다.

나는 장거리 여행이니 먼저 운전을 하겠다고 엘레나에게 말하였다. 그러자 엘레나는 잠깐만 기다려 달라고 말하고는 어디론가 사라졌다 5분 정도 지나서 돌아왔다. 그녀의 양손에는 센스 있게 커피와 빵이 들려 있었다.

내비게이션을 목적지에 맞추고 발렌시아로 출발하였다. 참고로 렌터카는 폭스바겐 골프 신형이었다. 차는 천천히 바르셀로나 시내로 들어섰고, 이른 아침이라 그런지 차들이 별로 없어 시내를 쉽게 빠져나올 수 있었다.

"30킬로미터 정도 떨어진 곳에 2차 포에니 전쟁의 시발점이 되었던 사군토Sagunto가 있는데, 그렇게 멀지 않으니 들렀다가는 건 어때요?"

엘레나가 커피 한 모금을 마시면서 나에게 제안했다.

"사군토도 보면 좋지요."

"해안선을 따라 사군토 항 이정표를 보고 가면 돼요."

나는 목적지를 바꿔 해안선을 따라 달렸다. 얼마를 달렸을까. 고속도로를 빠져나가는 이정표가 보였다. 길이 좁아졌다.

"사군토를 누가 건설했는지 아세요?"

"그리스의 자킨토스 섬에 살던 사람들이 이곳으로 이주해 와서

사군토

건설하였고, 성곽 도시인 사군토를 사군툼Saguntum이라고도 불렀다고 들은 적이 있어요."

"맞아요. 사군토는 로마와 동맹 관계였는데 기원전 219년 카르타고의 장군 한니발이 이곳을 공격한 것이 2차 포에니 전쟁의 원인이 됩니다. 포에니 전쟁은 로마와 카르타고의 전쟁으로, 포에니는 라틴어로 '페니키아인'이란 뜻이에요. 그리고 카르타고를 지휘했던 장군 한니발 때문에 '한니발 전쟁'이라고도 부르죠. 사실 지중해 세계의 패권을 둘러싼 전쟁이라고 할 수 있습니다."

알프스를 넘는 한니발 군

우리는 도로를 따라 차를 몰아 성벽 근처까지 갔다. 사군토는 그리 큰 도시는 아니었지만 2,000년의 역사가 느껴지는 도시였다.

"로마는 기원전 214년에 이곳을 탈환하고 여기 시민들에게 로마 시민권을 부여했어요. 8세기에는 무어인에게, 11세기 후반에는 엘 시드에게 점령당하죠. 또 로마 시대에 건설한 2개의 로마 가도가 만나는 곳이기도 해요."

"그럼, 이곳이 쇠퇴하기 시작한 것은 언제부터인가요?"

"발렌시아가 성장하면서부터라고 생각하면 될 거예요."

엘레나는 로마 시대에 지어진 것으로 보이는 원형 극장을 바라보며 이야기하였다.

국민적 영웅 엘시드의 풍요 도시, 발렌시아

발렌시아는 역사적으로 그리스를 비롯해 카르타고, 로마, 고트족 그리고 이슬람의 지배를 받았다. 1094년 엘시드가 이곳을 정복하였고, 다시 엘 아랍 발렌시아 왕국의 수도로서 번영하기도 하였다. 1238년 가톨릭의 아라곤 왕에 의해 탈환되었다.

우리는 사군토를 조금 더 둘러본 후 오늘의 메인 목적지인 발렌시아를 향해 출발하였다. 사군토에서 발렌시아로 가는 도로 양옆에는

오렌지 밭

오렌지밭이 광활하게 펼쳐졌고, 발렌시아에 거의 다다르자 활짝 핀 복숭아꽃을 볼 수 있었다.

바르셀로나에서 발렌시아까지의 거리는 약 350킬로미터로 자동차를 타고 일반적인 주행 속도로 가면 4시간 정도 소요된다. 엘레나와 나는 휴게소에 들러 커피를 한 잔 마셨다. 장거리 여행의 즐거움 중 하나는 이렇게 도중에 잠깐 차나 커피를 마시면서 느끼는 여유이다.

발렌시아로 가는 길은 바다와 가까워져서인지 바람이 많이 불었고 풍력을 이용하는 풍력기를 곳곳에서 볼 수 있었는데 그 모습이 이색적으로 느껴졌다. 발렌시아로 가는 길에 보이는 하늘은 유독 가깝게 느껴지고, 하늘과 잘 어울려 있는 구름을 보니 마음이 편안해졌다.

발렌시아 풍경

한참 동안 창밖 풍경을 구경하던 엘레나가 나를 보더니 말하였다.

"발렌시아는 아주 오래전으로 올라가면 카르타고, 로마, 고트족, 아랍의 지배를 받았어요. 1094년에는 엘시드가 정복하고, 1238년에는 아라곤 왕이 이곳을 다시 탈환하죠. 19세기에는 프랑스의 지배를 받기도 했고요.

현재는 오렌지, 올리브, 쌀, 목화 등을 재배하고, 항구를 통해 쌀, 올리브 같은 것들을 수출하죠. 바다를 끼고 있어서 조선업이 발달한 도시입니다."

"발렌시아, 이름도 멋지네요. 그런데 엘레나, 오늘 저녁 식사로 파에야가 어떨까요? 발렌시아에서 파에야가 시작되었다고 들었거든요."

엘레나는 웃으면서 그러자고 하였다.

우리는 고속도로를 빠져나와 발렌시아 시내로 가는 길로 접어들었다. 우리는 성곽으로 둘러싸인 구시가지 근처의 공영 주차장에 차를 주차하였다. 주차장에서 구시가지 중앙까지는 걸어서 5분 거리였다. 구시가지 근처에 오자 관광버스가 즐비했고, 많은 사람들이 버스에서 내려 구시가지 안으로 들어갔다. 엘레나와 나도 그들을 따라 걸었다. 엘레나는 이곳에서 가까운 대성당부터 가보자고 하였다. 토레스 데 콰르트Torres de Quart 성벽을 따라 걸어가며 엘레나는 나에게 물었다.

"발렌시아의 대성당에 관해 아시는 게 있나요?"

"〈최후의 만찬〉에 사용되었다는 성배가 있는 곳 아닌가요? 고딕 건축물로도 유명하지만 요셉이 십자가에 못 박힌 그리스도의 상처에서 흘러나온 피를 받은 성배가 있다고 알고 있어요."

"맞아요. 성배도 유명하죠. 그런데 이 성당이 특별한 이유가 또 있어요."

"그게 무엇이죠?"

"이 성당은 몇 세기에 걸쳐 여러 가지 양식을 혼합해 완성했다고 해요. 이 문을 한번 보세요."

나는 엘레나가 가리킨 커다란 문을 보았다.

"이 문은 로마네스크 양식이에요. 성당의 여러 문들 중 가장 오래되었죠. 하나는 고딕 양식으로 사도들의 문이에요. 그리고 다른 하나는 가장 최근에 제작된 것으로 바로크 양식으로 지어졌죠. 이렇게

발렌시아 대성당

다양한 양식들이 한곳에 모여 세월과 역사의 흔적을 보여주며 발전을 거듭해온 거죠.

그리고 옆에 있는 팔각형의 미켈레Torre de Miguele 탑은 높이가 70미터인데, 탑 위에 올라가면 발렌시아 시가지를 한눈에 볼 수 있습니다. 참고로 발렌시아 대성당은 13세기부터 14세기에 걸쳐 세워졌고, 내부에 벽화가 많아서 '벽화 성당'이라고도 불립니다. 발렌시아를 상징하는 건물이기도 하고요."

엘레나와 나는 성당 안을 천천히 둘러보았다.

성당에서 나온 우리는 라 론하 데 라 세다La Lonja de la Seda와 맞은편에 자리 잡고 있는 중앙시장을 보기로 하였다.

엘레나는 라 론하로 가는 길에 보이는 성벽에 관하여 이야기하였다.

"이곳은 19세기 중엽까지 성벽으로 둘러싸여 있었는데 지금은 대부분 철거되었고, 토레스 데 세라노Torres de Serranos와 토레스 데 콰르트Torres de Quart만 보존되고 있어요."

이야기하는 사이에 어느덧 라 론하에 도착했다. 라 론하는 발렌시아 시민들의 상업 활동 중심지 역할을 했던 곳으로 과거와 현재가 공존하는 상징적인 건물이다. 안에는 당시 사용했던 탁자가 기둥 아래 그대로 남아 있었다.

"라 론하는 15세기 때 이슬람 왕궁 터에 고딕 양식으로 지어진 상품 교역 거래소로 19세기까지 사용하였다고 합니다. 건물이 전체적으로 고풍스럽다고 생각하지 않으세요? 세계문화유산으로 지정되기까지 한 상징적인 건물이에요."

엘레나와 나는 라 론하를 나와 맞은편에 있는 중앙시장으로 갔다. 유럽에서 가장 오래된 전통시장 중 한 곳인 발렌시아 중앙시장은 라 론하에 비해서는 현대적인 느낌을 받았다. 빠르게 중앙시장을 돌아보고 나와 좀 더 남쪽 방향으로 내려갔다. 불꽃 축제와 관련된 다양한 행사가 벌어지는 곳, 바로 시청 광장이었다.

엘레나와 나는 시청 광장에서 구시가지 쪽으로 걸었다. 좁은 골목길이 이어졌다. 유럽의 중세 도시들은 비슷하지만 나라마다 묘하게 다른 느낌을 주는데, 이런 좁은 골목길에서 중세 도시의 진정한 매력을 느낄 수 있다는 생각이 들었다.

"발렌시아 하면 떠오르는 게 뭐예요?"

"글쎄요. 파에야Paella, 불꽃 축제 뭐 이런 거 아닐까요?"

"그래요. 사실 스페인은 세계에서 축제를 많이 여는 나라 중의 하나이죠. 발렌시아는 불꽃 축제라고 불리는 라스 파야스Las Fallas가 유명해요. 600여 개의 인형이 세계 각국의 시선을 끌어 모으죠."

나는 '라스 파야스' 하고 중얼거렸다.

구시가지의 골목에는 관광객으로 보이는 사람들이 많았다. 엘레나는 구시가지 골목을 걸으며 나에게 물었다.

"발렌시아에서 불꽃 축제가 가지는 의미가 무엇인지 아세요?"

"음, 발렌시아의 수호성인 성모 마리아에게 꽃을 바쳐 감사를 표하는 축제 아닌가요? 또 불꽃과 더불어 지난 묵은 일을 태워버려 새로운 봄을 활기차게 시작하자는 의미를 담아 3월에 열리는 발렌시아 사람들의 전통 축제라고 알고 있어요."

엘레나는 나를 보며 불꽃 축제에 대한 설명을 덧붙였다.

"맞아요. 불꽃 축제는 매년 3월 15일부터 19일까지 열리는데, 언제부터 시작됐는지 정확히는 몰라요. 18세기에 발렌시아의 축제로 자리 잡았다고만 알려져 있죠. 축제는 발렌시아를 비롯해 발렌시아 주 여러 도시에서 동시에 개최되는데, 화려한 색깔의 아주 큰 인형들이 함께해요."

나는 엘레나의 말에 끼어들어 물었다.

불꽃 축제 인형

"그 인형들이 가지는 의미가 있나요?"

"축제가 시작되기 전 판지와 나무로 만든 거대한 인형 700여 개를 발렌시아 곳곳에 설치하는데, 이 인형들을 통해 사회를 풍자한다고 볼 수 있어요. 인형들을 보면 정치인, 대중 가수, 영화배우 같은 유명 인물을 비롯해 만화 캐릭터까지 다양한 주제를 담거든요. 축제 기간 동안 인형들 주위에서 매일 불꽃놀이가 벌어져요. 축제 마지막 날이자 성 요셉 축일인 3월 19일에 이 커다란 인형들을 모두 불태

불꽃 축제

우면서 화려하게 막을 내리죠."

"이 축제의 이름인 '파야스Fallas'는 무슨 뜻인가요? 또 '커다란 인형'은 무엇이라고 부르나요?"

"파야스는 '불꽃'을 의미하는 '파야Falla'의 복수형이에요. 불꽃 축제의 주인공이라고 할 수 있는 커다란 인형은 '파예' 또는 '니노트' Ninot'라고 부르고요. '파예'는 '불꽃'을 뜻하는 라틴어 '팍스Fax'에서 유래한 단어입니다."

"그럼 이 축제가 어떻게 시작됐는지도 아세요?"

"불꽃 축제의 기원에 대해서는 여러 가지 이야기가 전해지고 있어요. 그중 가장 널리 알려진 이야기는 발렌시아의 목수들이 봄을 맞이하며 모든 것을 새롭게 시작하기 위해 겨우내 묵은 옷가지나 러그, 나무 등을 태워 없애던 풍습이 중세 이후 이어져 내려오다 오늘날의 불꽃 축제로 발전했다는 거예요.

또 목수들은 해가 빨리 지는 겨울 동안에는 나무 기둥 위에 램프와 양초를 밝혀두고 일을 했다고 해요. 그리고 봄을 맞이하면서 해가 길어지자 사용하지 않게 된 나무 기둥을 길에 내놓고 불태웠는데, 이때 묵은 쓰레기, 망가진 가구들을 함께 태웠대요. 이러한 전통이 계속되며 나무 기둥을 태우는 날짜가 성 요셉 축일인 3월 19일로 정해졌고요. 아시는지 모르겠지만 예수 그리스도의 아버지 성 요셉을 스페인에서는 목수들의 수호성인으로 받들고 있었기 때문이에요. 그리고 언제부턴가 잡동사니들을 태워버리기 전에 나무 기둥을 천이나 모자 등으로 사람처럼 꾸며서 지나다니는 사람들이 볼 수 있도록 창가에 세워두거나 담장에 기대놓기 시작했어요. 여기에서 형형색색의 거대하고 정교한 인형, 파예가 탄생했다고 전해집니다. 20세기 초까지만 해도 파예는 커다란 박스와 밀랍 인형 서너 개를 조합하고 천으로 옷을 해 입히는 정도였어요. 하지만 예술가들이 참여해 판지와 스티로폼 등을 이용하기 시작하면서 인형은 점점 규모가 커지고 정교한 모양새를 갖추게 됐죠."

엘레나와 나는 구시가지 안으로 들어와 식당 바깥 테라스에 자리를 잡았다.

엘레나의 해박한 역사 지식은 어디서 오는 것인지 점점 더 궁금해졌다. 생각해보니 나는 아직 그녀가 무엇을 하는 사람인지 잘 모른다. 본인에 대해서 이야기하는 것을 별로 좋아하지 않는 것 같아 일부러 더 물어보지 않았다. 나와 엘레나의 조금은 이해할 수 없는 관계에 대해 한참 생각하고 있는데, 엘레나의 이야기가 이어졌다.

"발렌시아에서 40킬로미터 정도 떨어진 부뇰Buñol이라는 도시에서는 토마토 축제가 열려요. 이 축제는 붉은색의 토마토가 인상적이어서 잡지나 매스컴을 통해 많이 알려져 잘 아실 거예요."

그때 종업원이 주문을 받으러 왔다. 엘레나와 나는 아까 이야기한 대로 파에야를 시키고, 마실 거리로 나는 탄산수, 엘레나는 화이트 와인을 시켰다.

"엘레나, 레드 와인은 안 마시나요? 저랑 함께 있는 동안 레드 와인을 마시는 걸 본 적이 없네요."

이 말을 들은 엘레나는 크게 미소 짓더니 말하였다.

"저는 레드 와인을 마시면 혀도 그렇고 입술과 입술 주위에 와인 색이 그대로 나타나요. 그래서 밖에서는 가능하면 화이트 와인을 마셔요."라고 말한 뒤 토마토 축제 이야기를 계속하였다.

"부뇰의 토마토 축제에 대해서는 좀 알고 계시지요?"

"네, 물론 알고 있지요. 매년 8월 마지막 주 수요일에 열리는, 한 마디로 토마토 던지기잖아요. 세계에서 알아주는 토마토 축제가 인구 만 명밖에 안 되는 도시에서 열린다니 대단한 것 같아요. 그런데 이 축제는 언제부터 시작됐나요?"

"1940년대 중반에 시작됐다고 해요. 역사가 길지는 않지만 토마토의 강렬한 붉은 색과 생동감 넘치는 축제 풍경이 무척이나 인상적이에요. 그래서인지 영화, 광고, 방송에 자주 등장하면서 전 세계적으로 유명해졌죠. 현재는 해마다 3만여 명이 함께하는 축제로 발전했어요."

"어쨌든 이 축제는 다른 축제와는 다르다는 느낌이 들어요."

"토마토 축제 기간인 8월 마지막 주 내내 여러 행사도 함께 열려요. 음악과 춤 공연, 거리 행진, 불꽃놀이가 펼쳐지며 축제 분위기를 달구죠. 사람들이 가장 즐거워하고 좋아하는 토마토 던지기는 수요일에 1시간 동안만 진행돼요. 참가자들은 이 시간에 잘 익은 토마토를 서로에게 던지며 축제를 즐기죠."

"이 토마토 축제는 어떻게 시작되었나요?"

"토마토 축제의 유래도 확실히 알려져 있지 않은데, 몇 가지 이야기는 있어요. 첫 번째는 아이들이 과일과 채소를 던지며 장난을 치던 것이 축제로 발전했다는 거예요. 두 번째는 형편없는 실력의 연주자가 음악을 연주하자 행인들이 조롱의 의미로 토마토를 던진 것이 토마토 축제로 이어졌다는 이야기도 있습니다. 또 토마토를 운반하던 대형 트럭이 사고로 토마토를 쏟자 주변 사람들이 토마토를 주워 담다가 장난을 치면서 시작되었다는 이야기도 있고, 토마토 값 폭락에 분노한 농부들이 시 행정에 불만을 품고 마을 축제 중에 시 의원들에게 토마토를 던진 데서 유래했다고도 해요.

가장 그럴듯한 이야기이자 널리 알려진 것은 1945년 부뇰의 푸에블로 광장Plaza del Pueblo에서 '거인과 큰 머리'라는 민속 축제가 열리기 시작했는데, 종이로 만든 머리 큰 인형에 옷을 입히고 악단의 연주에 맞춰 이 인형들을 들고 행렬하는 것이 주요 행사인 축제였죠. 인형은 왕, 여왕, 무어인 성서에 등장하는 인물, 농부, 아낙네 등 다양한 모습을 하고 있어요. 보통 남자와 여자가 짝을 맞춰 제작한 인형을 들고서는 종이 가면 카베수도Cabezudo를 쓴 채 행렬을 뒤따르며 아이들이나 아가씨들에게 짓궂은 장난을 치곤 했대요.

그런데 1945년에 열린 이 축제에서 청년들이 노점에 있는 채소를 던지며 싸움을 벌였다고 해요. 이들은 다음 해인 1946년 8월 마지막 주 수요일에 도 다시 싸움을 벌였는데, 전년도 다툼에서 경찰이 채소 노점상에 배상을 하라고 요구했던 것을 감안해 집에 있는 토마토를 들고 나와 던지면서 싸웠다고 합니다. 이후 몇 년 동안 해마다 8월 마지막 수요일이면 젊은이들 사이에서 토마토를 던지며

노는 것이 유행했고, 오늘날의 토마토 축제 '라 토마티나'로 발전했다고 합니다. 초기 토마토 축제에서는 많은 젊은이가 경찰에 잡혀갔어요. 토마토를 마구 던져 거리를 난장판으로 만들었기 때문이에요. 그러나 시민들이 경찰에게 젊은이들을 석방하라고 요구했어요. 시민들은 이런 소란까지 축제의 흥겨운 분위기 속에서 벌어진 해프닝으로 너그럽게 포용한 것이죠. 이러한 사건이 이어지면서 축제에 대한 관심이 높아졌고, 1957년에 부뇰 시의회가 토마토 축제를 공식적인 지역 축제로 승인하면서 안전 수칙과 규칙을 정했다고 합니다."

"아, 유명한 축제이니만큼 탄생 비화도 정말 많네요. 그런데 이 축제에 들어가는 토마토의 양은 어느 정도 되나요?"

"해마다 40톤 정도가 소비된다고 해요. 토마토 개수로 따지면 15만 개 정도이고요. 축제 전부터 토마토를 가득 싣고 몰려든 트럭들이 마을 중심지인 푸에블로 광장에서 대기하죠."

"이 지역에서 생산되는 토마토만 사용하는 건가요?"

"아뇨, 그렇지 않아요. 주로 스페인 서쪽 포르투갈에 인접한 지역인 에스트레마두라Extremadura에서 가져와요. 이 지역 토마토가 맛이 덜한 대신 가격이 싸기 때문이죠.

내가 고개를 끄덕이며 엘레나의 이야기를 듣는 동안 드디어 주문한 파에야가 나왔다.

파에야를 먹으면서 엘레나는 나에게 물었다.

"파에야가 무엇 뜻인지 아세요?"

파에야

파에야가 그려진 골목 벽화

"네. 바닥이 얇고 양쪽에 손잡이가 달린 둥근 모양의 프라이팬을 가리키는 말 아닌가요?"

"맞아요. 파에야 요리는 8세기 무렵부터 이루어진 이슬람 지배의 영향으로 바로 이곳에서부터 시작되었어요. 물론 지금은 어디서나 맛볼 수 있지만요. 스페인의 전통 요리라고도 할 수 있는데, 이곳 발렌시아 지방에 쌀이 많이 나기 때문에 생긴 요리라고도 해요. 쌀에 해물이나 육류를 넣어 끓인 요리거든요."

엘레나는 화이트 와인을 마저 마시며 오늘의 일정은 이 정도로 마무리하면 되겠다는 표정을 지어 보였다.

TIP

유럽 자동차 여행 2

유럽을 자동차로 여행하기 위해서는 기본적으로 차 계약 당사자(운전자)가 18세 이상이어야 하고, 국제 운전면허증과 국내 운전면허증을 같이 가지고 있어야 한다. 또 낯선 여행지에서 길 찾는 수고와 고생을 조금이라도 덜기 위해서는 해당 여행 국가의 내비게이션 애플리케이션을 반드시 다운로드하고, 데이터 로밍도 필수적으로 해야 한다.

유럽을 자동차로 여행할 때 앞의 TIP에서 소개한 장점만 있는 것은 아니다. 불편한 점도 당연히 있다.

우선 유럽 자동차 여행의 적합한 인원수는 3명 이상으로 그들과 거의 대부분 같이 이동하고, 일정을 함께 해야 하기 때문에 낯선 환경에서 일정이나 예산 등의 문제 말고도 사소한 문제로 갈등이 생기는 일이 종종 발생한다. 그렇기 때문에 평소에 뜻이 맞는 친구나 가족이라도 여행지에서는 더 각별하게 서로를 배려하고 이해하려는 마음이 꼭 필요하다.

또 운전에 대한 부담감이 있다. 스스로 운전을 해야 하기 때문에 체력적으로 피곤할 수 있어 운전을 즐기는 편이 아니라면 다소 힘든 여행이 될 수도 있다.

그리고 기차나 버스를 이용할 때 보다 미리 공부해 가야 할 부분이 많다. 특히 교통 표지판, 신호 체계 등 나라별 교통 시스템을 미리 숙지하고 가지 않으면 당장 위험한 상황이 발생할 수 있으니 반드시 공부를 하고 가야 한다. 관광 요소들이 집중되어 있는 곳은 대부분 좁은 골목길과 일방통행이 많기 때문에 운전하기가 까다롭고 길을 찾는 데 어려움이 생기는 경우가 많다. 여행 중 정보를 얻을 수 있는 경로가 생각보다 제한적이기 때문에 적극적인 자세로 여행하지 않으면 많은 것을 놓칠 수 있다. 다른 사람들의 경험을 토대로 공부를 많이 해야 할 것이다.

스페인의 광활한 대지와 아름다운 해안도로, 대자연의 웅장함을 느껴보고 싶은 여행자라면 자동차 여행을, 스페인의 구석구석을 느끼는 소소한 즐거움과 함께 좀 더 안전한 여행을 원한다면 기차와 버스를 이용한 유럽 여행을 추천한다.

DAY 4

독특한 요새 도시 **쿠엥카,**
황량한 아름다움 **라 만차**

Cuenca

La Mancha

쿠엥카는 무어인이 코르도바 칼리프 중심에 지은 방어 거점으로 중세 시대에 건축된 집들이 기암절벽 위에 늘어서 있어 오묘한 형상을 만들어내며 그때의 모습을 그대로 간직한 요새 도시이다.
세르반테스가 쓴 『돈키호테』의 배경 무대로 가장 먼저 떠오르는 도시 라 만차는 아랍어로 '마른 대지, 건조한 땅'이란 뜻이며, 넓은 평야의 황량함과 시원함이 매력적인 곳이다.

캄포 데 크리프타나

이슬람 도시 위에 세워진 가톨릭 도시, 쿠엥카

스페인 중동부 카스티야 라 만차 지방에 있는 쿠엥카 주의 주도로 후카르 강과 우에카르 강의 합류점인 피라미드 구릉 위에 있는 도시이다. 이슬람의 지배를 받다가 12세기 후반 카스티야의 알폰소 8세에 의해 탈환되었으며, 중세에는 문화와 직물 산업의 중심지 역할을 하였다. 19세기에 도시 상부의 구시가지와 하부의 신시가지로 나뉘어 지금의 모습을 형성하였다.

오전 8시, 호텔 창문 커튼을 열고 밖을 보니 날씨가 화창하였다. 오늘은 쿠엥카Cuenca와 라 만차La Mancha를 가보기로 했다. 발렌시아에서 쿠엥카까지는 약 200킬로미터이다. 100킬로미터가 조금 넘는 곳까지는 고속도로, 나머지는 국도를 타고 가면 대략 3시간 정도 소요된다.

엘레나는 오늘도 먼저 나와 호텔 로비에서 기다리고 있었다. 내가 짐을 챙겨 트렁크에 넣는 동안 엘레나는 커피와 빵을 준비해 가지고 왔다.

쿠엥카로 가는 길의 풍경은, 말이나 글로는 표현할 수 없는 스페인만이 가지고 있는 매력을 느끼게 해주었다. 차가 고속도로로 접어들었을 때 엘레나가 나에게 물었다.

"여행과 역사 그리고 예술을 좋아하시는 것 같은데 특별한 이유라도 있으신가요?"

"글쎄요. 여행에서만 느낄 수 있는 낯선 설렘을 좋아해서 그런 것 아닐까요? 그래서 계속해서 새로운 곳으로 떠나는 것 같아요. 사람들은 경험을 통해 세상을 이해하죠. 하지만 현명한 사람은 경험 없이도 과거를 통해 현재를 이해하고, 앞으로의 일까지 내다볼 수 있는 사람이라 생각해요. 모든 것을 경험하는 것보다는 역사를 공부하는 것이 빠르니까요. 그래서 그 역사를 쉽게 이해하도록 돕는 여행과 그 여행을 통해 보고, 듣고, 느낀 것, 특히 예술을 좋아하게 된 거죠. 질문에 대한 대답이 됐는지 모르겠네요."

차창으로 펼쳐지는 하늘은 유명한 예술가의 작품에서 볼 수 있는 그런 아름다운 하늘이었다. 함께 하늘을 바라보던 엘레나가 생각났다는 듯이 내게 말했다.

"지금 우리가 가는 쿠엥카는 코르도바 칼리프의 중심에 지은 방어 요새라는 것 아세요?"

"네. 쿠엥카는 기묘한 모양의 돌과 바위로 둘러싸인, 옛날 이야기에 나오는 느낌을 주는 곳이라고 들었어요. 일본 출신 칸베 마모루 Kanbe Mamoru 감독의 애니메이션 〈하늘의 소리〉[1]에 영감을 주었다고도 하고요. 또 고딕 양식으로 지어진 스페인 최초의 대성당과 우에카르 Huécar와 주카르 Júcar 강변의 가파른 절벽에 세운 허공에 매달린 집으로 유명하다고 하는데 직접 볼 수 있다니 기대되네요."

나는 커피 한 모금을 마시면서 대답하였다.

"네, 저도 기대돼요. 추가적으로 설명하면, 쿠엥카는 이슬람인이 스페인을 정복한 뒤 방어와 통제를 할 수 있도록 요새와 성의 중간 형태로 개발했다고 해요. 그러니까 쿠엥카는 이슬람의 도시 위에 세워진 거죠. 그 후 알폰소 8세가 점령하면서 다시 가톨릭의 도시가 되고요. 그러면서 언덕 위의 도시에서 카스티야 경제와 행정의 중심지로 발전하기 시작했어요. 이후에는 가톨릭 종교 기관들이 요새의 내부를 조금씩 차지하고, 부유한 계층은 도시의 아래쪽으로, 일반인은 새로 조성된 교외 지역으로 옮겨 가죠. 현재의 산 안톤San Antón과 로스 티라도레스Los Tiradores인데, 이곳은 중세 시대를 기원으로 해요. 하지만 20세기에 개발이 이루어지면서 역사적인 것들을 잃어버리고 산업과 교역의 중심지로 전성기를 맞이하죠. 현재 우리가 보게 되는 도시 구조도 이때 정착된 거예요. 그 이후에 큰 변화는 없고요. 요새화된 위쪽, 즉 어퍼 타운Upper town은 폐쇄적이고 밀집된 중세 도시 공간으로 발전하고, 아래쪽 로어 타운Lower town은 개방되고 정돈된 공간으로 자리 잡았어요. 어퍼 타운은 성곽 도시의 원형이면서 쿠엥카의 성격을 규정하는 장소이기도 하죠."

쿠엥카로 가는 길은 아름다웠다. 펼쳐진 평원에 푸른 하늘, 구름 그리고 재미있는 이야기와 커피까지 함께 했다. 엘레나는 잠시 창밖을 바라보다 쿠엥카에 대한 이야기를 계속하였다.

"이 도시는 17세기에 들어서면서 변화를 맞아요. 이전의 중심 산업이던 섬유 산업이 붕괴되죠. 종교와 관련된 것들은 비교적 문제없이 살아남았지만 다른 것은 그렇지 않았죠. 바로크 양식의 새로운 건물이 들어서기도 했지만 도시는 퇴보하고 고대 건물은 붕괴되거나 안전하지 않다는 이유로 철거되기도 했어요. 그러자 부유한 사람들은 떠나고 서민과 수도원만이 남게 되는데, 이때 직접 보면 아시겠지만 결국 쿠엥카는 수도원과 같은 도시가 되어버립니다. 1918년에 일부 복원을 시도하지만 큰 성과를 거두지 못했고, 1920년대 들어 의식의 변화가 있었는지 예전의 모습을 지키려는 움직임이 좀 일었어요. 그 덕분에 1940년 이후 체계적인 복원과 보존이 시작되었습니다."

이제 시간상으로 보면 1시간 조금 더 가면 목적지인 쿠엥카에 도착할 것이다. 목적지에 거의 다 왔을 때 우리는 인포메이션이 있는 역 가까운 곳에 주차하기로 하였다. 우리가 도착한 곳은 가르시아 아스카라Garcia Izcara 거리였다. 주차를 하고 인포메이션 센터에서 지

쿠엥카의 불안정한 집

도를 한 장 얻어 가지고 나왔다. 쿠엥카는 생각보다 넓었다.

지도를 보며 가르시아 아스카라 거리에서 라몬 이 카이알Ramon y Cajal 거리를 따라 북쪽으로 걸어가니 신시가지와 구시가지를 연결해 주는 다리가 나타났다. 우리가 서 있는 곳은 신시가지이고, 바로 앞에 보이는 불안정한 집Casas Colgadas이 있는 곳이 구시가지였다. 구시가지로 들어가는 방법은 두 가지였다. 강을 따라 걸어가는 방법과 다리를 건너는 방법. 다리를 건너 구시가지로 들어온 우리는 우선 이곳에 마요르 광장을 가기로 하였다. 스페인 어느 도시든지 구시가지의 중심이 되는 곳은 마요르 광장이기 때문이다. 광장으로 가는 길에 불안정한 집을 둘러보았다. 안에는 스페인 현대 화가의 작품을 전시하는 추상예술 미술관이 들어서 있었다.

마요르 광장에 도착하자 대성당이 보였다. 베이지색이라고 해야 할지 흰색이라고 해야 할지, 한 가지로 규정하기 힘든 색을 머금은 성당이었다.

"엘레나, 저기 보이는 것이 대성당이군요. 12세기 이슬람의 대모스크가 있던 자리에 지어진 스페인 최초의 고딕 성당."

"사실 다른 나라의 고딕 성당과 크게 다른 느낌은 아니죠."

우리는 대성당을 지나 페트라스 수녀원과 시청을 천천히 둘러보았다. 우선 마요르 광장을 중심으로 북쪽에 있는 산 페드로San Pedro 교회 쪽으로 향하였다. 거리를 따라 귀족들의 대저택과 수도원, 교회 등이 늘어서 있었고, 길 좌측에는 전망대가 있었다.

전망대 주위에 빨간 머리를 한 주인이 있는 식당에서 스페인식으로 점심 식사를 하였다. 엘레나와 나 모두 카페인을 원했는지 아주 진한 커피를 맛있게 마셨다. 식당에서 나온 후에는 주교 궁Episcopal palace으로 갔다. 우에르카 강이 내려다보이는 풍경은 아름다웠다. 절벽 위에는 16세기에 세워진 개인 주택이 보존되어 있었다.

"엘레나, 이 도시가 스페인에서 중요한 의미를 가진다고 하는데 그 이유는 뭔가요? 건물들의 건축미와 예술미, 아니면 이슬람 문화와 가톨릭 문화의 혼재?"

"물론 그런 것도 있지만, 더 중요한 것은 강과 계곡을 지배하는 요새화된 입지를 바탕으로한 전체적인 도시 경관이 바로 쿠엥카만의 특성이죠."

스페인 최초 고딕양식으로 지어진 대성당

내려오면서는 쿠엥카 다리El pont de Cuenca에서 구시가지를 바라보았는데 엘레나의 그런 설명 때문인지 이 도시가 아까보다 더 견고하게 느껴졌다.

풍차로 돌진하는 돈키호테가 살아 있는 라 만차

아랍인들에게는 메마른 땅, 황무지라는 뜻의 알만샤로 알려져 있으며, 중세 시대에 이슬람군과 가톨릭군이 대치하였던 곳이다. 세르반테스가 17세기에 발표한 소설 『돈키호테』에서 묘사한 모습 그대로 현재까지 유지되고 있다.

그리 멀지 않은 곳에 돈키호테Don Quixote로 유명한 라 만차La Mancha가 있어 그곳으로 출발하였다. 푸른 하늘을 배경으로 언덕 위에 세워진 11개의 풍차가 무척 아름답다는 곳이다. '그곳으로 가면 풍차를 향해 돌진하는 돈키호테를 만날 수 있을까?' 하는 상상과 함께 차에 시동을 걸었다. 쿠엥카에서 라 만차까지의 거리는 150킬로미터 정도로 2시간 정도 걸린다.

엘레나는 내게 "『돈키호테』에 대해서 아세요?" 하고 물었다.

"미겔 데 세르반테스Miguel de Cervantes Saavedra[2]의 작품으로 사회 풍자 소설이라는 것 정도는 알아요."

"『돈키호테』의 원제는 '재기 발랄한 지방 귀족 라 만차의 돈키호테El Ingenioso Hidalgo Don Quijote de la Mancha'예요. 두 번에 나누어 전편은 1605년, 후편은 1615년에 출판했다고 합니다."

엘레나의 말이 끝나기도 전에 나는 "풍자 소설이라고 했는데, 무엇을 풍자한 건가요?" 하고 그녀에게 물었다.

"세르반테스는 원래 당시 유행하던 기사도 이야기를 패러디 하려고 했어요. 기사도의 인기와 권위를 떨어트리기 위한 목적으로요. 하지만 처음 의도한 바를 잊고 주인공 돈키호테와 하인 산초 판사의 성격을 창조하는 새로운 작업에 열중하면서 내용이 달라졌죠. 아무튼 돈키호테는 그의 최고 작품이 되었어요."

"의도한 게 아닌 방향으로 흘러갔지만 최고의 작품이 되었다니 세르반테스 입장에서는 행운이네요."

라 만차로 가는 도중 커피를 마시고 싶어 하는 엘레나를 위해 고속도로 휴게소에 들렀다. 엘레나는 카페솔로를 시키고, 나는 코르타도를 시켰다. 여행 중 잠깐 짬을 내어 커피를 마시는 시간은 항상 또 다른 느낌으로 다가왔다.

커피를 마신 후 우리는 다시 출발하여 고속도로를 빠져나왔다. 좁은 골목길을 지나니 두 갈래, 세 갈래로 갈라졌다. 골목길을 빠져나온 차는 언덕을 향해 올라갔다. 드디어 멀리 보이던 풍차가 가까이 모습을 드러내었다. 차에서 내려 풍차 사진을 찍고, 안으로 들어갔다. 작은 창을 통해 아래에 있는 하얀 집들을 바라보며 엘레나가 말했다.

"이곳에 풍차가 들어선 것은 1560~1570년대예요. 바람을 이용해 동력을 얻어 곡식을 가루로 빻는 풍차는 당시 과학의 한 모습을 보여주는 물건이죠."

"저도 이곳에서 풍차를 보니 『돈키호테』의 한 장면이 생각나요.

이 풍차들을 거인이라고 생각한 돈키호테가 풍차를 향해 달려가잖아요."

"맞아요. 돈키호테는 환상과 현실이 뒤죽박죽된 허구의 최고봉인 것 같아요. 매번 기상천외한 사건을 만들어내죠. 늙다리에 병든 준마 로시난테를 타고, 판지로 만든 갑옷을 입고 길을 가던 돈키호테가 이 거대한 풍차를 보고 거인이라 생각하죠. 하인 산초가 말리는데도 듣지 않고 달려나갔는데, 무슨 만화영화처럼 로시난테와 함께 풍차 날개에 떠받쳐 멀리 나가 떨어져 버리잖아요."

"명장면이죠. 그런데 이 소설이 세르반테스의 대표작이 된 특별한 이유가 있을까요?"

콘수에그라 마을 풍경

"아마도 소설 자체가 가진 완벽한 허구성 때문이 아닐까요?"

"그렇죠, 완벽한 허구."

풍차가 있는 곳에서 내려다보이는 라 만차 평야는 아름다웠다. 무엇인가 채우고 싶으면서도 한편으로는 그대로 두고 싶은 곳이라는 생각이 들었다. 엘레나와 나는 잠시 그곳에서 라 만차 평야를 감상하였다.

주

1 **하늘의 소리_** 인류 멸망과 그 이후의 사건을 다룬 애니메이션

2 **미겔 데 세르반테스(Miguel de Cervantes Saavedra)_** 1547~1616. 스페인을 대표하는 소설가이자 극작가이며, 1606년 풍자 소설 『돈키호테』를 발표 함

TIP

미워할 수 없는 재기발랄 '돈키호테'

미겔 데 세르반테스

스페인 작가 미겔 데 세르반테스가 쓴 소설 『재기 발랄한 시골 귀족 라 만차의 돈키호테(El Ingenioso Hidalgo Don Quijote de la Mancha)』는 최초의 근대 소설로 평가받는 세르반테스의 대표 작품이다. 그리고 돈키호테는 400년이 지난 지금까지도 많은 사람들에게 사랑받고 있는 이 소설의 주인공이다.

스페인 라 만차에 사는 알론소 키하노는 쉰살 가까운 나이에도 군살 하나 없는 몸매를 가진 시골 귀족이다. 그는 언제부터인가 중세 기사 소설을 탐독하더니 현실과 소설의 혼돈에 빠져서 급기야 세상에 나가 악을 물리치는 훌륭한 기사가 되겠다는 사명감에 불타오른다. 스스로 '돈키호테 데 라 만차'라는 이름을 붙이고, 볼품 없이 삐쩍 마른 늙은 말'로시난테(Rosinante)'와 총독 자리를 주겠다며 마을 농부인 '산초 판사(Sancho Panza)'까지 꾀어 긴 여정을 시작한다. 그러나 그들은 가는 곳마다 실수를 하며 좌충우돌 사고를 일으킨다. 그러면서도 세상을 구제하겠다는 사명감으로 세상을 휘젓고 다닌다. 돈키호테가 벌인 우스꽝스러운 소동 중 가장 유명한 에피소드는 풍차와 벌인 싸움이다. 멀리 풍차 30~40개가 나타나자 풍차들을 거인으로 착각하고 달려든다. 산초 판사가 그건 풍차라며 말리지만 어느새 세차게 돌아가는 풍차 날개에 부딪치는 소동을 일으킨다. 이러한 소동을 포함해 갖은 일을 겪다 마을의 신부와 이발사에 의해 제정신을 차린 돈키호테, 산초, 로시난테가 고향 라 만차로 돌아오면서 모험은 끝난다.

가짜 돈키호테 속편의 인기를 잠재우기 위해 세르반테스가 쓴 2편에서는 돈키호테와 산초 판사가 바르셀로나에서 이런저런 모험을 겪다 다시 고향으로 돌아와서 숨을 거두는 것으로 마무리된다.

생각 없이 행동만 앞서는 무모한 사람을 일컬어 돈키호테라고 부르기도 한다. 하지만 이런 온전하지 않은 캐릭터 돈키호테를 아직까지 많은 사람들은 기억하고 사랑하고 있다.

돈키호테와 산초 동상

DAY 5

스페인에 남아 있는 마지막 이슬람 유산,

그라나다

이슬람인이 세운 그라나다 왕국의 수도로 스페인에서 이슬람인의 최후 방어선 역할을 한 도시이다. 시에라네바다 산맥 북서쪽 사면에 강을 끼고 발달하였으며, 석류를 의미하는 스페인어 '그라나다'에서 도시의 이름이 유래되었을 정도로 석류가 많이 난다. 스페인의 또 다른 아름다움이 느껴지는 알람브라 궁전이 있는 곳으로 유명한 도시이다.

알람브라 궁전

이슬람의 마지막 거점, 그라나다

그라나다는 이슬람 왕국 지배 당시 직접적 영향권 밖에 있어 이슬람과 가톨릭 문명이 만날 수 있었던 곳이다. 스페인의 한 시인은 '그라나다에 살면서 장님으로 지내는 것보다 더 가혹한 일은 없다.'라는 시구를 남길 정도로 안달루시아 지방 미술의 절정을 만날 수 있는 곳이다.

어젯밤, 약 300킬로미터를 달려 라 만차에서 그라나다에 도착하였다. 오늘은 오전에 알람브라 궁전Palacio de la Alhambra을 보고, 오후에 시내와 구 이슬람 지역인 알바이신Albaicin을 보기로 하였다. 호텔 로비로 내려오니 오늘도 엘레나가 기다리고 있었다. 나는 이제 미안한 마음까지 들었다.

"제가 기다린 적이 없네요. 평소 약속 시간에 늦지는 않는데."

그러자 엘레나가 웃으면서 말하였다.

"누가 먼저 기다리든 상관없어요. 그런데 앞으로도 제가 항상 먼저일 거예요. 예정 시간보다 훨씬 전부터 준비하는 습관이 있거든요. 그렇게 하지 않으면 제가 마음이 편하지 않더라고요."

우리는 밖으로 나왔다. 호텔은 누에바 광장Plaza Nueva에서 가까운 곳이었다. 누에바 광장에서 고메레스 광장Cuesta de Gomérez을 따라 올라갔다. 그곳에는 그라나다의 문Puerta de las Granada이 있었다.

엘레나는 이 문에 대해서 설명하기 시작했다.

“그라나다의 문은 카를로스 5세 궁전Palacio de Carlos V을 만든 페트로 마추카의 작품입니다. 카를로스 5세가 이슬람 건축에 대항해 르네상스 양식으로 지은 것이에요. 알람브라 건축과는 다른 분위기죠.”

“그러면 16세기 초중반 정도에 만들어진 것이겠네요?”

“그렇죠. 16세기 초중반에 걸쳐 건설되었어요. 회랑[1]이 있고, 1층은 도리아식 기둥, 2층은 이오니아식 기둥을 세웠죠. 그리고 저기를 보세요. 3개의 석류가 조각되어 있는데 스페인어로 ‘그라나다’라고 적혀 있어요.”

그라나다의 문

엘레나와 나는 그라나다의 문을 빠져나와 재판의 문Puerta de la Justicia으로 향하였다. 재판의 문은 말발굽 모양의 아치 상부, 코란 5계명을 상징하는 다섯 손가락을 볼 수 있는 문이었다. 문 내부의 성모상을 보면서 오른쪽 위로 걸어 올라갔다. 좀 더 걸어 올라가니 알히베스 광장이 나왔다.

"1492년은 스페인에서 아주 중요한 해죠. 레콘키스타Reconquista, 즉 국토 회복 운동이 완료된 시점이거든요. 그리고 국토 회복 운동 이후 스페인에 또 다른 변화를 가져왔던, 콜럼버스가 신대륙을 발견한 해이기도 해요."

우리는 표를 끊은 후 천천히 광장 안으로 들어갔다. 엘레나는 그라나다에 관한 이야기를 본격적으로 시작하였다.

"그라나다는 안달루시아 지방에 위치한 그라나다 주의 주도예요. 지리학적으로 설명하면 해발 740미터에 자리 잡고 있고, 주위에는 다로 강이 흐르고, 베티카 산맥, 네바다 산맥, 알 푸하라 사이에 위치해 있어요. 이 산들은 스페인에서 가장 높은 산이에요.

이 도시의 시초는 기원전 5세기로 올라가 알바이신 지구에 살았던 이베로족의 거주지로부터 시작되었어요. 그라나다의 화려함이 시작된 시기는 711년부터로 이슬람 세력이 정착하면서부터죠. 당시 칼리프 제국이 분열하고 코르도바와 세비야가 멸망하고, 나자르 왕조가 13세기부터 15세기까지 정착하면서 번성합니다.

그리고 그라나다는 1492년 레콘키스타가 완료된 곳이기도 해요. 스페인 왕국에 흡수된 후 이슬람과 기독교가 공존하게 되었고, 그러면서 르네상스의 영향으로 현재의 모습으로 갖춰지게 된 거예요."

그라나다에 대한 설명을 듣는 동안 알카사바Alcazaba 입구에 도착하였다. 엘레나와 나는 '오직 한 분, 신만이 승리한다.'라는 문구가 새겨진 입구를 지나 안으로 들어갔다.

"이곳 알카사바는 9~13세기에 지어진 요새로 알람브라Alhambra 궁전에서 가장 오래된 곳이에요. 예전에는 24개의 망루를 비롯해 창고, 군인 숙소, 목욕탕 등이 있었어요. 하지만 보시다시피 현재는 흔적만 남아 있죠. 그리고 이 탑에는 국토 회복 운동 이후 종을 설치해 수해와 화재를 알렸다고 해요. 종교 의식에 대한 행사 등의 소식도 알리고요."

엘레나와 나는 그 흔적만 남아 있는 곳을 지나쳐 벨라의 탑Torre de la Vela이라고 불리는 곳으로 갔다. 그곳으로 가니 알람브라 궁전, 알바이신 지구까지 그라나다 도시를 한눈에 볼 수 있었다. 탑에서 내려와 알람브라 궁전으로 향하였다.

"혹시 알람브라가 무슨 뜻인지 아세요?"

"아랍어로 '붉다'라는 뜻을 가지고 있다고 알고 있어요." 하고 나는 엘레나에게 말하였다.

"알람브라는 궁전과 성곽의 복합 단지라 볼 수 있어요. 1238년에서 1358년까지 약 100년이 넘는 기간 동안 지어진 건데, 그라나다 지역의 이슬람 군주가 머물던 곳이에요. 이 궁전은 현재 유네스코가 지정한 세계문화유산입니다."

알람브라 궁전에 도착하자 많은 사람들이 입장하기 위해 줄 서 있는 모습을 볼 수 있었다. 예약 시간이 남아 카를로스 5세 궁전을 먼저 보기로 하였다.

“이 궁전은 아까 말했듯이 1526년 페드로 마추카가 르네상스 양식으로 설계했어요. 카를로스 5세의 명령에 의해 만들어졌죠. 이 궁은 새로운 주권자를 상징해요.

외관상으로는 정사각형 건물이지만 보시다시피 안은 원형으로 되어 있어요. 마추카는 이탈리아 영향을 받아 원형 공간 측면에 많은 방들을 넣었다고 해요. 2층 구조의 이 건물은 마추카 당대에 완성되지 못하고 그의 아들인 루이스와 다른 사람들의 참여로 완성되죠.”

“들어와 직접 보니, 그리스나 이탈리아 여행을 하신 분들은 그곳의 궁전 양식과 좀 비슷하다는 느낌을 받을 것 같네요.”

“도리아식[2], 토스카나식[3], 이오니아식[4] 기둥을 기본으로 두었고, 알람브라 궁전과는 아주 다른 모습을 하고 있어요. 이러한 이질적인 모습은 중세 유럽인이 가진 아랍에 대한 콤플렉스 때문이라고도 하더군요.”

우리는 카를로스 5세 궁전을 둘러보고 나와 알람브라 궁전 쪽으로 향하였다.

“우리가 서 있는 여기는 사비카 산이에요. 뒤로는 네바다 산맥이 버티고 있고요. 10세기에 군사 요새로 설계되었는데 이전의 서고트 왕국 시대의 요새로부터 시작했죠.”

가는 동안 엘레나는 알람브라 궁전에 대해 대략적으로 설명해주었다. 궁 입구를 지난 뒤 처음 향한 곳은 메스아르 궁전이다.

“이곳은 정의를 집행했던 공간이에요. 하지만 국토 회복 운동 이후 기도실로 바뀌었어요. 원형과는 아주 다르게 변형되었다고 하더군요.”

엘레나의 이야기를 들으면서 오른쪽에 있는 아라야네스 안뜰Patio de los Arrayanes로 갔다. 이곳에는 코마레스 탑Torre de Comarres이 있는데, 탑 내부에는 대사의 방Salón de Embajadores이 있었다. 독특한 느낌을 주는 직사각형의 안뜰에서는 많은 관광객이 사진을 찍고 있었다. 아라

카를로스 5세 궁전 내부

야네스 안뜰은 총 5개의 저택과 여러 개의 관리실로 이루어졌는데, 예전에는 황후 4명의 거처이면서 후궁들의 거처로 사용되었다고 한다.

엘레나와 나는 아라야네스 안뜰에서 사자의 안뜰Patio de los Leones로 이동하였다. 이곳은 124개의 대리석 기둥과 함께 무하마드 5세 때 만들어진 중앙 분수를 떠받치고 있는 열 두마리 사자 조각상이 유명하다. 1362년부터 1391년 사이에 만들어졌으며, 사자의 안뜰이

아라야네스 안뜰

라는 이름은 열 두마리 사자 조각상 때문에 붙여진 것이다.

"이곳은 하렘Harem 5입니다. 왕 이외의 남성은 출입이 금지되었던 곳으로 후궁들은 2층에 거주하였죠. 남쪽에 있는 방은 왕족인 아벤세라헤스의 방Sala de las Abencerrajes이고, 중앙은 왕의 방Sala del Rey이에요. 천장화에는 열 명의 왕 얼굴이 그려져 있어요. 북쪽으로는 두 자매의 방이 위치해 있는데, 궁중 연회나 음악 공연을 위해 만들어졌다고 합니다. 이 건축물은 십자가 형태로 설계되었어요. 2층에는 2개

사자의 안뜰에 있는 열 두마리의 사자 조각상

의 테라스가 있는데 전망대로 사용돼요. 이 전망대에서는 사크로몬테Sacromonte 6 지구가 파노라마로 아주 잘 보여요."

엘레나는 설명 도중 나에게 물었다.

"왕의 방에 있는 초상화는 누가 그린 걸까요?"

"이슬람 궁전이니 그 시대의 화가가 그렸겠죠."

"아뇨. 이 초상화는 가톨릭이 이곳을 함락한 후 그린 거예요. 얼굴 표현을 하지 않는 이슬람인들의 특징을 알면 알 수 있죠."

엘레나와 나는 워싱턴 어빙Irving, Washington 7이 『알람브라 이야기8』 원고를 집필하였다는 방에 가보기로 하고 린다하라 망루 쪽으로 향하였다. 어빙의 방에 들어서자 엘레나의 설명이 시작되었다.

"많은 예술가가 이곳에 관한 이야기를 하였어요. 예를 들면 살만 러시디Salman Rushdie 9의 『무어인의 마지막 탄식The Moor's Last Sigh』, 클로드 드뷔시Claude Debussy 10는 〈와인의 문〉과 〈라 푸에트라 델비노La puerta del Vino〉를, 그리고 프란시스 타레가Francisco Tarrega Eixea 11는 기타 연주곡 〈레쿠에르도스 데라 알람브라Recuerdos de la Alhambra〉를 작곡했죠. 특히 타레가의 곡은 그의 제자 콘치 부인에 대한 이룰 수 없는 사랑을 노래한 것이라고 해요. 알람브라 궁전을 함께 거닐며 애틋한 사랑을 키워왔지만 콘치 부인은 타레가의 사랑을 거부하죠. 그녀를 향한 타레가의 애틋하면서도 서글픈 사랑의 감정이 쌓여 탄생한 곡이에요."

우리는 어빙의 방을 지나 파르 탈의 정원Jadines de Partal으로 향하였다. 엘레나는 궁 밖으로 나오며 나에게 말하였다.

"이곳은 당시 이슬람 왕국의 직접적 영향권 밖에 있었다고 해요. 그래서 예술가들의 창작적 배경에 더욱 자극이 될 수 있었죠. 특히 안달루시아 지방 미술의 절정기 후반을 장식했다고 볼 수 있어요."

엘레나와 나는 정원 길을 걸어 헤네랄리페Generalife로 향하였다.

"이곳은 왕의 여름 별장이에요. 14세기 초 무하마드 3세 시대에 건설되었어요. 하지만 이슬람식 정원이라기보다는 프랑스나 이탈리아식 정원에 더 가까워요."

"프랑스나 이탈리아 정원에 가깝다고 보는 이유가 있나요?"

"이슬람인은 정원에 장식용 식물과 과실나무를 함께 심었는데, 이곳에는 오로지 장식용 식물만 있었기 때문이래요."

"이슬람식 정원에는 항상 관개수로가 있던데, 이유가 뭔가요?"

"이슬람 정원에서 가장 중요한 포인트를 집어 질문하셨네요. 이슬람의 생활 방식에서 정원은 아주 중요한 공간이에요. 사막의 열기를 피할 수 있는 휴식처 역할을 하기 때문이죠. 그런데 정원을 가꾸기 위해서는 물이 꼭 필요하죠. 이 정원을 보세요. 이곳은 세로형 정원이에요. 중앙에는 수로가 설치되고 좌우로는 분수가 있는데, 약 10개 정도의 분수가 있다고 해요. 그리고 길고 가느다란 수로가 흐르고 있어요. 여기에 장방형의 인공 연못까지. 헤네랄리페 정원은 기하학적이면서도 질서 정연한 느낌을 줍니다."

엘레나와 나는 정원을 둘러본 후 길을 따라 밖으로 나왔다. 우리는 다시 올라왔던 길을 따라 내려갔다. 그라나다에서 가장 오래된 지역인 알바이신Albaicin을 가기 위해서였다.

왕실 성당으로 가는 길에 엘레나는 알바이신에 관한 이야기를 해 주었다.

"이곳의 이름은 이 일대에 오래전 바에사Baeza [12]에서 추방된 아랍인들이 살았던 것에서 유래해요. 이곳 사람들은 국토 회복 운동 시 궁이 함락될 때까지 저항을 했죠. 당시 이 도시는 피로 붉게 물들었

헤네랄리페

다고 합니다."

그라나다 대성당 옆의 왕실 예배당은 스페인 제국을 창시한 카스티야의 이사벨라 여왕과 아라곤의 페르난도 2세에게 바치는 기념관이라고 하였다. 엘레나와 나는 왕실 예배당부터 가보기로 하였다.

"왕실 예배당에는 스페인을 통일한 두 군주가 잠들어 있어요. 물론 그의 딸과 사위도 함께 잠들어 있죠. 카스티야 '이사벨라 1세'와

그라나다 알바이신 풍경

아라곤 '페르난도 2세'의 결혼을 통해 두 왕국이 하나가 되면서 스페인의 역사는 바뀌기 시작했어요. 두 왕은 국토 회복 운동의 마지막 지점인 이곳, 이슬람 영토였던 그라나다를 정복해요. 저는 이것이 그들의 가장 위대한 업적이라고 생각해요. 교황 알렉산데르 6세가 이들에게 '가톨릭 부부 왕'이라는 칭호를 내린 이유이기도 하거든요."

엘레나는 왕실 예배당에 들어가면서 이 예배당의 주인인 두 군주에 대한 이야기를 들려주었다.

"왕실 예배당과 대성당은 건축 면에서 다른 면을 보여요. 예배당이 고딕 양식인 이유는 이사벨라의 취향이 반영되었기 때문이라고 해요. 반면에 1523~1703년에 걸쳐 180년 동안 지어진 대성당은 르네상스적인 면을 보이고요."

예배당 안으로 들어온 후 엘레나는 건축 양식에 대한 이야기를 들려주었다. 예배당을 천천히 둘러보고 밖으로 나오면서 이런 얘기를 덧붙였다.

"이사벨라 여왕은 처음에는 근처에 있는 수도원에 안장되었어요. 1516년 페르난도도 그녀의 곁에 묻혔죠. 그 다음 해에 손자 카를로스 5세가 유해를 왕실 예배당으로 옮겼고요."

"그럼 이곳에는 이 두 사람의 유해만 안치되어 있나요?"

"아뇨. 그들 말고도 더 있어요. 페르난도와 이사벨라의 딸인 '후아나', 그녀의 남편이자 스페인 최초의 합스부르크 왕가 출신 군주였던 미남 왕 '펠리페 1세', 그리고 이들의 손자인 스페인과 포르

그라나다 대성당과 왕실 예배당

투갈의 황태자인 '미겔 다 파스'가 이 예배당에 묻혀 있어요. 그라나다를 점령한 이후 15세기 후반은 페르난도와 이사벨라가 영광을 누리던 시기였어요. 보면 아시겠지만 왕실 예배당에 있는 제단 장식에는 이들의 치적을 찬양하는 4개의 채색된 목조 패널이 있어요. 금세공으로 장식된 철장 너머로 카라라[13] 대리석에 조각된 왕의 무덤이 보이시나요? 오른쪽에는 두 군주인 이사벨과 페르난도, 왼쪽에는 후아나와 남편 펠리페가 있어요. 이 왕실 예배당은 현재의 스페인을 만들고 스페인의 역사를 바꾼 이사벨과 페르난도의 무덤을 모셨다는 데 무엇보다 큰 의미를 가질 거예요."

엘레나와 나는 대성당으로 갔다. 내부는 왕실 예배당에 비해 굉장히 화려하였다.

"이 대성당은 국토 회복 운동 이후 이슬람교 사원 자리에 1518년도부터 건설하였어요. 이 성당의 모델이 된 게 무엇인지 아세요?"

"글쎄요. 모르겠는데요."

"바로 톨레도 대성당을 모델로 하여 기초 공사를 진행하였다고 해요. 그러다 1528년 이후 디에고 데 실로에Diego de Siloé[14]가 이어 받아 플라테레스코[15] 최대의 건물로 만듭니다. 플라테레스코 건물에서 볼 만한 것은 살라망카 대학 정면의 건물이에요.

그라나다 대성당 양식은 르네상스, 고딕 아랍의 무데아르 양식 등이 절충된 것이에요. 그 후 또다시 아론사 카노가 공사에 참여해 정면과 성당 안의 장식을 담당하면서 르네상스식으로 통일하죠. 그래서 내부는 르네상스 예술의 걸작이에요. 1704년까지 공사가 진행되었는데 아직도 미완성이죠. 결론적으로 말하면, 이 성당은 가톨릭과 무어 양식이 혼합된 훌륭한 성당이라는 거예요. 저기를 보세요. 화려하게 금박을 입힌 18세기 오르간을….”

나는 엘레나의 설명을 다 듣고 나서도 한참을 둘러보다 성당 밖으로 나왔다. 성당 주변에는 다른 곳보다 유독 좁은 길과 골목길이 많은 것 같았다. 엘레나와 나는 겨우 차가 있는 주차장으로 도착해서 시계를 보니 오후 3시가 조금 넘은 시간이었다. 엘레나와 나는 서둘러 다음 목적지로 출발하기로 하였다.

주

1 **회랑_** 사원이나 궁전건축에서 주요 부분을 둘러싼 지붕이 있는 긴 복도

2 **도리아식_** 도리스인이 창시한 고대 그리스의 건축 양식. 기둥이 굵고 주춧돌이 없는 것이 특징이다.

3 **토스카나식_** 도리스식을 변형한 고대 로마의 건축 양식. 기둥의 몸통에 줄무늬 홈을 파지 않고 주춧돌을 댄 것이 특징이다.

4 **이오니아식_** 고대 그리스의 건축 양식. 우아하고 경쾌한 것이 특징이다.

5 **하렘(Harem)_** 이슬람 국가에서 부인들이 거처하는 방을 일컫는 말

6 **사크로몬테(Sacromonte)_** 집시들이 언덕 경사면에서 동굴을 파고 거주하였던 곳

7 **워싱턴 어빙(Irving, Washington)_** 1783~1859. 미국의 작가로 경묘한 풍자와 해학적인 필체로 유명하며, 1826년 부터 3년간 마드리드 미국영사관에 근무하면서 스페인 문화를 연구하였다.

8 **알람브라 이야기_** 알람브라 궁전에 대한 이야기와 전해 내려오는 이야기를 엮은 모음집

9 **살만 러시디(Salman Rushdie)_** 1947년 인도 봄베이 출신의 영국 케임브리지 대학에서 역사학을 전공한 소설가로 『악마의 시』 저자

10 **클로드 드뷔시(Claude Debussy)_** 현대 음악의 토대를 마련한 프랑스 인상주의 작곡가

11 **프란시스 타레가(Francisco Tarrega Eixea)_** 1852~1909. 스페인의 기타 연주가이며, 후기 낭만파 작곡가

12 **바에사(Baeza)_** 스페인 안달루시아 자치 지방 하엔 주에 있는 자치시

13 **카라라_** 이탈리아의 백색 대리석 산지

14 **디에고 데 실로에(Diego de Siloé)_** 1495~1563. 스페인의 건축가이자 조각가

15 **플라테레스코_** 15세기 말~16세기 전기 스페인 건축 양식. 이탈리아 · 르네상스의 자극 때문에 스페인 고유의 장식벽이 분출한 것으로, 그 명칭은 부조에 의한 풍부한 장식 문양이 금은세공(플라테리아)과 흡사한 데서 유래했다.

TIP

스페인 건축 이야기

안토니 가우디

스페인을 여행하는 많은 사람들에게 즐거움을 주는 것 중 단연 최고는 독특한 건축물일 것이다. 특히 세계적인 건축가 '안토니 가우디'의 위대한 작품이 고스란히 남아 있어 스페인의 건축물은 더욱 특별하다고 할 수 있다. 하지만 스페인의 뛰어난 건축미는 천재 건축가 가우디 한 사람에게만 의존된 결과물은 아니다.

스페인의 건축은 다양한 역사와 더불어 유럽과 이슬람 등의 여러 건축 양식을 받아들이며 발전해왔다. 유럽의 여러 국가와는 다른 스페인만의 독특한 건축 양식은 이슬람 양식과의 결합을 통해 이루어지는데 화려한 내부와 기하학적인 문양, 아치형 문 등은 이슬람 문화의 특징을 보여준다. 이후 재건축되면서 고딕, 르네상스 형식과 결합하여 스페인 건축의 독특한 분위기를 만들어내는데 이러한 12~17세기의 스페인의 건축 양식을 무데하르 양식이라고 한다. 대표적인 건물은 알함브라 궁전, 알카사르, 메스키타 사원 등이 있으며, 주로 스페인의 남쪽 지방을 중심으로 남아 있다. 각 주요 도시에는 중앙 광장인 마요르 광장이 있으며, 대성당도 빼놓을 수 없다.

스페인의 건축은 과거에 머물러 있지 않고, 다양한 문화적 특성을 유지한 채 완성도 있게 발전하고 있는 현재형이다. 도시의 일부 특정 부문이 유네스코 세계문화유산으로 지정되기도 하였으며, 국내에 『스페인은 건축이다』, 『스페인은 가우디다』 등 스페인의 건축만을 소재로 한 책들이 출간될 정도로 스페인에 있어 건축은 중요한 요소이다.

DAY 6

고대부터 현재까지 문화의 중심지,
세비야·코르도바

Sevilla

Cordoba

세비야는 스페인의 아메리카 대륙 발견 후 번영을 누린 곳으로, 특히 문화적 번성이 활발하였던 도시이다.
코르도바에는 수많은 대학, 도서관, 공중목욕탕과 시장이 들어서면서 알려지기 시작했다. 코르도바에 과학과 예술을 배우기 위해 많은 사람들이 몰려들어 최초의 마드라사가 설립되기도 하였다.

로마교에서 본 코르도바 구시가지

교역과 문화의 도시, 세비야

스페인 남부 안달루시아 지방 세비야 주의 주도로 과달키브르 강이 있는 내륙 항구 도시이다. 문화 중심지로서 이슬람인이 스페인을 점령하였을 때의 수도로 아메리카 대륙 발견 후 새로운 번영을 누리게 되었다. 17세기 들어 교역은 점차 줄어들었지만 대신 문화 활동이 활발해졌다.

그라나다에서 250킬로미터 정도 떨어져 있어 약 3시간을 운전해서 가야 하는 세비야Sevilla로 향하였다. 차가 달리기 시작하자 엘레나가 물었다.

"세비야 하면 뭐가 떠오르세요?"

"콜럼버스의 도시, 카르멘의 도시 그리고 모차르트 돈 후안의 도시?"

"네. 그리고 플라멩코, 페리아 축제Feria de Abril도 떠오르죠."

창밖을 한 번 내다본 엘레나는 본격적으로 세비야에 대한 설명을 이어갔다.

"세비야는 은의 길Via de la Plata이 시작되는 곳이에요. 예전에는 엄청 번성했던 도시였어요. 그 번영의 역사부터 설명할게요. 1248년 페르난도 3세가 세비야를 카스티야 왕국에 편입시킨 후 급속한 기독교화가 이루어져요. 이때 세비야 대사원이 대성당으로 개조되었고, 알폰소 10세에 와서는 알카사르 성채를 고딕 왕궁으로 변형시키는 공사를 시작합니다. 그 후 카스티야 왕국의 페드로 1세와 국왕 부처의 거처가 되죠. 가톨릭 국왕 부처가 세비야에서 인도와의 교역 독점권을 인가하면서 세비야와 함께 스페인의 번영은 17세기 후반까지 이어지게 돼요.

그런데 세비야의 역사도 중요하지만 혹시 세비야 축제를 본 적이 있으신가요?"

"아주 오래전 이곳에 왔을 때 한 번 본 적이 있어요."

"그럼 세비야를 이해하기 위해 알아야 하는 축제에 대해 간단히 설명해 드릴게요. 바로 세비야에서 매년 열리는 부활절 축제인데, 보통 3월 말에서 4월 중순 사이에 시작해서 일주일 동안 열려요. 독실한 가톨릭 국가인 스페인에서는 전국적으로 부활절 축제가 열리는데, 세비야 부활절 축제가 가장 유명해요."

"이 축제는 언제부터 시작되었는데요?"

"세비야에서 이 축제가 처음 개최된 것은 16세기예요."

엘레나는 들고 있는 커피를 한 모금 마신 후 이야기를 계속하였다.

"세비야 축제의 하이라이트는 종교 행렬인데, 축제 기간 동안 밤마다 대규모로 진행돼요. 약 5만여 명에 달하는 사람들이 전통적인 축제 예복을 착용하고 엄숙한 분위기로 종교 행렬에 참여하는데, 그 모습이 아름답고, 성스럽게 느껴지죠. 그리고 이 행렬은 세비야의 각 지역 단위로 모두 58개로 나누어지며, 〈마카레나 성모마리아 Virgen de la Macarena〉와 〈전지전능한 예수 그리스도 Jesús del Gran Poder〉라는 이름의 유명한 조각상 2개를 비롯해 여러 가톨릭 조각상을 운반해요. 행렬이 지나는 거리 양쪽에는 세비야 시민뿐만 아니라 많은 외국 관광객이 모여들어 구경하며 함께 즐기고요. 모든 종교 행렬은 캄파나 거리Calle Campana에서 시작해 세비야 대성당을 마지막으로 하는 코스를 반드시 거쳐야 해요."

그녀는 다시 커피 한 모금을 마신 뒤 말을 이었다.

"그리고 4월 축제Féria de Abril라 불리는 봄 축제도 있어요. 스페인의

세비야 4월 축제의 모습

3대 축제 중 하나죠. 재미있는 점은 이름은 4월 축제인데, 축제는 5월 초에 열린다는 거예요. 4월 축제의 역사는 스페인의 다른 축제에 비해 그리 길지 않아요. 농축산업의 부흥을 위해 1847년에 만들어진 축제거든요. 이 기간에는 거리 곳곳에 카세타Caseta가 설치돼요."

"카세타가 뭔가요?"

"쉽게 말하자면 천막이에요. 축제 때 천막은 평상시의 천막과는 조금 다르게 이용되는데 도시의 일상적인 삶에서 벗어나 축제라는 또 다른 삶을 즐길 수 있는 공간이 되죠. 축제 참가자들은 모두 안달루시아Andalucia 복장을 입어요. 남자들은 전통 농부의 복장, 여자들은 플라멩코 복장이나 집시 복장을 착용해요. 낮에는 수백 명의 사람들이 화려한 마차들 사이에서 플라멩코Flamenco를 추는 것을 볼 수 있습니다."

"스페인에서 플라멩코의 고향이랄까, 처음 시작된 곳은 어디인가요?" 엘레나에게 물었다.

"플라멩코는 안달루시아 지방 집시들의 춤과 음악을 말해요. 처음 시작된 곳은 안달루시아의 '헤레즈Jerez'라는 조그만 도시입니다. 이곳에서는 플라멩코와 관련 있는 유명한 사람들이 모여 2주 동안 공연을 하기도 해요. 14세기 정도부터 발전하기 시작해 19세기에 집시들이 직업적으로 춤을 추게 되면서 플라멩코가 집시의 음악과 춤으로 알려졌죠. 일반적으로 기타 음악과 즉흥 춤을 수반하는 칸테Cante, 춤, 노래도 포함돼요.

크게 세 가지로 나눌 수 있는데, 심오하고 장중한 플라멩코는 비장감을 동반하며 죽음, 번뇌, 종교 등을 주제로 해요. 중간 조의 플라멩코는 음악에 전체적으로 동양적인 요소가 가미되는 경우가 많고요. 경쾌한 플라멩코는 사랑, 여유로움, 즐거움을 다루고 있어요. 춤을 출 때 남성의 발놀림을 보면 발끝과 뒤꿈치로 탁탁 소리를 내는 반면 여성은 발놀림보다는 손과 전신의 아름다움에 의존하는 것이 특징이죠. 또 복잡한 리듬의 손뼉 치기, 손가락 튕기기, 추임새와 함께 종종 캐스터네츠도 등장해요. 이런 기본 정보를 알고 플라멩코를 본다면 좀 더 재미있게 보실 수 있을 거예요."

우리는 남쪽을 향해 달리고 있었는데 스페인의 남쪽 도로는 뭔가 다르게 느껴졌다. 마치 사막을 달리고 있는 느낌으로 올리브 나무와 함께 전체적인 풍경이 매력적으로 다가왔다.

엘레나는 운전을 하면서 "아까 말씀드렸던 세비야의 은의 길을 아세요?" 하고 나에게 물었다.

"스페인이 가장 번성했을 때 세비야에서 산티아고 데 콤포스텔라 Santiago de Compostela까지 은을 실어 날랐던 길이라고 알고 있는데요."

"맞아요. 은의 길은 산티아고 데 콤포스텔라로 가는 여러 길 중 하나입니다. 은의 길은 세비야에서 산티아고 데 콤포스텔라까지 970킬로미터고요. 산티아고 데 콤포스텔라와 연결되는 길은 프랑스길, 포르투갈길, 북쪽길, 은의 길, 영국길이 있어요. 그중 프랑스길은 유네스코 세계문화유산에 등재된 후 더 많은 사람들이 찾는 산티아고로 가는 고속도로라고 말할 수 있죠. 원래 은의 길은 메리다 Mérida에서 아스토르가 Astorga까지였는데, 세비야까지 연장된 거예요.

플라멩코를 즐기는 스페인 사람들

가우디의 작품처럼 타일조각으로 만든 플라멩코 인형

길 이름은 아랍어 알 발라트Al balat에서 유래했는데, '자갈로 포장되었다'는 뜻이에요. 원래 로마 사람들이 돌로 포장하여 사용했던 군사 도로였기 때문이죠. 예전에는 그냥 돌길, 자갈길이라고 부르다가 가톨릭이 재정복한 뒤에는 현재의 비아 데 라 플라타Via de la plata가 되었죠."

"이 길에는 기독교와 이슬람 간에 벌어졌던 전쟁의 아픔이 담겨 있는 것 같네요."

"맞아요. 아마도 당시에는 군인을 비롯해 전사자, 포로, 전리품 수송에 동원된 사람들이 오갔을 테니 아픈 역사의 흔적을 안고 있겠죠. 이슬람이 승리했을 때 산티아고에 있는 성당의 종을 모조리 떼어내 이 길을 통해 코르도바Cordoba로 가져가 녹인 뒤 이슬람 사원용

산티아고 데 콤포스텔라로 가는 이정표

촛대를 만들었는데 그때 종을 지고 온 사람들은 붙잡힌 가톨릭교도였죠. 후에 가톨릭군이 재정복했을 때는 이슬람 사람들을 붙잡아서 거둬들인 이슬람 사원 촛대를 산티아고로 날라다가 성당 종으로 다시 만들었다고 해요. 안달루시아 지방의 길은 사막 길이어서 한여름에는 아주 뜨거워요. 상상해보면 아시겠지만 무거운 짐을 지고 사막 길을 걷는 건 지옥과도 같았을 거예요."

여기까지 이야기를 마친 엘레나는 고속도로 휴게소가 보이자 잠깐 쉬었다 가자며 차를 그쪽으로 몰았다. 시간을 보니 약 1시간도 안 남은 거리에 세비야가 있었다.

다시 출발한 우리는 세비야 근처 호텔에 도착했고, 천천히 세비야를 둘러보기로 하였다. 호텔은 구시가지와 그리 멀지 않은 곳에 있었다. 체크인을 한 뒤 조금 이른시간이지만 저녁을 먹기로 하였다. 식당을 찾아 들어간 우리는 하몽Jamón[1]과 파타타스 브라바스Patatas bravas, 맥주와 와인을 시켰다.

주문한 음식이 나오자 엘레나는 감자튀김을 하나 집어 같이 나온 따뜻한 토마토소스에 찍으며 말했다.

"이 감자튀김을 파타타스 브라바스라고 부르는데, '용감한 감자'라는 뜻이에요."

"재미있는 이름이네요." 하며 나도 하나 집어 먹었다.

즐겁게 식사를 마친 뒤에는 과달키브르 강[2]을 따라 걸었다. 제일 먼저 눈에 띈 건 마에스트 란사 투우장Maest ranza de Caballeria이었다. 투우장을 바라보면서 엘레나가 이야기하였다.

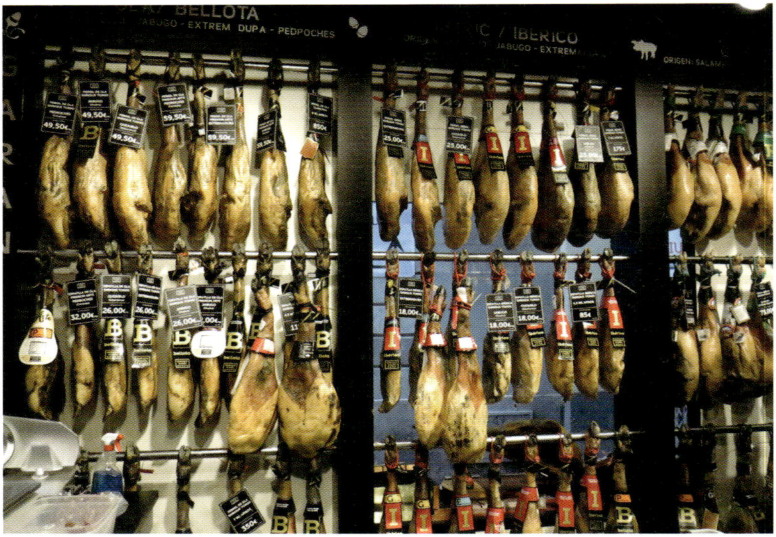

하몽

"이곳은 마드리드에 있는 라스 벤타스 투우장Las Ventas de Caballeria과 쌍벽을 이루는 투우장으로 '카르멘'에도 등장하죠. 이곳은 스페인에서 두 번째로 오래된 전통을 가지고 있습니다."

좀 더 강 아래로 내려가니 황금의 탑Torre del Oro이 나타났다. 정12각형의 탑이었다. 엘레나는 탑 위쪽을 보라며 손가락으로 가리켰다.

"옛날에는 탑의 위쪽이 금색으로 빛났다고 해요. 이 탑은 13세기에 이슬람인이 강의 통행을 검문하기 위해서 지은 것으로 맞은편

마에스트 란사 투우장

강가에 있던 8각형의 탑에 쇠사슬을 걸어 침입자를 막았다고 합니다."

"왜 이름이 '황금의 탑'인가요? 예전에 탑 위쪽이 금색으로 빛나서?"

"황금의 탑이라는 이름이 붙은 데는 두 가지 설이 있어요. 하나는 아까 이야기한 것처럼 처음 탑을 지을 당시 금 타일로 덮은 탑 위쪽이 금색으로 빛나서라는 이야기와 두 번째는 16~17세기에 신대륙에서 가져온 금을 이곳에 두었기 때문이라는 설이에요. 하지만 무엇이 정설인지는 알 수 없어요."

세비야를 본격적으로 여행하는 날 아침, 엘레나와 나는 서둘러 세비야 대성당Sevilla Catedral으로 향하였다. 도로를 건너 좁은 골목을 따라 걸었다. 골목을 걸어 나오자 제법 큰 광장이 나타났고 트램이 다녔다. 한쪽에는 흰말이 끄는 마차도 다녔다. 말발굽 소리가 정겹게 들렸는데 시간이 거꾸로 흘러 마치 중세 시대로 온 것 같은 느낌이었다.

"『돈키호테』의 작가인 세르반테스는 이 세비야를 '새로운 로마'라고 이야기했어요. 극작가 로페 데 베가Lope de Vega[3]는 '서인도의 관문이자 항구'라고 불렀고요. 그만큼 세비야에서 교역과 문화가 활발하였다는 것을 이야기하는 것이 아닐까요? 또 신화와 역사가 혼재되어 있는 도시이기도 해요. 헤라클레스가 이 도시를 세웠다는 신화가 있죠. 넓은 과달키비르 평야에서 소를 키우던 몸이 3개나 달린

황금의 탑

헤리온 왕을 죽인 헤라클레스가 세비야를 건설하였다는 이야기는 중세까지 만연했다고 합니다."

"유럽은 어디를 가나 신화가 있는 것 같아요. 엘레나는 신화에 대해 어떻게 생각하세요? 저는 신화는 곧 역사라고 생각해요. 아주 오래전 문맹률이 높았을 때 역사적인 사건이 이야기로 만들어져 구전된 것이 신화라고 생각하거든요. 대표적인 신화는 유럽의 모태 문명인 그리스 신화겠죠?"

엘레나는 나의 말에 동감한다고 말하며, 세비야에 대한 이야기를 이어갔다.

"세비야의 옛 이름이 무엇인지 아세요? 예전에는 히스팔리스Hispalis라고 불렸다고 해요. 세비야의 역사를 살펴보면, 초기에는 로마 시대의 중심 도시로서 발전했어요. 유럽의 많은 나라가 그러하듯이 말이죠. 그리고 5~8세기에는 서고트족, 8~13세기에는 이슬람인의 지배를 받았어요. 이슬람 지배 당시인 12세기에 이슬람 문화의 정수를 모은 알카사르Alcázar 궁전과 히랄다의 탑La Giralda이 건설되었죠."

이렇게 이야기를 나누는 동안 세비야 대성당Sevilla Catedral에 도착하였다. 대성당은 웅장하였다. 역시 유럽에서 세 번째로 큰 성당다웠다.

"세비야 성당보다 더 큰 성당이 어디인지 아세요?" 하고 나는 엘레나에게 물었다.

"바티칸의 산피에트로 성당San Pietro Basilica이 제일 크고요. 두 번째는 런던의 세인트 폴 성당Saint Paul's Cathedral이고, 세 번째가 바로 세비야 대성당입니다."

그녀는 항상 내 질문에 명쾌하게 대답해주었다. 성당 앞에는 많은 관광객이 있었다. 성당 안으로 들어서면서 엘레나는 나에게 이야기하였다.

"세비야 성당의 기본 구조는 직사각형이에요. 12세기에 지어진 알모하드 모스크 이슬람 사원 위에 덧세워졌죠. 이때까지만 해도 이 성당은 이슬람 사원과 대성당의 복합적인 성격을 갖고 있었어요. 하지만 1388년 대지진이 일어나 완전히 폐허가 되고 말았죠. 그 후 1402년부터 시작해 1506년까지 100년 정도의 시간 속에서 새로

세비야 대성당

성당이 지어집니다. 건축 기간이 오래 걸린 유럽의 많은 성당들은 거의 복합적인 건축 양식을 가지고 있는데, 세비야 성당도 마찬가지로 이슬람 건축과 고딕, 르네상스 양식이 조화를 이루고 있어요."

성당 내부에는 성령의 강림을 나타내는 스테인드글라스, 알폰소 묘지가 있는 왕실 예배당Capilla Real, 주 예배당Capilla Mayor, 성서 장면이 조각된 황금색의 목제 제단 그리고 콜럼버스의 무덤 등 볼거리가 많았다.

"성당 내부는 길이 116미터, 너비 76미터의 직사각형 구조예요. 또 팔로스의 문, 종들의 문, 탄생의 문, 왕의 문, 세례당의 문, 잉태의 문, 왕자들의 문, 라가르트토[4]의 문 등 총 8개의 문이 달려 있어요."

엘레나는 대제단이 있는 곳으로 가자고 하였다. 대제단 앞에는 많은 사람들이 모여 있었다. 대제단은 굉장히 화려하였다.

"대제단은 고딕 양식의 불꽃을 형상화한 제단으로 유명합니다. 1482년부터 1525년에 걸쳐 만들어진 제단으로 넓이는 360제곱미터이고, 정중앙 패널에 위치해 있죠. 그리고 이슬람과 서구 문화가 결합된 무데하르 양식으로 장식되어 있고, 36개의 부분으로 나뉘어져 있는데 예수님의 탄생, 수난, 죽음을 표현하고 있어요. 또 1,000개 이상의 조각을 가지고 있고요. 이 제단은 신대륙에서 유입된 황금 1.5톤으로 만들어졌다고 해요."

대성당을 나온 우리는 콜럼버스의 무덤으로 향했다. 엘레나는 손으로 그의 무덤을 가리키며 말했다.

"콜럼버스의 관을 떠받치고 있는 네 명의 사람이 보이시죠? 당시 스페인을 지배했던 4개의 왕국인 카스티야, 아라곤, 나바라, 레온의 왕이에요. 앞의 두 왕은 콜럼버스의 신대륙 발견을 지지해줬기 때문에 당당히 고개를 들고 있고, 뒤쪽의 두 왕은 콜럼버스를 지지해주지 않은 왕이라 고개를 숙이고 있다고 해요. 결국 대륙 탐험의 꿈이 좌절된 콜럼버스는 '다시는 스페인 땅을 밟지 않겠다.'고 유언했다고 합니다. 그래서 아메리카 대륙에 묻히게 되는데, 사망한 지 수세기가 지나 그를 본국으로 데려오면서 그의 유언을 지키기 위해 유해를 땅으로부터 멀리 띄어 놓은 거죠."

엘레나는 히랄다Giralda 탑에 올라가 세비야의 전망을 보자며 안내했다. 탑으로 올라가면서 그녀가 물었다.

"탑으로 올라가는 길, 뭔가 다르게 느껴지는 거 없으세요?"

"글쎄요, 계단이 없는 거?"

"맞아요. 작고 희미한 불빛에 의지해 올라가야 했기 때문에 완만한 비탈길로 만든거죠. 아, 왕은 말을 타고 올라갔다고 해요. 탑 위에 있는 25개의 종은 지금도 시간을 알려주고 있어요."

"탑의 이름인 히랄다는 '바람개비'란 뜻이라던데, 탑에 대해서도 이야기해줄 수 있나요?" 나는 탑을 걸어 올라가면서 엘레나에게 물었다.

"그럼요. 높이는 93.90미터이고, 12세기 말 이슬람교도에 의해 만들어졌어요. 로마 시대에 만들어진 초석 위에 세웠죠. 종루는 지진으로 파괴되었는데 16세기에 와서 보수했어요. 페르난도 3세가 세비야를 정복한 후 히랄다를 코르도바처럼 성당의 종탑으로 변형시키라고 해서 지금의 종탑 모양이 만들어졌다고 해요."

전망대에서 내려다보는 세비야 시내는 평화로워 보였다. 이런 아름다움 풍경은 사람의 마음을 편안하게 하는 것 같다. 우리는 잠시 머무르다가 다시 천천히 내려와 60여 그루 정도의 오렌지 나무가 줄을 맞춰 서 있는 정원으로 향했다. 오렌지 나무는 수로와 분수대를 둘러싸고 심어져 있었다. 향기로운 냄새가 가득한 정원을 둘러본 뒤 우리가 향한 곳은 알카사르Alcazar 였다.

세비야의 시내 모습

알카사르는 궁전형 요새로 크게 페드로 1세의 무데하르 궁전, 제독의 방, 카를로스 5세 궁전, 정원 등 4개 부분으로 나누어져 있다. 엘레나와 나는 안으로 들어갔다. 빨간색 정문이 우리를 반겨주었다.

"알카사르는 1364년에 세워졌어요. 현재까지 사용되는 궁전 중 스페인에서 가장 오래된 궁전입니다."

세비야 대성당과 알람브라 궁전을 보고 난 후라 그런지 웅장하다는 느낌은 덜하였지만 나름대로 아기자기함이 있었다.

돈 세야스 안뜰은 응접실을 거쳐 들어가는데, 카스티야인이 조공으로 바친 100명의 여성과 관련된 이야기가 있는 곳이다. 대사의 방은 방패 문장과 아랍어와 고트어로 쓰인 비문을 비롯해 붉은색, 초록색, 파란색, 흰색, 노란색으로 되어 있었는데, 이슬람 지배 당시 이슬람교도가 가톨릭 궁전에 마호메트의 신앙을 표현한 것이다.

"여기는 인형의 안뜰이에요. 대사의 방과는 아주 다르죠. 19세기에 복원했는데 가족을 위한 곳으로 친근한 분위기예요."

그다음에는 제독의 방, 카사 데 콘트라타시온Casa De Contratacion이라고 하는 곳으로 갔다.

"이곳은 어떤 용도로 사용됐나요?"

"서인도를 발견한 직후 이곳을 국제 시장, 증권거래소 혹은 무역관으로 사용했어요."

엘레나는 내부를 바라보며 이야기하였다.

"내부에는 신화적 요소가 많아요. 스페인 전통 양식으로 만들어진 벽걸이용 카페트 태피스트리Tapestry로 장식되어 있고요. 영접관은

17세기에 제작된 화려한 무데하르 양식, 그리고 벽면은 카스티야 왕국 제독들의 문장으로 장식되어 있습니다."

이번에 도착한 곳은 카를로스 5세의 궁으로, 3개의 방으로 나뉘어 있었다.

"3개의 방은 각각 어떤 용도였을까요?"

"튀니지 전쟁의 기록을 보관했던 태피스트리실, 그리고 기도실과 만찬실의 용도로 사용되었어요."

세비야 알카사르

엘레나는 오늘 날씨가 정말 좋다며, 이 궁으로 들어올 때 지나치는 아치형 문은 방과 방 사이, 방과 정원을 연결하는 공간마다 빛이 들어오는, 타일 모양과 색채가 무척 아름다운 곳이라고 계속해서 감탄하였다.

엘레나와 나는 정원으로 나왔다. 이슬람, 르네상스, 바로크 양식 등이 복합된 정원에는 오렌지 나무와 레몬 나무, 석류나무, 라벤더 등 다양한 나무가 심어져 있었다.

우리는 산타 크루즈Santa Cruz 지구로 가서 점심 식사를 하기로 하였다. 좁은 골목이 아기자기하게 펼쳐졌다. 흰색 건물 벽 발코니에는 빨간색과 분홍색 꽃들로 장식되어 있었다.

"오래전 산타 크루즈 지역은 유대인 거리였어요. 17세기에는 세비야 귀족들이 살았고요."

우리는 좁은 골목을 따라 들어가면서 흰색, 빨간색 등으로 칠해진 건물들을 구경하였다. 도중에 엘레나는 벽에 붙어 있는 산타 크루즈 거리의 안내도를 가리켰다.

"이 안내도를 보세요. 재미있는 게 있어요. 거리마다 비다(생명)Vida, 아구아(물)Auga, 무에르타(죽음)Muerta, 피미엔타(후추)Pimienta 등 독특한 이름이 붙어 있어요."

"왜 거리 이름을 이렇게 지었을까요?"

"이전에 우리가 발칸 반도를 여행했을 때 광장 이름이 이런 식이었던 것 기억하세요? 이곳도 마찬가지로 물과 후추를 거래했던 장소였다거나 죽음의 어떤 것과 연관 있었던 장소라는 생각이 드네요."

엘레나와 나는 비좁은 레이노소 거리를 걸었다. 두 팔을 벌리면 벽에 양손이 닿을 만큼 좁은 거리였다. 알함브라 이야기를 집필한 워싱턴 어빙이 머물렀다는 집을 지났다. 1826년부터 3년 동안 마드리드 공사관에서 근무하면서 집필한 것을 보면 워싱턴 어빙은 스페인에 관심이 많았던 것 같다. 이윽고 베네라블레스 광장Plaza de los Venerables이 나왔고, 우리는 이곳에 있는 한 식당에 자리 잡았다. 파란색 의자와 빨간 테이블보가 덮인 테이블이 눈에 띄었다.

"발렌시아 지방 음식인 피데우아Fideuà를 드셔보실래요?"

"어떤 음식인데요?"

"국수 요리인데, 파에야와 요리법이 비슷해요. 해산물을 사용하죠."

나는 좋다고 하였다. 화이트 와인 두 잔과 피데우아를 시켰다. 선글라스를 벗어 테이블 위에 올려놓고 먼저 나온 와인을 한 모금 마셨다. 그리고 다음 여정지 코르도바까지 가는 일정을 이야기하였다. 식사를 마친 후에는 '세비야의 이발사[5]'를 작곡한 로시니Rossini의 집을 보고, 호아킨 로드리고 거리Joaquin Rodrigo를 나와 산타 크루즈 밖으로 나왔다. 세비야의 유명한 화가인 무리요의 이름을 딴 무리요 공원에 있는 큰 고무나무가 인상적이었다. 엘레나와 나는 공원에 있는 콜럼버스 항해 기념탑으로 갔다. 탑 가운데에는 항해를 하였던 산타 마리아 호, 꼭대기에는 사자상, 그 아래에는 콜럼버스와 이사벨 여왕의 이름이 양쪽 면에 새겨져 있었다.

스페인 광장까지는 제법 멀지만 천천히 걸어가기로 했다. 광장으로 가는 길에는 비제의 오페라 '카르멘'의 주인공, 카르멘이 일하던 담배 공장 건물이 있었다. 1750년에 지어졌는데, 현재는 세비야 대학의 법학부 건물로 사용되고 있었다. 마침내 광장이 조금씩 보이자 엘레나는 스페인 광장에 관한 이야기를 시작하였다.

"스페인 광장은 건축가 아니발 곤잘레스Anibal González의 작품이에요. 서인도를 향해 두 팔을 뻗고 있는 모습을 하고 있어요. 아케이드

세비야 골목 풍경

는 스페인의 도시를 묘사하였고, 4개의 다리는 중세 가톨릭 왕국인 카스티야, 레온, 아라곤, 나바라를 상징합니다. 그리고 광장 건물 벽면에는 스페인 각지에서 일어난 역사적 사건들이 타일 모자이크로 묘사되어 있어요. 마지막으로 조지 루카스의 영화 '스타워즈 에피소드 2'에서 클론을 습격하는 배경이 되었던 곳이기도 하죠."

간단한 설명을 들은 후 나는 스페인 광장을 말없이 천천히 둘러보았다. 그다음 오늘의 마지막 코스인 마리아 루이사 공원Parque de Maria Luisa 6으로 향했다.

스페인 광장

이슬람 문화의 산실, 코르도바

안달루시아 지방 코르도바 주의 주도로 세비야 북동쪽 과달키비르 강 유역에 있다.

929년 아브드 알 라흐만 시대에 유럽에서 가장 큰 도시가 되었고, 유럽에서 가장 앞선 문화를 꽃피우기도 한 도시이다.

세비야의 마지막 장소였던 마리아 루이사 공원을 보고 나와 코르도바Cordova로 향하였다. 이슬람 문화의 산실인 코르도바는 세비야에서 142킬로미터 정도 떨어진 지역으로 2시간 정도 소요될 예정이다. 항상 그랬듯이 엘레나는 출발하기 전 커피 두 잔을 사 가지고 왔고, 이동 중에는 커피를 마시며 코르도바에 관한 기본적인 이야기를 하였다.

"코르도바라는 지명이 어떻게 해서 생겨났는지 아세요?"

"당시에 활발하게 생산되었던 '코르도반Cordovan'이라는 가죽 제품에서 유래한 걸로 알고 있는데요."

"맞아요. 가죽 제품에서 유래하였어요. 도시의 기원을 보면 기원전 169년에 시작되었다고 해요. 하지만 문헌상으로는 선사 시대 이베리아인도 이곳에 이주했다고 합니다. '베키아'라는 이름으로 불리기도 하였고요. 이슬람 이전의 가장 번성하였던 시기는 로마 제국 시대부터 기원후 3세기까지예요. 당시 코르도바 출신 인물로는 철학자 세네카와 시민 루카노가 있어요. 로마 제국 시절의 코르도바는 직사각형의 성벽으로 둘러싸여 있었는데 흥망성쇠를 거듭해 현재는 성벽이 거의 남아 있지 않아요. 기원후 4세기경에는 로마의 자취는 거의 사라지고, 6세기 후반 서고트 왕국의 레오비힐도 왕[7]이 이 도시를 점령했죠."

엘레나는 가장 번성하였던 이슬람 문화는 어땠을지 무척 궁금하다며 다시 이야기를 이어나갔다.

"그리고 711년 이슬람의 지배가 시작돼요. 당시의 코르도바는 바그다드에서 넘어온 우마미야 왕조의 한 사람인 압데라만 1세가 세운 후 우마이야 왕조[8]라고 불리던 시대예요. 756년 압데라만 1세는 사라센[9]으로부터 독립을 선언하였고, 929년 압데라만 3세가 첫 번째 칼리프로 즉위하면서 평화와 번영의 시대를 맞았습니다. 그는 과학 및 예술 분야에서 크게 꽃을 피웠다고 해요. 그리고 2대 칼리프인 알하켄 2세 때에는 수많은 대학과 도서관, 공중목욕탕과 시장이 들어서죠. 이때가 역사상 최고의 번영기라 볼 수 있어요. 이러한 칼리프의 명성은 가톨릭 왕들에게까지 알려졌다고 해요. 그리고 고대 로마나 그리스의 문헌이 이들에 의해 알려지기 시작하면서 많은 유럽 사람들이 과학과 예술을 배우기 위해 이곳에 몰려들어 최초의 마드라사[10]가 설립되었죠."

엘레나는 커피 한 모금을 마신 뒤 계속했다.

"마드라사는 코르도바 역사에서 매우 중요해요. 이곳에서 개화된 많은 학문을 11세기부터 13세기에 라틴어로 번역해 아리스토텔레스Aristoteles와 프톨레마이우스Ptoelmaeus의 업적을 후세에 전했거든요. 이런 의미에서 코르도바라는 도시는 고대 문화와 중세 문화의 다리 역할을 했다고 볼 수 있죠. 하지만 11세기 초 내란이 일어나 타이파Taifa 시대를 맞이하면서 코르도바 타이파 왕국의 조그만 수도가 된 후 쇠락의 길을 걷게 되죠. 그러다가 1148년 북아프리카의 알모하드Almohade 왕국에 의해 멸망했어요."

엘레나는 나를 보더니 물었다.

"1478년 가톨릭이 코르도바에 입성했는데, 그 의미가 무엇인지 아세요?"

"글쎄요. 가톨릭이 이곳에 입성한 것은 아마도 그라나다 재정복과 신대륙 발견으로 이어지는 안달루시아적인 어떤 특수성이 아닐까요?"

"맞아요. 바로 스페인의 변화를 가지고 오는 그라나다의 재정복과 신대륙 발견이에요. 풍요로웠던 16세기를 지나면서 인구가 감소하고, 경제적 침체를 겪게 됩니다."

이렇게 이야기하는 동안 코르도바에 거의 도착하였다. 엘레나는 먼저 호텔 체크인을 하자고 하였다. 이곳에 오기 전에 구시가지에서 도보로 10~15분 거리에 있는 호텔을 예약해놓았다. 호텔에 도착해 체크인을 한 뒤에 메스키타Mezquita로 걸어갔다. 메스키타는 과달키비르 강과 로마교가 있는 곳에 위치하고 있었다. 가는 길에 유대인 지구La juderia를 지났다. 유대인 거리에는 흰색 건물들 사이 좁은 골목

길에 작은 화분들이 많이 놓여 있었다. 아기자기한 느낌이 드는 식당과 호텔 그리고 기념품 가게들과 함께 나와 같은 여행객들을 많이 볼 수 있었다.

골목 끝에는 시나고가Sinagoga[11]가 있었다. 시나고가와 작은 꽃길은 서로 반대 방향이었다. 엘레나와 나는 꽃길로 갔다. 좁은 골목길, 그 위로 메스키타의 탑이 보였다. 작은 꽃길을 걸어 메스키타로 향하였다. 골목길을 지나면서 엘레나는 메스키타에 대해 이야기하였다.

"메스키타는 권력이 강성해진 압데라만 1세가 바그다드에 뒤지지 않는 새로운 수도를 코르도바에 만들기로 하면서 785년 과달키비르 강과 가까운 곳에 건설하기 시작하였다고 해요. 848년, 975년, 987년 세 번에 걸쳐 확장이 이루어지는데 그 결과 남북 175미터, 동서 135미터의 신자 2만5,000명을 수용할 수 있는 대규모 사원이 만들어집니다.

메스키타는 사원과 중정 그리고 첨탑인 미나렛으로 구성되었어요. 중정은 5개의 분수와 함께 올리브 나무, 오렌지 나무, 사이플러스[12], 종려나무로 장식되었죠. 원래는 서고트인이 빈센트 성인을 기리기 위해 세웠던 교회 자리인데, 문헌에 따르면 이곳은 다른 종교인들의 기도 장소로도 자주 사용되어서 로마 신전, 유대 신전뿐 아니라 그 이전의 켈트 신전도 존재하였다고 해요."

"한국의 풍수지리로 보면 종교적으로 아주 좋은 터이거나 아주 센 기가 흐르는 곳인 것 같네요."

메스키타에 도착하니 매표소에는 이미 많은 사람들이 줄을 서

코르도바 작은 꽃길

있었다. 엘레나와 나도 표를 끊기 위해 줄 맨 뒤로 가서 섰다. 정문 옆으로는 16세기에 세워진 것으로 보이는 거대한 종탑과 무데하르식 흰색 아치가 회랑으로 연결되어 있었다. 짙은 이슬람 문화가 느껴졌다. 안으로 들어가자 그곳에도 많은 관광객이 있었다. 엘레나는 메스키타에 관한 이야기를 계속해서 들려주었다.

"1236년 성 페르난도 3세에 의해 코르도바가 함락되었을 때 메스키타는 '산타 마리아 마드레 데 디오스Santa Maria Madre de Dios'라는 기독교 대성당으로 바뀌게 돼요. 현재의 건물은 레콘키스타 이후 카를로스 5세가 16세기부터 대성당을 대대적으로 개조한 거고요. 원래 모스크[13]는 안이 밝았다고 해요. 지금은 빛이 약하게 들어와 어두운데, 코르도바를 재정복한 가톨릭교도가 입구를 종려나무의 문만 남기고 모두 막았기 때문이에요."

사원 안의 모습은 마치 새로운 세계에 온 느낌이었다.

"신자들은 북쪽에 있는 용서의 문Puerta del perdón을 지나 오렌지 안뜰Patio de los Naranjos로 들어가 분수대에서 발을 씻고, 안으로 들어갔어요. 하지만 현재는 수세 의식을 하지 않아요. 들어오는 입구인 종려나무의 문Puerta de las palmas에서부터 사원의 핵심인 미라브Mihrab까지를 보면 전에는 좌우 대칭이었지만 지금은 약간 오른쪽으로 치우쳐 있어요."

"미라브는 메카를 향한 표식 아닌가요? 기도하는 방향을 알려주는 거죠?"

"맞아요. 메카를 향해 기도하는 방향을 알려주는 거예요. 가까이 가서 한번 볼까요?"

미라브에는 많은 관광객이 몰려 있었다. 주위에는 펜스가 쳐져 있었다. 모자이크로 치장되어 화려함과 정교함의 극치를 보여주는 것이 세계에서 가장 아름답기로 유명한 이유를 충분히 알 수 있었다. 이슬람에서는 우상 설치를 금하기 때문에 벽에 적힌 코란 구절 외에는 아무것도 없었다.

엘레나와 나는 천천히 메스키타 사원을 둘러보았다.

코르도바 메스키타의 미라브

"얼핏 보면 아치는 적색과 백색으로 구분하여 칠한 것처럼 보이지만, 사실은 흰색 돌과 쐐기 구실을 하는 붉은 벽돌을 교대로 조합했어요. 메스키타 사원은 다른 회교 사원과 마찬가지로 '키브라[14]'라고 하는 벽의 축조부터 시작하죠. 건물의 문은 12개, 그리고 11개의 예배당으로 구분되어 있어요. 대리석 기둥은 코린트 양식, 콤퍼지트 양식Composite order[15] 등이 혼합되어 있어요. 그런데 재미있는 것은 9.3미터의 천장을 지탱하기 위해 2단 형식의 아치를 사용했다고

적과 백의 벽돌이 교대로 조합된 메스키타 사원

해요. 사실 이러한 2단 형식의 아치는 이슬람 양식에서는 보기 드문 것이거든요. 그리고 이 사원에는 856개의 기둥이 있는데 대리석, 화강암 등을 사용해 만들었다고 해요. 중앙 천장을 보세요. 카를로스 5세는 시민들의 반대를 무릅쓰고 이 사원의 중앙을 떼어내고 성당을 건설해요. 문 좌우 방과 제단 뒤쪽은 고딕 양식이고, 주위를 둘러싼 둥근 천장은 로마네스크 양식이죠. 그리고 성가대석과 설교단은 바로크 양식입니다."

주변을 둘러보니 혼자서 구경하는 사람, 가이드의 설명을 듣는 사람 등 다양했다. 메스키타는 문헌에 따르면 200여 개의 다른 모양과 크기의 램프로 밝혀졌는데, 램프는 구리, 황동, 은으로 만들어졌다는 가이드의 설명이 얼핏 들렸다.

엘레나와 나는 오렌지 나무가 있는 정원으로 나와 알카사르와 로마교로 가기로 하였다. 화창한 날씨가 여행을 더욱 즐겁게 하였다. 전반적으로 아주 좋았다. 밖으로 나오며 엘레나는 나에게 이야기하였다.

"코르도바는 현재보다 과거에 더 대단했던 도시라는 생각이 들어요. 당시 상류층 계급이 5만 가구, 서민이 10만 가구, 교육 기관이 17개, 도서관이 70개, 상점이 8만 개, 병원이 50개 정도 있었다고 하거든요. 규모 면에서는 현재의 코르도바 못지않았어요."

성당과 마찬가지로 알카사르는 강에서 멀지 않은 곳에 위치해 있었다. 코르도바의 알카사르는 1328년 알폰소 11세에 의해 칼리프 궁전을 개조해서 만든 가톨릭 궁전으로 이단자를 심문하는 종교 재판소로도 사용되었던 곳이기도 하다.

알카사르의 정원은 세비야의 알함브라의 것과 비슷한 구조였다. 어느 곳이든 물이 있었고 분수대가 있었다. 엘레나가 이야기하였다.

"이 궁전은 기독교 영향 아래서 공사가 시작되었죠. 직사각형 구조로 넓이는 4,100제곱미터라고 해요. 몇 개의 로마 유적과 3세기에 만들어진 대리석 숲, 안달루시아적인 아랍 정원이 인상이죠."

알카사르 정원

우리는 천천히 정원을 걸었다.

정원에 이어 성벽을 둘러보았다. 이곳의 성벽은 방어 목적으로 만든 것 같아 보이지 않았다. 다른 지역처럼 높은 곳에 위치해 있는 것도 아니고, 지금은 흔적이 없어진 건지 아니면 원래 없는 건지 모르지만 성벽 주위에 해자[16]처럼 보이는 것은 없었다.

"직사각형의 알카사르는 성벽으로 완전히 둘러싸여 있어요. 4개의 모서리를 보세요." 하고 엘레나는 손으로 방향을 가리키며 나에게 말하였다.

"4개의 모서리 부분에는 각각 탑들이 들어서 있었어요. 이 4개 중 하나만 복원된 것이고 나머지는 원형이에요."

"4개 중 어느 것이 원형인가요?"

"메인 타워는 북동쪽에 위치해 있는데 '오메나헤 타워'라고 해요. 북서쪽에는 '레오네스 타워', 남동쪽에는 '팔로마 타워', 그리고 북서쪽의 레오네스 타워 앞에 있는 '인키시시온 타워'. 그중에 복원된 타워는 팔로마 타워예요."

엘레나가 이번에는 구시가지 전체를 볼 수 있는 로마교Puento Romano로 가자며 안내했다. 로마교에 도착하니 과다르키비르 강이 아래로 흐르고 있었다. 구시가지 건너편에는 칼라오라의 탑Torre de la Calahorra이 보였는데 엘레나는 건너편에서 보는 구시가지의 풍경이 볼 만하다며 건너가보자고 하였다.

"이 로마교는 아주 오랫동안 남쪽에서 이곳 코르도바로 들어오는 유일한 길이었어요. 사실 로마 시대에 만들어졌지만 수차례에 걸쳐 리모델링을 했죠. 아치 17개, 길이 331미터로 구성되어 있어요. 건너편에 있는 칼라오라의 탑은 현재 로저 가르디 박물관으로 사용되고 있는데, 어찌 보면 당시 이곳이 얼마나 학문적으로나 문화적으로 잘 보전되었는지를 보여주고 있어요. 당시 이곳을 지배했던 3개의 문화인 이슬람, 기독교, 유대교의 지적 성취를 보여주는 곳이기도 하고요."

다리 남단 끝까지 걸어온 우리는 반대편 북쪽의 구시가지를 바라보았다. 풍경이 무척 아름다웠다. 해가 지고 어두워지면 구시가지는 또 다른 풍경을 발산할 것 같았다.

이곳저곳 열심히 다니다 보니 어느덧 저녁 시간이 되었다. 엘레

로마교에서 본 코르도바 구시가지

나와 나는 맛있는 식사를 하기로 하였다. 우선은 호텔 방향으로 걸어가면서 마음에 드는 식당을 찾아보기로 했다. 우리는 메스키타를 지나 세르반테스도 걸었다고 하는 포트로 광장Plaza del Potro으로 향했다.

"포트로 광장은 『돈키호테』에 등장하는 포트로 여관이 있는 곳이에요. 세르반테스도 이곳에 머물렀다고 하죠. 주위에는 베야스 아르떼스 미술관Museo de Bellas Artes이 있는데, 시간이 늦어 미술관은 갈 수 없겠네요."

가는 길에 보이는 식당에 들어가 이곳 안달루시아 지방의 꼬치 음식인 핀치토스Pinchitos와 함께 엘레나는 와인, 나는 맥주를 주문했다. 핀치토스는 작은 고기 조각들을 꼬치에 꿰어 화로에 구워내는 음식으로 모로코의 영향을 받았다고 한다.

하루의 마무리를 맛있는 음식과 맥주로 해서인지 오늘 하루도 알차게 보냈다는 생각이 들었다. 여행의 반이 지났다. 앞으로 남은 스페인 여행을 위해 오늘 밤은 다른 때보다 편안한 밤이었으면 한다.

주

1 **하몽(Jamón)_** 돼지 뒷다리를 소금에 절여 오랫동안 말린 음식

2 **과달키브르 강_** 길이 657킬로미터의 스페인 안달루시아 지방을 흐르는 강. 로마 시대의 명칭은 바에티스 강, 현재 이름은 아랍어에서 유래하였고 '큰 강'이라는 의미이다.

3 **로페 데 베가(Lope de Vega)_** 1562~1635. 스페인의 셰익스피어라 칭송받았고, 최초로 극작을 전업으로 한 스페인의 극작가

4 **라가르토_** 악어

5 **세비야의 이발사(Barbiere di Siviglia)_** 조아키노 로시니(1792-1868)가 작곡한 오페라. 이 소재로 오페라를 만든 작곡가는 모두 열 명이 넘는다.

6 **마리아 루이사 공원(Parque de Maria Luisa)_** 1893년에 조성된 공원으로 1913~1929년에 걸쳐 이베로 아메리카 엑스포로 사용하기 위해 개축하였다.

7 **레오비힐도 왕_** 573~586. 이베리아 반도에서 미점령 지역을 정복하였고, 반도인과의 결혼 금지령도 폐지하였다. 정치적·사회적 통합을 이룩해 왕국의 면모를 높였다.

8 **우마이야 왕조_** 압드아르-라흐만 1세부터 아미르를 자칭했던 시기(756~929)와 압드아르-라흐만 3세부터 칼리프를 자칭했던 시기(929~1031)로 나뉜다.

9 **사라센_** 중세 시대 때 유럽인이 서아시아의 이슬람교도를 부르던 호칭

10 **마드라사_** 지방의 중심 도시에 설치된 근대 이전의 학교로 지금의 고등 교육 기관에 해당한다.

11 **시나고가(Sinagoga)_** 유대인 교회당

12 **사이플러스_** 침엽교목으로 관상용 목재용으로 사용되며, 온화한 기후와 아열대에 퍼져 있다.

13 **모스크_** 이슬람교의 예배당

14 **키브라_** 성스러움을 상징하며, 마호메트가 태어난 성지 메카를 향해 미라브 뒷면에 쌓은 벽

15 **콤퍼지트 양식(Composite order)_** 로마 건축 양식의 하나로, 이오니아 양식과 코린트 양식의 복합양식이다. 잎의 꾸밈과 소용돌이 무늬를 복잡하게 조합하여 만든 주두와 섬세한 부조로 꾸민 처마가 특징이다.

16 **해자_** 적의 침입을 막기 위해 성 밖을 둘러 파서 못으로 만든 곳

TIP

달콤한 문화, 시에스타

시에스타(Siesta)는 스페인, 그리스, 이탈리아 등 지중해 연안 국가와 라틴 문화권 나라에서 시행되고 있는 낮잠 풍습이다. 이 용어는 동틀 무렵부터 정오까지의 시간인 6시간이 지나 잠시 휴식을 취한다는 의미에서 붙여진 라틴어 'hora sexra'에서 유래하였으며, '여섯 번째 시간'이라는 뜻이다. 한낮의 높은 기온과 점심 식사 후 식곤증으로 일의 능률이 떨어질 때 2~4시간 정도 낮잠을 자거나 휴식을 취한 후 다시 일을 시작하는 문화로 상점뿐 아니라 관공서 등에서도 시행된다. 시에스타 시간은 나라마다 조금씩 차이가 있는데, 보통 스페인에서는 오후 1~4시, 그리스는 오후 2~4시, 이탈리아에서는 오후 1~3시 30분에 시행되기 때문에 이 시간을 고려해 쇼핑이나 식사 시간을 정하는 것이 좋다. 한 예로 바르셀로나에 있는 구엘 공원에서는 시에스타 중에는 음료수도 구할 수 없을 정도이다. 이 외에도 아르헨티나 북부, 칠레, 베트남, 몰타, 중국, 인도, 필리핀 등 의외로 많은 국가에 이와 비슷한 문화가 있다.

냉방 시설이 없던 시절의 관습인 만큼 생산성 등을 감안해 없애자는 시에스타 폐지론 나오고 있지만 스페인을 비롯한 많은 나라에서는 여전히 하루에 한 번 시에스타로 달콤한 충전을 하고 있다.

존 싱어 사전트의(John Singer Sargent)의 〈Siesta〉

DAY 7

중세 스페인의 수도 **톨레도,**
성채 도시 **아빌라**

중세 시대의 모습을 그대로 간직해 도시 전체가 유네스코 세계문화유산으로 지정된 톨레도. 〈오르가스 백작의 장례식〉으로 유명한 화가 엘 그레코, 스페인 가톨릭의 총 본산 톨레도 대성당 등을 볼 수 있는 곳이다.

해발 1,131미터에 위치한 아빌라는 스페인 영토를 지키기 위해 11세기에 만들어진 성채 도시이다. 유럽에서 가장 보존이 잘되어 있다는 중세의 성벽으로 둘러싸인 구시가지는 아직까지 중세 시대의 아름다움을 간직하고 있다.

톨레도의 구시가지 모습

라 콘비벤시아의 도시, 톨레도

스페인 중남부 카스티야 라 만차 지방에 있는 주이다. 북쪽으로는 마드리드 주와 아빌라 주, 동쪽으로는 쿠엥카, 서쪽으로는 카세세르 주, 그리고 남쪽으로는 시우라드레알 주와 접하고 있다. 기원전 3세기 로마에게 정복된 후 톨레툼이라는 이름으로 불리다가 1085년 알폰소 6세에게 점령당한 후 가장 중요한 정치·사회적 중심지가 되었다. 공의회가 여러 차례 개최되었으며, 589년 열린 제3차 공의회에서 라카레드 왕이 그리스도교로 개종을 선언한 곳으로도 유명하다.

톨레도Toledo로 출발하기 위해 호텔 로비에서 엘레나를 만난 시간은 오전 7시 30분이다. 이곳에서 톨레도까지는 345킬로미터로 4시간 정도 소요된다. 엘레나는 늘 그렇듯이 나를 위한 코르타도, 본인을 위한 카페솔로 그리고 빵 2개를 준비해 왔다. 시간을 아끼기 위해 아침 식사 대용으로 가져온 것이다. 우리는 코르도바를 뒤로하고 톨레도를 향하여 출발하였다. 오늘은 내가 운전하기로 했다. 코르도바를 출발한 지 두어 시간 동안 라디오를 들으면서 가벼운 이야기를 주고받았다. 엘레나는 스페인 북부 여행도 기대된다는 이야기와 함께 톨레도에 관한 이야기를 시작하였다.

"톨레도는 우리가 출발한 코르도바에서는 4시간 정도 걸리지만, 마드리드에서는 남쪽으로 약 70킬로미터 떨어져 있는 스페인 중부 지방의 도시예요."

나는 본격적으로 이야기에 집중하기 위해 라디오 전원을 껐다.

"톨레도는 1986년, 도시 전체가 유네스코 세계문화유산으로 등재되었을 만큼 스페인의 문화적인 유적지예요. 기독교, 유대교, 이슬람교의 유적이 공존하는 장소이기도 하죠. 아주 오래전 톨레도는 서고트 왕국의 수도였어요. 그 후 이슬람인들이 이베리아 반도를 정복하면서 줄곧 수도 역할을 했죠."

"톨레도가 가장 황금기였던 시대는 언제인가요?"

"이슬람 시절 코르도바 칼리파의 지배에 있었을 때 최고의 황금기를 누렸어요. 라 콘비벤시아La Convivencia[1]로 알려져 있죠. 즉, 세 종교의 공존처였죠. 그러다가 1085년 5월 25일, 카스티야의 알폰소 6세가 톨레도의 지배권을 장악하는데 이것은 카스티야-레온 왕국의 통합을 향한 최초의 구체적인 발판이 됐어요."

톨레도의 이정표가 자주 보이기 시작하였다. 얼마 지나지 않으면 오늘의 목적지인 톨레도에 도착이다.

"5세기부터 16세기까지 30여 차례의 종교 회의가 톨레도에서 열렸습니다. 가장 초기는 스페인의 주교 프리실리안Priscillian[2]을 공박하기 위해서였고, 589년에는 서고트 왕국의 왕 렉카레드 1세King Reccared가 아리우스파[3]에서 개종을 선언하기도 했죠. 681년에는 톨레도의 대주교가 스페인의 최고 성직자로 선언되었고요."

"톨레도에서 유명한 것은 무엇인가요?"

"톨레도는 철제 생산, 특히 검을 만드는 것으로 유명해요. 도착해서 구시가지를 걷다 보면 기념품 가게마다 많은 칼과 철 제품을 판매하는 것을 보실 수 있어요. 그런데 1561년 펠리페 2세에 의해 궁정이 톨레도에서 마드리드로 옮겨집니다. 그러면서 톨레도는 잠시 동안이지만 이제껏 없었던 침체기를 겪기도 하죠."

엘레나와 나는 톨레도에 도착하면 3면이 타호Tajo 강[4]으로 둘러싸인, 중세 시대의 모습을 그대로 간직한 고도 톨레도에 먼저 가기로 하였다. 오늘은 날씨가 아주 좋아 멋진 사진도 찍을 수 있을 것 같았다.

드디어 톨레도에 도착하였다. 우선 톨레도 전체를 볼 수 있는 곳으로 차를 몰았다. 그곳에서 고도 톨레도를 배경으로 사진을 찍었다. 멀리 알카사르가 보였다.

사진을 찍고 나서 차를 성벽 바깥쪽에 주차시킨 뒤 구시가지로 향하였다. 우리를 처음 맞이해준 것은 북쪽에 보이는 육중한 비사그라 문Puerta Vieja de Bisagra이었다. 좌우의 성벽은 자동차가 출입할 수 있도록 제거되어 들어갈 때는 오른쪽, 나올 때는 왼쪽으로 다니게 되어 있었다. 길을 따라 계속 올라갔다. 중세의 문인 태양의 문Puerta del Sol을 지나 산타 크루즈 미술관 근처의 소코도베르 광장Plaza de Zocodover으로 향했다. 광장은 활기가 넘쳤다. 광장에는 빨간색의 관광열차 소코트렌Zocotren이 손님을 기다리고 있었다.

우리는 일단 이곳에서 점심 식사를 하기 위해 근처 레스토랑으로 들어갔다. 엘레나는 날씨가 좋으니 테라스에 앉자고 하였다. 종업원이 주문을 받으러 오자 목이 마르다며 엘레나는 맥주를 시켰고, 나는 탄산수를 시켰다. 그리고 라 만차La Mancha 지방의 요리인 피스토Pisto와 엠파나다Empanada[5]를 먹어보자며 주문했다.

"피스토는 어떤 음식이죠?"

"토마토, 양파, 가지나 쿠르젯courgette 6, 피망과 함께 올리브 오일을 넣어 만든 요리인데, 보통은 다른 요리나 달걀 프라이와 함께 빵을 곁들여 따뜻한 상태로 나와요. 엠파나다, 엠파나디야Empanadilla 7의 속을 채우는 데 쓰기도 하고요."

화창한 날씨에 맛있는 음식을 먹으며, 거리에 있는 여행객들을 보니, 인생은 한 권의 책이고, 여행은 그 책의 중요한 한 페이지를 넘기는 것과 같다는 말이 생각났다. 식사를 거의 끝내고 커피를 시켰다. 역시나 카페솔로와 코르타도로. 레스토랑을 나와 대성당으로 향했다.

대성당으로 가는 길에 엘레나는 어김없이 성당에 대해 설명해주었다.

"톨레도 대성당은 1226~1493년 사이에 지어졌는데, 로마의 부르주 대성당Bourges Cathedral 8을 모델로 삼았다고 해요. 또 무데하르의 건축 특징도 반영하였고요. 부르주 대성당이 위치하고 있는 부르주Bourges 지역은 고대 로마 도시인 아바리쿰Avaricum이 있던 곳인데, 현재는 프랑스에 속해 있어요."

우리는 다시 소코도베르 광장 남서쪽으로 뻗어 있는 번화가 코메르시오Comercio 거리에서 옴브레 데 팔로 거리로 향하였다. 거리를 따라 걸으며 엘레나는 이야기를 계속하였다.

"다른 이야기이지만 펠리페 2세와 알폰소 10세는 톨레도와 관련된 왕이에요. 펠리페 2세는 1561년에 톨레도에서 마드리드로 수도를 옮깁니다.

알폰소 10세는 스페인 역사를 공부할 때 많이 들어보셨을 거예요. 그는 바로 여기 톨레도에서 태어나 레온-카스티야 왕국의 왕이 되었죠. 학문을 사랑했던 왕으로, 어찌 보면 정치인보다 문화인으로서 뛰어났어요. 천문학, 법률 등 다양한 학술 서적을 남겼죠. 또 성모에게 바치는 423곡의 〈성모 마리아 송가집〉을 편찬하는 등 스페인 음악사에도 중요한 자취를 남겼어요."

그녀의 이야기를 들으면서 대성당을 쳐다보았는데, 높이 솟은 첨탑이 톨레도 어디서든지 보일 것 같았다. 엘레나는 다시 대성당에 관한 이야기를 이어나갔다.

톨레도 대성당

"고딕 양식의 웅장한 대성당은 페르난도 3세에 의해 1226년에 건설을 시작하여 1493년에 완성되었어요. 물론 그 후 여러 가지 이유로 증축과 개축을 거듭했지요. 톨레도에서는 5세기부터 8세기까지 열 번의 종교 회의가 개최되었는데 그 권위는 지금까지 이어지고 있어 스페인 가톨릭의 최고 본부가 위치해 있어요."

이런 이야기를 나누는 동안 톨레도 대성당 앞에 도착하였다. 엘레나는 성당 안으로 들어가면서 계속 이야기를 하였다.

"성당 내부는 길이 113미터, 너비 57미터, 22개의 예배실과 기념비를 겸한 5개의 문으로 구성되어 있어요."

우리는 성당 안을 천천히 걸어 본당으로 들어간 뒤 오른쪽에 있는 보물실Sala del Tesoro로 갔다. 엘레나는 손으로 무엇을 가리켰는데 바로 성체현 시대Custodia였다.

"전체가 금과 은으로 만들어졌는데 5,000개의 부품이 사용됐고 무게는 180kg이라고 해요. 그리고 저것을 보세요. 프랑스 왕 생 루이가 기증한 '황금의 성서'예요."

엘레나와 나는 보물실을 나와 성당 미술관으로 갔다. 이곳에는 엘 그레코El Greco, 안토니 반 다크Anthony Van Dvck[9], 프란시스코 고야Francisco Sosé de Goya y Lucientes[10], 피터 폴 루벤스Peter Paul Rubens[11]의 작품이 있었다.

작품을 둘러보고 나서 중앙 제단으로 갔다. 중앙 제단 뒤에는 나르시소 토메Narciso Tomé[12]의 작품인 〈트란스파렌테〉가 있는데, 대리석과 설화 석고로 제작한 놀라우리만치 화려한 제단이었다. 엘레나는 빛 때문에 천사나 성모상이 한층 아름답게 보인다고 말하였다.

이어 산토 토메 교회Iglesia de Santo Tomé로 발길을 향하였다. 그곳으로 가는 좁은 골목길에는 직접 손으로 빚은 빵을 파는 빵집들이 있었다. 유리창 너머로 보이는 빵과 케이크가 먹음직스러웠다. 갑자기 엘레나가 빵집으로 들어가더니 빵을 하나 사 가지고 나왔다. 수녀님들이 직접 운영하는 빵집이라고 하였다. 좁은 골목길을 나와 산토 토메 교회에 도착하였다. 주위에는 철로 만든 기념품을 파는 가게들이 많았다. 엘레나와 나는 교회 안으로 들어갔다. 안에는 관광객 한 팀이 가이드의 설명을 듣고 있었다. 그곳에는 엘 그레코El Greco의 〈오르가스 백작의 매장Entierro del Conde de Orgaz〉이 전시되어 있었는데 잠시 그림을 감상하고 밖으로 나왔다. 엘레나는 그림에 대해서도 설명해주었다.

"이 그림은 1586년에 엘 그레코가 그린 작품이에요. 상하 2단으로 구성되어 있는데, 하단의 그림은 가톨릭 성인 중 성 아우구스틴과 성 에스테반이 지상에 내려와 죽은 백작을 매장하고 있는 장면이에요. 재미있는 것은 그림 속의 인물들은 당시에 실제로 존재했던 사람들이라고 해요. 상단 그림은 구름 위의 예수와 성모 마리아에게 천사들이 백작의 혼을 바치는 장면이고요."

엘레나와 나는 엘 그레코의 집에 가보기로 하였다.

"엘 그레코는 1541년 그리스 크레타 섬에서 태어났어요. 서른 살이 훌쩍 넘은 1577년에 톨레도로 와서 40여 년 동안 종교화의 대가로서 작품 활동을 했고요. 근데 엘 그레코의 원래 뜻이 무엇인지

엘 그레코의 집

아세요?"

"그리스인이라는 뜻 아닌가요?"

"맞아요. 본명은 길고 어려운 이름이었죠. 18세기까지 주목을 받지 못하다가 19세기에 재평가가 이루어지면서 엘 그레코는 스페인 최고의 화가로 인정을 받아요."

이야기를 주고받는 동안 엘 그레코의 집에 도착하였다. 이곳에서도 많은 관광객들이 사진을 찍고 있었다.

"사실 이 집은 실제로 엘 그레코가 거처했던 곳은 아니에요. 1906년 스페인 국립 관광국장이 엘 그레코가 살던 집 부근의 폐가를 사들여 1911년에 개관한 거예요. 그림은 2층에 전시되어 있어요. 그의 그림 〈십자가의 그리스도〉, 〈12사도 시리즈〉, 〈톨레도의

엘 그레코의 〈십자가의 그리스도〉

엘 그레코의 〈십자가를 지고 가는 예수〉

산 마르틴 다리

경관과 지도〉 등을 볼 수 있어요."

엘레나와 나는 산 마르틴 다리Puente de San Martin로 향하였다. 강을 따라 차가 주차되어 있는 곳으로 걸었다. 엘레나는 걸으면서 알카사르에 관하여 이야기하였다.

"알카사르는 톨레도 언덕 중에서 가장 높은 곳에 건축된 사각형의 견고한 성채예요. 이미 3세기 로마 시대 때 성이 있었다고 하는데 현재 모양에 가까워진 것은 알폰소 10세 때이고, 현재의 것은 16세기 카를로스 5세 때 완성되었어요. 그 후 몇 차례 전화와 재건이 반복되었는데, 1936년 스페인 내전의 흔적은 아직도 남아 있어요."

엘레나와 나는 타호 강을 따라 걸었다. 천천히 차가 있는 곳으로 걸어가 아빌라Avila로 향했다.

스페인을 지키기 위해 만들어진 도시, 아빌라

로마 시대 이전부터 사람들이 정착하여 살았던 도시로 로마 시대에는 아불라 또는 아벨라라는 이름으로 불렸다. 해발 1,132미터에 위치해 있으며, 남쪽으로는 그레도스 산맥, 동쪽으로는 과다마라 산맥에 둘러싸여 있다.

아빌라Avila는 톨레도에서 134킬로미터 거리이고, 국토를 타고 가야 하기 때문에 2시간 반 정도 소요된다. 엘레나와 나는 호텔을 구시가지에 예약을 하였다. 아빌라는 남쪽에 그레도스 산맥이 있어 겨울에는 춥다고 한다.

"아빌라는 만들어진 목적부터가 다른 도시하고는 달라요. 스페인 영토를 지키기 위해 11세기에 만들어진 성채 도시예요. 톨레도 회복 직후에 시행된 카스티야 왕국의 도시 재건 정책의 결과로 탄생한 요새 도시죠. 성지와 물의 도시라고 불리기도 하고요. 정식 명칭은 아빌라 데 로스 카바예로스Avila de Los Caballeros예요. 수도 마드리드 북서쪽 87km 지점에 있는데, 로마에 의해 건설되었으며 지금도 로마식 성벽이 도시를 둘러싸고 있어요."

엘레나는 물을 한 모금 마신 뒤 자동차 의자를 뒤로 쭉 빼더니 다리를 폈다. 그리고 이야기를 계속해나갔다.

“이 도시는 성녀 테레사의 출생지이기도 해요. 도시 전체에서 중세의 엄격함이 느껴지죠. 성벽 밖으로는 아다하Rio Adaja 강이 흐르고 있어요. 82개의 반원형 탑과 9개의 성문을 갖추고 있고, 아빌라의 성곽을 한눈에 다 볼 수 있는 ‘콰트로 포스테스Los cuatro postes’, 4개의 기둥이라고 불리는 곳이 유명해요.”

국도를 따라 달려 드디어 아빌라에 도착하였다. 우리는 아빌라 성에 들어가기 전 콰트로 포스테스에서 성곽 전체가 나오도록 사진

콰트로 포스테스

을 찍었다.

다시 차를 타고 성벽 안으로 올라가면서 엘레나는 아빌라에 대해 계속해서 이야기하였다.

"이곳은 성녀 테레사Saint Teresa of Ávila, 1515~1582와 성자 존Saint John of the Cross, 1542~1591이 태어난 곳이에요. 보시다시피 아빌라는 1,117미터의 지대가 좀 높은 곳에 자리 잡고 있는데, 11세기에 무어인들로부터 에스파냐 영토를 보호하기 위해 접근이 쉽지 않은 높은 곳에 지었

아빌라 성곽

어요. 특히 카스티야의 국왕 알폰소 6세의 사위인 레몽 드 부르고뉴가 11세기 말에 갈색 화강암으로 건축한 중세의 성벽은 직사각형의 기본 구조로 최대 너비 3미터, 평균 높이 12미터 그리고 90개의 탑을 갖춘 규모예요."

아빌라 안으로 들어온 엘레나와 나는 호텔 체크인을 하고 밖으로 나왔다. 제일 먼저 호텔에서 가까운 대성당으로 갔다. 아빌라 대성당은 1070년 알바 가르시아Alvar Garcia의 설계로 착공했고, 로마네스

아빌라 대성당

크와 고딕의 과도기적인 후기 양식으로 만들어졌다고 한다.

"이 대성당도 도시를 방어할 목적으로 만들어진 거예요. 그래서 장식을 최소화하였고 창도 작게 만들었죠. 하지만 안에는 많은 조각품과 회화들이 보존되어 있습니다."

엘레나와 나는 성당 안으로 들어가려고 했지만 문이 닫혀 있었다. 아빌라 대성당을 뒤로하고 산타 테레사 수도원Convento de Santa Teresa으로 향하였다. 성녀 테레사의 생가가 있던 곳에 세워진 수도원으로

아빌라 알카사르 정문

산 페드로 성당

성벽 안 남쪽에 위치하였다. 엘레나와 나는 수도원을 빠르게 보고 나와 알카사르 정문이 있는 곳으로 왔다.

산타 테레사 광장에 있는 산 페드로 대성당을 둘러보고, 듀케 데 알바Duque de Alba 거리를 따라 산 호세 수도원으로 향하였다.

"산 호세 수도원은 성벽 밖에 있는 수도원으로 테레사 수녀가 스페인에 세운 16개의 수도원 중 제일 처음 세워진 곳이에요."

엘레나와 나는 천천히 갔던 길을 따라 산타 테레사 광장으로 돌아왔다. 엘레나는 돌아오면서 간단하게 이 지역에 있는 다른 성당에 관한 이야기도 덧붙였다.

"산 비센테San Vicente, 산 페드로San Pedro, 산 세군도San Segundo 성당도 있는데, 12세기에 로마네스크 양식으로 세워졌습니다."

산 호세 수도원을 마지막으로 오늘의 여행 일정을 모두 마쳤다. 예정보다 일찍 마쳐 저녁 식사는 여유롭게 하기로 했다. 와인도 한잔하면서 말이다. 그녀는 항상 즐거운 표정이었다. 역사와 문화에 관해 해박한 지식을 가졌을 뿐 아니라 아주 명랑하고 밝은 여자이다.

내일은 세고비아와 살라망카로 이동한다. 길을 따라가고 있다. 땅 위에 있는 길, 삶 속에 있는 길을 따라가고 있다.

주

1 **라 콘비벤시아(La Convivencia)_** 공존이라는 의미이며, 서기 711년부터 1492년까지 유대인, 무슬림, 기독교인들이 스페인에서 평화롭게 공존한 시기를 말한다.

2 **프리실리안(Priscillian)_** 4세기에 이단자로 몰려 처형당한 스페인의 주교

3 **아리우스파_** 성자는 모든 피조물과 같이 창조되었다고 주장하며 신성을 무시한 파

4 **타호(Tajo) 강_** 길이 1,038킬로미터로 이베리아 반도에서 제일 긴 강

5 **엠파나다(Empanada)_** 빵 반죽 안에 다양한 속 재료를 넣고 반죽을 반으로 접어 굽거나 튀긴 스페인의 전통 요리로 모양은 만두, 도넛과 비슷하다.

6 **쿠르젯(courgette)_** 페퍼 호박의 품종 중 하나

7 **엠파나디야(Empanadilla)_** 엠파나다의 작은 크기

8 **부르주 대성당(Bourges Cathedral)_** 1195년 건립을 시작하여 1324년에 완공되었으며, 최초의 그리스도교 순교자인 성 스테반에게 헌정되었다. 너비 15m, 길이 118m의 본당 회중석을 갖춘 오랑식(伍廊式) 성당으로 독특한 고딕 양식 건물이다.

9 **안토니 반 다크(Anthony Van Dvck)_** 1599~1641. 플랑드르 바로크 미술을 대표하는 화가

10 **프란시스코 고야(Franciso Sosé de Goya y Lucientes)_** 1746~1828. 18세기 후반부터 19세기 초 스페인 미술을 대표하는 화가

11 **피터 폴 루벤스(Peter Paul Rubens)_** 1577~1640. 플랑드르 바로크 미술 제일의 화가

12 **나르시소 토메(Narciso Tomé)_** 1721~1732. 18세기 전반에 활약한 스페인의 건축가, 조각가, 화가

TIP

스페인에서의 특별한 경험, 파라도르

스페인 전역의 고성, 궁전, 귀족의 저택 등 역사적 가치가 있는 건축물을 호텔로 개조해 정부에서 운영하는 파라도르(Parador)는 중세 유럽의 분위기를 고스란히 느낄 수 있는 곳이다.
1928년 스페인 국왕 알폰소 13세가 그라나다에 처음 세우기 시작했으며, 현재 93개의 파라도르 호텔이 운영되고 있다. 왕과 귀족들이 거주하던 웅장하고 화려한 성이나 역사적인 의미를 담고 있는 수도원 등의 유서 깊은 건물을 개조했거나 거대한 협곡, 호수, 강, 바다의 전망을 자랑하는 곳에 자리 잡고 있기 때문에 그 자체만으로도 스페인의 진정한 매력을 느낄 수 있는 곳이라고 할 수 있다. 한국의 전통 분위기를 느끼고 싶은 여행객들이 한옥마을을 방문하거나 한옥 숙박 시설에 투숙하듯이 스페인의 전통 매력을 느끼고 싶다면 파라도르에 방문하는 것을 추천한다.
파라도르 중에서도 최고의 인기를 누리고 있는 곳은 중심가에서 약 4km 떨어진 언덕 위에 위치한 톨레도에 있는 파라도르이다. 카스티야 지방 특유의 별장식 건물을 개조해 절제된 고풍스러운 느낌을 주는 이곳에서는 톨레도 대성당, 알카사르를 비롯한 구시가지를 한눈에 조망할 수 있다. 꼭 투숙을 하지 않더라도 파라도르의 테라스만큼 멋진 풍경을 선사하는 전망대는 드무니 꼭 방문해보길 추천한다.

톨레도 파라도르에서 바라본 구시가지 전경

DAY 8

독특하고 다양한 볼거리,
세고비아·살라망카

Segovia
Salamanca

세고비아는 로마교의 수도교, 고딕 양식의 대성당과 카스티야 지방의 전통 음식인 코치니요 아사도가 유명한 도시로 로마 시대 수도관이 있어 독특한 도시 이미지를 형성하고 있다.
스페인에서 오래된 대학 도시인 살라망카는 스페인의 젊음을 느낄 수 있으며, 살라망카의 마요르 광장은 스페인에서 최고로 꼽히는 광장이다.

살라망카 마요르 광장

카스티야 왕국의 수도, 세고비아

마드리드 북서쪽 과다라마 산맥의 해발 1,000미터 지점에 위치해 있다. 기원전 700년 무렵부터 이베리아인이 거주하였고, 기원전 1세기 말에 로마의 식민지가 되었다. 8세기 초 이슬람인에 의해 점령당하였으나 11세기에 알폰소 6세에 의해 탈환되었다. 카스티야 왕국의 알폰소 10세는 이곳을 수도로 정하였다.

아빌라에서 세고비아Segovia까지는 70킬로미터 정도로 1시간 정도 소요된다. 오늘은 조금 여유를 가지고 출발하기로 하였다. 엘레나는 이동 중에 오늘의 목적지인 세고비아에 대해 이야기를 해주었다.

“세고비아는 수도 마드리드를 중심으로 북서쪽 92킬로미터 지점에 있는 과다라마 산맥 해발 1,000미터 지점에 있는 도시예요. 이곳의 기본적인 역사를 살펴보면 기원전 700년 무렵부터 이베리아인이 거주했어요. 기원전 1세기 말에는 로마의 식민지가 되었고요. 오늘 우리가 볼 것 중에도 이들의 흔적이 있는데, 바로 수도교입니다. 카스티야 왕국 알폰소 10세는 이곳을 수도로 정하게 되죠.”

차가 국도로 들어서자 꼬불꼬불한 능선을 따라가는 것이 아주 재미있었다. 스페인을 자동차로 여행한다면 국도를 이용할 것을 추천한다. 분명 새로운 느낌의 여행이 될 것이다. 엘레나는 다시 말을 이었다.

"이곳 세고비아는 아주 오래전 중세 때 양모 공업이 번창하였어요. 현재는 농업을 중심으로 도자기와 직물 제조가 주요 산업입니다. 물론 도시 곳곳에 로마인이 세운 수도교와 성채 알카사르, 대성당 등 고대와 중세의 건축물이 많이 남아있어 관광 산업도 활발하고요. 어제 다녀온 톨레도가 도시적인 느낌이라면, 세고비아는 소박한 느낌이 드는 곳이에요."

이러저러한 이야기를 하다 보니 아소게호 광장Plaza del Azoguejo 근처에 도착했다. 차를 주차하고 가장 가까운 수도교Acueducto Romano를 보기로 하였다. 수도교는 이곳에 남아있는 로마 시대의 유적지로 길이 728미터, 높이 30미터의 이단 아치 형태로 되어 있었다.

"이 수도교의 특징이 뭔지 아세요?" 하고 엘레나가 물었다. 나는 일반적인 수도교가 가지는 의미 말고는 모른다고 하였다.

"이 수도교만 봐도 당시 스페인의 건축과 토목 기술이 얼마나 발전되었는지 알 수 있죠. 돌과 돌 사이에 접착제를 사용하지 않고 돌 모양대로 완벽히 맞춰 압력만으로 틀을 유지하고 있는 것을 확인할 수 있어요. 확실한 축조 연도는 알 수 없지만 1세기 후반에서 2세기 초로 추측해요. 728미터에 이르는 길이 중 높이가 가장 높은 곳은 아소게호 광장 부근으로 30미터에 달하죠. 이 다리에 있는 아치의 수는 167개인데, 그중 36개는 11세기 후반에 톨레도의 아랍 왕이었던 알마문에 의해 파괴되었어요. 이 수도교는 1884년까지 세고비아 시내에 물을 공급하였고, 1928년부터 지금까지 간접적으로

물을 공급하고 있어요."

수도교를 지나 아소게호 광장에 도착하자 역시나 많은 사람들이 있었다. 엘레나와 나는 마요르 광장으로 천천히 걸었다. 스페인 어느 곳에 가더라도 마요르 광장이 항상 도시 중심에 있었다. 이곳 광장에도 대성당이 있었다. 세고비아 대성당은 톨레도의 성당과는 전혀 다른 외관을 하고 있었다. 둘 다 웅장하다는 공통점이 있으면서도 톨레도 대성당은 기다란 외형, 화려한 정면과 솟구치는 강렬한

세고비아 수도교

남성미가 넘치는 반면, 세고비아 대성당은 약간 단조로운 느낌으로 시골스런 편안함과 여성스러운 느낌을 주었다.

엘레나와 나는 벤치에 앉아 주위를 둘러보며 한가로움을 즐겼다. 성당 앞 광장에는 많은 사람들이 오갔다. 스페인 사람들은 대부분 스스로가 가톨릭교도라고 생각한다고 한다. 다른 대성당들도 그러하였지만 이곳 세고비아 대성당도 예전 카스티야 왕국의 수도로서 이교도를 몰아내고 가톨릭 국가임을 보여주는 과거의 흔적을 가득

세고비아 대성당

담고 있었다. 이러한 것을 보면 스페인 사람들과 가톨릭의 관계는 생각보다 깊다는 생각이 들었다.

"이 대성당은 에스파냐 후기 고딕 양식의 건축물이에요. '대성당 중의 귀부인'이라는 별명으로도 불리죠. 1525년에 착공해 1768년에 완성되었어요. 1614년에 탑이 벼락을 맞아 수리하는 바람에 원래보다 12미터 낮아졌다고 해요. 건물 규모는 가로 50미터, 세로 10미터예요."

엘레나는 공원 벤치에서 일어나며 이야기하였다.

"세고비아인이 꼽는 세 가지 자랑거리가 있는데요, 첫 번째는 수도교이고, 두 번째는 대성당이 아니라 스페인 요리로 잘 알려진 코치니요Cochinillo예요."

"코치니요가 뭐죠?"

"태어난 지 2~3주 정도 되는 새끼 돼지로 만드는 스페인 전통 요리입니다. 이것에 관한 재미있는 이야기가 있어요. 옛날 스페인에 쳐들어온 아랍인들이 종교적인 이유로 돼지고기를 못 먹는 것에 착안해 그들을 세고비아에서 쫓아내기 위해 모든 식당에서 오직 돼지고기만 구워서 팔았다고 해요. 현재는 스페인 사람뿐만 아니라 외국인들에게도 유명한 요리가 되었지요."

엘레나와 나는 10여 분 정도 걸어 알카사르로 갔다.

"이 성은 스페인을 최고의 전성기로 이끌었던 16세기의 펠리페 2세가 결혼을 한 곳이에요."

성 입구에서 보는 전망이 시원스럽게 느껴졌다. 다른 곳의 알카사르보다 규모는 크지 않았다. 탁 트인 드넓은 평원 그리고 황토색의 성은 절벽 위에 위치해 있었다.

"이곳은 백설공주 성의 모델이 되기도 하였어요." 하고 엘레나는 말하였다. 엘레나의 말을 듣고 다시 보니, 애니메이션에서 봤던 성의 모습과 매우 비슷했다. 성을 한 번 둘러보고 나오면서 정문 옆에 있는 탑에 올라가보기로 하였다. 성 내부의 각 방에는 오래된 가구나 투구, 갑옷 등이 전시되어 있어 천천히 둘러보며 전망대까지 올라갔다. 탑의 전망대에서 바라보는 풍경은 시원스러웠다. 세고비아가 한눈에 들어왔다.

"이곳의 알카사르는 전략적인 위치 때문에 파수를 보는 요새가

세고비아 알카사르

있었던 곳이라고 합니다. 그러다가 14세기 중엽에 성이 건설되고 그 이후 스페인의 왕들에 의해 증·개축되어 일부는 감옥으로 사용되기도 했어요. 19세기 중반이 지나면서 1862년 화재에 의해 소실되었다가 1882년 재건축을 시작하여 1940년에 다시 완성됐죠."

엘레나와 나는 스페인 최초의 대학 도시라고 불리는 살라망카로 이동하여 그곳에서 점심 식사를 하기로 하였다.

스페인에서 가장 오래된 대학 도시, 살라망카

살라망카는 살라마아 주의 주도로 토르메스 강 주변 778미터 지대에 위치해 있다. 스페인에서 가장 유서 깊은 도시 중 하나로, 마드리드 북서쪽에 있는 오래된 대학 도시이다. 스페인 최초의 대학이며, 유럽에서 가장 오래된 대학 중 하나인 살라망카 대학이 있다.

세고비아에서 살라망카Salamanca까지는 약 170킬로미터 거리로 2시간 정도 소요된다. 차는 고속도로를 타고 미끄러지듯 달렸다. 엘레나는 배가 고팠는지 살라망카에 도착하면 바로 체크인을 하고 식사부터 하자고 하였다. 넓은 평야가 시야를 보다 넓게 만들었다.

"살라망카는 마드리드의 북서쪽 180킬로미터, 바야돌리드의 북동쪽 70킬로미터 지점에 위치하고 있어요. 무엇보다 살라망카는 마드리드 북서쪽에 있는 오래된 대학 도시예요. 스페인 최초의 대학, 서양에서는 네 번째로 오래된 대학이며, 교황 알렉산더 4세가 인정한 최초의 대학인 살라망카 대학이 있습니다. 살라망카 대학의 신학교는 12세기 후반부터 존재하였어요. 13세기에는 수도회 대학으로 바뀌고, 1243년에는 페르디난드 3세로부터 왕실의 지위를 부여받습니다."

여기까지 이야기한 엘레나는 갑자기 나를 바라보며 물었다.

"이 대학의 모델이 무엇인지 아세요?"

내가 고개를 갸우뚱하자 그녀는 설명을 이어나갔다.

"이 대학의 모델은 현재 이탈리아 북부에 있는 볼로냐 대학이에요. 앞으로 70년 정도 지나면 1,000년이 된다고 하는데, 볼로냐 대학의 대학 공동체를 기초 삼았다고 해요. 살라망카의 큰 건물은 교회 아니면 대학이라고 이야기할 정도예요. 이곳의 건물들은 붉은 사암을 사용하여 지었기 때문에 붉은 색조를 띠고 있고, 구시가지는 1988년에 세계문화유산으로 등재되었죠."

엘레나는 라디오에서 떠들어대는 소리가 싫었는지 채널을 돌렸다. 채널을 돌리자 익숙한 노래가 흘러나왔다. 엘레나는 이 노래를 아느냐고 내게 물었다.

"음, 에레스 투Eres tu 아닌가요?"

"맞아요. 그럼 누가 불렀는지도 아세요?"

나는 노래만 알 뿐 모른다고 대답하였다.

"이 노래는 1973년 유로비전 콘테스트에서 2위에 입상한 곡인데, 7명의 살라망카 대학생으로 구성된 모세다데스Mocedades가 불렀어요.

잠시 다른 얘기로 흘렀는데, 살라망카의 역사에 대해 계속 이야기할 게요. 살라망카는 기원전 3세기에 카르타고인에게 처음 정복당했어요. 로마 시대에는 군사 도시가 되었죠. 당시에는 엘만티카Helmantica, 살만티카Salmantica라고 불렸다고 해요. 그 후 712년, 살라망카는 이슬람에 의해 포위된 후 방어적인 도시 성벽이 한층 더 강화

되고, 모사라베[1]들은 성벽 밖으로 쫓겨나죠. 이 시기에는 아스트르-레오네세 왕국들The Astur-Leonese kingdoms 간에 끊임없는 싸움이 이어졌어요. 후에는 아무도 살지 않는 도시가 되어 북쪽의 기독교도와 남쪽의 이슬람교도 사이의 완충 지대 역할을 하죠. 이후 11세기에 일어난 국토 회복 운동을 통해 11세기 후반에 기독교 세력의 알폰소 6세에 의해 재정복됐어요. 그 뒤 13세기에 스페인 최고의 대학이 만들어졌고요."

이렇게 이야기를 하는 동안 예약한 호텔이 있는 구시가지가 점점 가까워졌다. 살라망카에는 12세기 양식의 대성당을 비롯하여 16세기에 건립된 고딕 양식의 대성당, 로마 시대의 다리와 극장 등 수많은 유적이 남아 있다. 우리는 대성당 근처의 호텔에 체크인을 한 뒤 가방만 놓아두고 바로 호텔에서 나와 아나야 광장에 있는 대성당으로 향하였다. 호텔에서 대성당까지는 걸어서 5분도 안 되는 거리였다. 엘레나는 대성당을 가리키며 이야기하였다.

"구대성당은 12세기 말에 전형적인 로마네스크 양식으로 건축되었어요. 신대성당La Catedral Nueva de Salamanca과 인접해 있지요. 구대성당에서 가장 중요한 부분은 돔과 타워예요. 돔은 반구형 지붕으로 덮여 있고 끝이 뾰족한 원추형의 작은 지붕으로 덮인 가느다란 원형 탑 4개가 세워져 있어요. 제단 뒤편에 있는 제단화 중 12개는 이탈리아의 미술가 델로 델리Dello Delli가 예수와 성모의 삶을 그린 작품이 포함되어 있습니다."

엘레나는 계속해서 신대성당에 관하여 이야기하였다.

"신대성당은 1513년 아라곤 왕국의 왕이었던 페르난도 2세의 명령에 의해 건설되기 시작해 220년이 지난 1733년에 완공됐어요. 여러 건축 양식이 혼합되었는데 주된 양식은 후기 고딕 양식과 바로크 양식이었어요. 안톤 데 에가스Anton de Egas와 알론소 로드리게스Alonso Rodriges가 건축한 세고비아의 대성당과 함께 스페인에서 마지막으로 지어진 고딕 양식의 건축물이에요. 1755년 리스본 대지진 때 생긴 균열과 부서진 창이 남아 있어요. 그리고 내부는 몇 개의 작은

살라망카 대성당

예배당이 있는데 황금의 예배당, 면사포의 예배당, 성 로크의 예배당이 있어요. 제단 뒤에는 레콘키스타의 승리자, 엘 시드El Cid의 상이 모셔져 있어요."

"구대성당과 신대성당의 건축 양식에 대해서는 제가 얘기해볼게요. 살라망카 대성당은 로마네스크 양식의 구대성당과 고딕 양식의 신대성당을 비교해보면 재미있어요. 우선 구대성당의 건축 양식인 로마네스크 양식은 10세기부터 12세기의 중세 수도원이 전성기를 이룰 때 나타나 적용되었던 건축 양식이에요. 이전에는 성당의 천장을 나무로 만들었는데 이때부터 돌이나 벽돌 또는 콘크리트를 사용하고, 모양도 둥근 아치 형태가 되죠. 이를 통해 하느님을 모시는 공간으로서 시각적 무게감이나 통일성, 음향 효과를 높일 수 있었어요. 반면 목재 천장에 비해 하중이 무거운 만큼 이를 받치는 벽체도 두껍고 견고해야 하기 때문에 창을 넓게 만들 수 없었죠. 그 결과, 로마네스크 건축 양식은 중후한 외관과 어두운 내부가 특징이라고 할 수 있습니다."

나는 대성당 길을 따라 걸으며 엘레나에게 이야기를 계속하였다.

"그리고 신대성당의 건축 양식인 고딕 양식은 12세기부터 15세기까지 전 유럽을 풍미하였어요. 엘레나, 혹시 조르조 바사리Giorgio Vasari를 아세요?"

"16세기 예술가죠. 미술사의 아버지로 불리며 작가, 화가, 건축가이면서 프레스코를 주로 제작하고 대규모의 작업들을 감독한 책임자이기도 했고요."

"역시 잘 알고 있네요. 이것도 아실거라 생각하지만 고딕이라는 말을 조르조 바사리가 만들었어요. 중세를 지배한 고트족의 미술과 문화를 비하하기 위해서 만들었다고 하죠. 그는 고트족이 유럽의 영광스러웠던 고대 문화와 로마 제국의 문화를 파괴한다고 생각했어요. 한마디로 고트족을 미감이 결여된 무지한 야만인으로 보았죠."

이번에는 엘레나가 나의 말을 이었다.

"고딕 양식은 유럽에서 처음 자생적으로 나타난 대규모 예술이라는 데 아주 큰 의의가 있어요. 고딕은 세속적인 성격이 강화된 시대적 변화가 반영된 거예요. 로마네스크 건축이 벽을 이용한 축성이었다고 보면, 고딕은 골조 구조로 형성된 경쾌감과 공간성을 특징으로 하죠. 그래서 이러한 공간에 스테인드글라스나 석조를 채웠고요. 가늘고 높은 기둥 창문에는 스테인드글라스 장식이 들어가고, 벽이 얇아집니다. 반면 로마네스크는 건물을 높이 쌓기 위해 창문이 적고 벽이 두꺼운 것이 특징이죠."

이야기를 하면서 도착한 곳은 마요르 광장이었다. 엘레나는 이 근처에서 식사를 하자고 하였다. 그녀는 식당으로 걸어가면서 마요르 광장에 관하여 이야기하였다.

"마요르 광장을 한마디로 이야기하면 스페인 왕위 계승 전쟁의 산물이라고 할 수 있어요. 1770년 스페인 왕 카를로스 2세가 후계 없이 사망하자 왕위는 프랑스 왕 루이 14세의 손자 앙주 필리프에게 넘어가 펠리페 5세로 즉위하게 되죠. 그런데 여기에 제동을 거는 사람이 있었어요. 바로 신성 로마 제국 황제 레오폴트 1세예요. 그는 스페인 왕위에 대한 일은 합스부르크 왕가의 권리이므로 자신이 스페인 왕위를 계승해야 한다고 주장하면서 전쟁을 일으키죠. 이렇게 오스트리아의 합스부르크 왕가와 프랑스의 부르봉 왕가 사이에 14년간 치러진 전쟁이 바로 스페인 왕위 계승 전쟁이에요."

그녀의 얘기를 들으면서 나는 '어떻게 엘레나는 역사에 대해 모르는 부분이 없을까' 하는 생각이 들었다.

"왕위 계승 전쟁은 결국 부르봉 왕가의 승리로 끝나요. 펠리페 5세가 스페인 왕위를 지켰고, 펠리페 5세는 왕위 계승 전쟁 기간 동안 자신을 지지해준 살라망카 시에 보답에 의미로 마요르 광장을 지어 주었다고 해요."

"살라망카의 마요르 광장은 이곳의 심장이라는 느낌이 드네요." 나는 엘레나를 바라보면서 이야기하였다.

"마요르 광장은 스페인 전통의 바로크 양식으로 지어졌어요. 1729년 착공하여 1755년 완공돼요. 주위를 보면 아시겠지만 4층짜리 건물이 광장을 에워싸고 있어요. 여기서 문제 하나 낼까요? 이곳의 출입구는 모두 몇 개일까요?"

"글쎄요……. 4개?"

"아뇨, 6개예요. 모두 다른 방향을 향하고 있죠. 그리고 광장 쪽으로 247개의 발코니가 나 있는데, 사적 공간이라고 해요. 광장과 1층의 회랑은 88개의 아치로 되어 있고, 아치 사이의 벽면에는 보시다시피 초상이 새겨져 있어요."

도시 중심부인 이곳 마요르 광장은 카탈루냐 출신의 알베르토 데 추리게라Alberto de Churriguera가 설계하여 1755년에 완공한 것인데 약 2만 명을 수용할 수 있다고 한다. 마요르 광장 북쪽에는 안드레아 가르시아 데 끼피오네스Andres Garcia de Quifiones가 세운 시청이 있고, 호화로운 주택과 조가비로 장식한 집이 있었다.

식사할만한 곳이 마땅치 않아 광장 한쪽에 있는 맥도날드에서 간단하게 먹기로 하였다. 맥도날드 안에는 관광객들이 많이 보였다. 오래간만에 먹는 햄버거였다. 그래서인지 아니면 배가 고파서인지 어느 수제버거 못지않게 맛있었다.

우리는 햄버거를 먹고 나와 좁은 골목길을 이리저리 가다 토르메스Tormes 강[2]에 도착했다. 그곳에는 아주 오래된 다리가 있었다. 역사 그 자체인 느낌의 다리였다. 엘레나는 강에 걸려 있는 다리를 잠깐 쳐다보더니 이야기하였다.

"이 다리는 기원전 89년에 만들어진 로마교인데 길이는 356미터로 15개의 아치로 이루어져 있어요. 교각 일부는 17세기 때 홍수에 의해 유실된 것을 재건했고요. 그리고 이 다리는 메리다Merida에서 아스토르가Astorga에 이르는 은의 길에서 중요한 역할을 했다고 해요."

엘레나와 나는 다시 구시가지 쪽으로 향하였다. 대학 도시답게 다른 도시들과 달리 젊음의 열기가 넘쳤다. 또 외부에서 온 여행자도 많았다. '중세 시대 대학의 모습은 어땠을까, 학생들과 수도복을 입은 사람들이 오가는 그런 모습이었을까?' 하는 생각이 들었다. 엘레나와 나는 천천히 걸어 '조개의 집'이라고 불리는 곳에 갔다. 이곳은 대성당과도 가까웠고 호텔과도 가까운 곳에 위치해 있었다. 엘레나는 조개의 집 맞은편 위에 올라서더니 나에게 말하였다.

"여기가 무슨 건물인지 아세요?"

나는 모른다고 하였다. 벽면에 장식된 것이 사실 조개인지도 몰랐다고 하니, 엘레나는 웃으면서 이 건물에 대해 이야기해주었다.

"산티아고 순례자를 보호하는 산티아고 콤포스텔라 기사단의 숙소로 사용되었던 건물이에요. 약 350개의 조가비가 부조되어 있어요. 현재는 공공 도서관으로 이용되고 있고요."

이러한 것을 보면 역시 중세는 기독교가 우위에 있었던 시대가 틀림없다는 생각이 들었다. 우리는 다시 골목 안으로 들어가 살라망카 대학 정문으로 갔다.

조개의 집

정문은 아주 정교하게 조각된 장식적인 요소를 갖춘 플라테스스크로 치장되어 있었는데, 스페인의 황금시대에 탄생한 것이라고 한다. 파사드[3]에는 스페인을 통일한 아라곤의 페르난도 2세와 카스티야의 이사벨라 1세가 부조되어 있었다. 그리고 1516년부터 스페인을 통치하였던 합스부르크 왕가의 문장, 추기경들과 담론을 나누는 교황의 모습도 새겨져 있었다. 나는 파사드를 바라보면서 엘레나에게 말하였다.

"이 대학 정문의 파사드에서 스페인의 역사가 보이네요."

엘레나는 그렇다고 이야기하면서 해골 위에 앉아 있는 개구리를 찾아보라고 하였다. 나는 생각보다 쉽게 찾을 수 있었다.

"이 개구리는 살라망카의 대학생을 상징하는데, 해골 위의 개구리를 찾을 만큼 날카로운 눈을 가진 사람에게는 행운이 온다고 해요. 그러니까 선생님에게도 큰 행운이 올 거예요."

살라망카 대학은 크리스토퍼 콜럼버스가 여행 경비를 마련하기 위해 지리학자 위원회에서 자신의 주장을 펼쳤던 곳이기도 하다. 초기부터 15세기까지는 성당 건물을 빌려서 수업을 하였고, 졸업식은 옛 대성당의 예배당에서 1843년까지 치렀다. 살라망카에서 가장 오래된 건물은 1413년에 지어진 오스피탈 데 에스투디오Hospital del Estudio라고 하는 의과대학 병원이다.

살라망카 대학의 학생들 모습을 보니 학교 다닐 때가 생각났다. 꿈이 있었던 학창 시절을 보낸 사람이라면 나와 같았을 것이다. 대학 정문을 나오니 거리에는 어느새 학생들과 여행객으로 붐볐다.

살라망카 대학의 파사드

주

1 **모사라베_** 무슬림 지배하의 기독교인들

2 **토르메스(Tormes) 강_** 카스티야이레온 자치 지역의 아빌라 주와 살라망카 주를 북서쪽으로 관통하며 흐르는 강

3 **파사드_** 정면

TIP

유럽의 텍스 리펀드 제도

텍스 리펀드(Tax Refund)는 해당 국가의 국민이 아닌 사람이 그 나라에서 물건을 구입했을 경우 물건에 부과되어 있는 부가가치세를 환급해 주는 제도이다.

텍스 리펀드를 실시하고 있는 국가는 동유럽 일부를 제외한 유럽 28개국, 캐나다, 싱가포르 등 기타 국가 34개국이 있다. 미국과 중국은 텍스 리펀드를 실시하고 있지 않으니 참고해야 한다.

텍스 리펀드를 받기 위해서는 리펀드 가능한 매장인지 확인한 후 물건의 구매 영수증 및 환급 증명서(판매 확인서)를 챙긴 뒤 출국하는 국가의 세관에서 여권, 보딩 패스, 환급 증명서, 구매 영수증과 구입한 물품을 제출하고 세관원의 확인 스탬프를 받아야 한다.

텍스 리펀드를 받는 방법은 크게 두 가지이다. 출국 전 공항에서 세관 확인을 받은 후 환급 증명서를 환급 대행사에 제출하고 일부 수수료를 제한 뒤 현금으로 돌려받는 방법과 신용카드와 연계된 통장을 통해 돌려받는 방법이다. 신용카드로 환급받기 위해서는 세관 확인 받은 환급 증명서에 신용카드 번호를 작성하여 환급봉투에 넣어 공항에 있는 우체통을 이용하여 환급 대행사에 보내면 된다.

스페인의 경우 한 매장에서 당일 90.15유로(약 12만 2,000원) 이상 구매 시 텍스 리펀 영수증을 받을 수 있다.

텍스 리펀드 가능 표시

DAY 9

옛 수도 역할을 했던 유서 깊은 도시,

바야돌리드

V a l l a d o l i d

스페인의 중부 지역을 대표하는 전통 있는 도시. 마드리드가 수도로 정해지기 전 스페인의 사실상 수도 역할을 하였다. 정통 스페인의 소소한 일상을 볼 수 있으며, 관광객이 적어 고즈넉한 분위기를 느낄 수 있는 곳이다.

산 파블로 교회

'스페인 무적함대'를 탄생시킨 펠리페 2세의 도시, 바야돌리드

국토 회복 전쟁의 시기인 11세기에는 레온 왕국의 전초 기지로 도시가 형성되었고, 13세기에는 왕궁이 설립되었다. 15~16세기 초에는 카스티야 왕국의 사실상 수도가 되어 왕국 회의가 자주 열린 도시이다.

어제 저녁에 엘레나와 살라망카 마요르 광장 근처에서 맥주를 마셨다. 그래서일까. 아침에 일어나니 몸이 좀 무거웠다. 오랜만에 대학 다닐 때 기분을 내서인지 아니면 여기가 외국인 데다 엘레나와 함께여서인지 술을 좀 과하게 마셨다. 주량을 물어보지는 않았지만 엘레나는 술을 잘하는 것 같았다.

오늘은 바야돌리드Valladolid에 가기로 했는데, 시간적으로 여유가 있어 보통 때보다 조금 늦은 오전 9시에 출발하기로 하였다. 물론 어제 술을 마신 이유도 있었다. 엘레나는 오늘도 빵과 커피를 준비해 왔다. 호텔 지하 주차장으로 가서 짐을 차에 싣고 서서히 주차장을 빠져나왔다.

이곳 살라망카에서 바야돌리드까지는 120킬로미터 정도의 거리로, 1시간 반 정도 소요될 예정이다. 시가지를 벗어나 고속도로를 달렸다. 달리는 차 안에서 엘레나와 나는 커피 한 모금을 마시고 약속이나 한 듯이 서로를 쳐다보았다. 그러면서 동시에 웃었다. 바야돌리드로 가는 길은 시간이 무척이나 빨리 지나가는 듯하였다. 고속도로를 빠져나와 시내 중심으로 들어가는 길은 산업 도시 같은 분위기로 가득하였으나 예전의 부흥을 찾아보기는 힘들었다. 호텔 체크인을 하기에는 이른 시간에 바야돌리드에 도착했다. 엘레나와 나는 구시가지 캄포 그란데Campo Grande 근처의 주차장에 차를 주차하고, 가까운 인포메이션 센터에 들러 이곳 지도를 받았다. 자전거도

바야돌리드 투우장 근처 카페에 그려진 그림

대여해준다고 하여 잠시 고민하였지만 자전거를 타고 다니면 볼거리들을 놓칠 것 같아 그냥 걷기로 했다.

대성당 방향으로 발길을 옮겼다. 엘레나는 걸어가면서 이야기하였다.

"바야돌리드는 카스티야 레온 지방 바야돌리드 주의 주도로 고도 698미터에 위치해 있어요. 바야돌리드 주에는 225개의 지방 자치구가 존재하고, 카스티야 레온 지방의 경제 중심지예요. 무엇보다 이 도시는 중요한 의미를 가지는 것이 있는데, 무엇인지 아세요?"

"글쎄요, 다른 것은 잘 모르겠지만 이 도시는 다른 도시에 비해 화려하지 않아요. 혹시 중요한 역사적 의의가 있는 곳이 아닐까 생각되네요."

나는 엘레나의 발걸음에 맞추면서 대답했다. 엘레나는 웃으며 나를 보고 말하였다.

"맞아요. 제가 이야기하려는 것도 바로 그거예요. 바야돌리드가 가지는 역사의 의미."

그녀는 나의 호응이 반가운지 즐거운 표정으로 바야돌리드에 대한 이야기를 계속하였다.

"바야돌리드라는 도시 이름은 이슬람 행정직 관리인, 아밀의 거주지를 나타내는 베야 데 올리드Valla de olid에서 유래했대요. 이곳은 바스크 지방에 속하죠."

"바스크는 무슨 뜻이죠?"

"바스크는 전통적으로 스페인과 프랑스가 국경을 이루는 피레네 산맥을 가운데 두고 있는 인근의 양쪽 지역을 가리켜요. 하지만 요즘 들어 독립을 원하고 있지요. 알라바, 기푸스코아, 비스카야의 3개 주로 구성되어 있고, 스페인 내에서 자치권을 가지고 있는 지역이에요. 주민의 대부분은 바스크인입니다."

엘레나는 스페인 사람 중에도 전형적인 바스크인의 스타일을 가진 사람이 있다며 그들의 특징에 대해 이야기하였다.

"바스크인은 에우스카라Euscaro라는 그들만의 고유 언어를 사용하는데, 스페인어와는 완전히 다른 언어 체계를 가지고 있어요. 그리고 외형상으로 보면 바스크인은 강한 턱과 짙은 눈썹 등 프랑스와 스페인 사람들과는 다른 특징을 가지고 있어요. 용감하고 모험을 좋아하는 기질을 가지고 있어요."

바야돌리드에서 만난 바스크인의 모습

엘레나에 따르면 바야돌리드는 스페인에서도 유서가 깊은, 펠리페 2세와 관련된 도시이다. 펠리페 2세는 레판토 해전에서 오스만투르크를 물리쳤으며, 이때 '스페인 무적함대'라는 말이 탄생하였다.

엘레나는 대성당으로 가기 전에 여기서 가까운 곳에 『돈키호테』의 작가 세르반테스가 말년을 보낸 집이 있으니 가보자고 하였다.

세르반테스는 말년에 여러 도시를 떠돌며 살았다고 하는데, 마지막을 보낸 곳이 바로 바야돌리드이다. 그는 레판토 전투에 참전했다가 한쪽 팔을 잃어 '레판토 외팔이'라는 별명을 얻었다고 한다. 세르반테스의 집은 붉은 지붕이 눈에 띄는 곳이었다. 세르반테스 집을 둘러본 뒤 엘레나와 나는 다시 좁은 길을 따라 바야돌리드 대성당으로 향하였다. 바야돌리드의 대성당Valladolid Cathedral은 다른 지역에 비해 화려하지는 않았다.

"스페인의 펠리페 2세가 16세기에 건축가인 후안 데 에레라Juan de Herrera에게 바야돌리드 대성당을 건축하라는 임무를 내렸다고 해요."

그녀는 어깨에 메고 있던 가방을 내려놓으면서 벤치에 앉은 뒤 이야기를 이어갔다.

"이 성당의 또 다른 이름은 '누에스트라 세뇨라 데 라 아순시온Nuestra Señora de la Asunción 대성당'이에요. 이 성당을 건축한 에레라는 신중하게 비율을 계산한 기하학적인 윤곽에 장식을 배제한 새로운 양식을 만들어냈는데, '에레라 양식'이라고 합니다. 이는 고전주의를 향한 움직임이라 할 수 있는데 스페인 전역에 많은 영향을 끼쳤어요."

이때 엘레나가 내 쪽으로 고개를 돌렸다. 그녀와 벤치에 나란히 앉아 있던 나는 왠지 쑥스러웠다. 이를 눈치챘는지 엘레나는 다시 앞쪽을 쳐다보며 이야기를 계속하였다.

"하지만 성당은 펠리페 2세와 건축가 에레라 두 사람이 다 죽은 이후에도 미완성 상태였어요. 에레라의 제자인 디에고 데 프라베스 Diego de Praves와 그의 아들에 의해 1688년 완공되었죠. 그 후 1730년에 건축가 알베르토 추리게라 Alberto Churriguera가 엘 에스코리알 El Escorial 수도원의 양식을 본떠 파사드를 마무리했지만, 1755년 대지진이 일어나 큰 손상을 입었죠. 그 결과로 1841년 탑 하나가 붕괴되고 말았어요. 그 후 탑은 재건되었으나, 성당은 아직도 미완성 상태로

바야돌리드 대성당

남아 있어요. 이 성당은 예술적인 면도 뛰어나지만 아주 중요한 것을 소장하고 있어요. 그게 무엇인지 아세요?"

나는 고개를 갸우뚱하며 잘 모르겠다는 제스처를 취했다.

"이 성당에는 훌륭한 악보들이 있어요. 성당의 문서 보관소에는 15세기부터 전해져온 6,000점 이상의 원본 악보들이 가득해요. 참, 이곳이 마드리드 이전 스페인의 수도였다는 것 아세요?"

"네. 그건 알고 있는데, 언제였는지 정확한 연대는 모르겠네요."

"이 성당의 건축이 시작될 즈음으로, 국왕 펠리페 2세가 바야돌리드에 머물며 통치하던 시기예요. 바야돌리드는 당시 스페인의 사실상 수도였죠. 하지만 1561년 지정학적인 이유로 수도를 마드리드로 옮기자 바야돌리드는 과거의 명성을 잃게 됐어요. 이후 바야돌리드 시의 재정도 어려워져 대성당 건설에 차질을 빚게 되어 지금까지 미완성 상태로 남아있는 거죠."

엘레나와 나는 벤치에서 일어나 옆에 있는 산타마리아 교회Iglesia de Santa María로 갔다.

원래 이 교회는 에스파냐 북서부 지방의 백작 페드로 안수레스가 11세기 후반에 건축했다고 한다. 현재는 최초 건립 때 조성한 부분은 대부분 사라졌고, 남아 있는 부분 중 가장 오래된 것은 12세기 후반에 로마네스크 양식으로 지어진 건물 북쪽 면의 회랑으로 된 현관과 가늘고 높은 탑뿐이다. 이 두 부분은 지금도 상태가 매우 양호하며, 특히 탑은 바야돌리드의 상징이라고 할 정도로 유명하다.

우리는 횡단보도를 건너 걸어 올라갔다. 우선 마요르 광장으로 향하였다. 엘레나는 계속해서 바야돌리드에 관하여 이야기하였다.

"이 도시는 국토 회복 전쟁 시기인 11세기에 레온 왕국의 전초 기지로서 형성되었고, 13세기가 되어서야 왕국이 조성됩니다. 15세기부터 16세기 전반까지는 카스티야 왕국의 수도로서 왕국 회의를 열기도 했어요. 1591년에는 화재가 일어나 높은 지대가 불타 붕괴되자 펠리페 2세의 명령으로 다시 재건하죠. 19세기 초에는 프랑스군의 침입으로 파괴되고, 1936부터 1939년까지 반란군의 거점 도시가 되기도 했어요."

산타마리아 교회

마침내 각 대로가 만나는 중앙 지점에 위치한 마요르 광장에 도착했다. 광장 중앙에는 이곳에 유명한 백작이었던 꼰데 안수레스 Conde Ansurez 동상이 서 있었고, 번화한 쇼핑센터가 들어서 있었다. 오후여서 그런지 야외 테이블에서 식사를 하고 커피를 즐기는 사람들이 많았다. 엘레나와 나도 점심 식사를 하기로 하였다. 근처 식당에 들어가 맥주와 음식을 주문하였다. 엘레나는 파에야를 주문하였고,

산타마리아 교회 첨탑

나는 웨이터에게 추천해 달라고 하였다. 웨이터는 바스크 지방의 음식을 제대로 맛볼 수 있을 거라며 오레하 가예가Oreja Gallega라는 음식을 권했다. 나는 그가 추천한 음식을 주문하였다. 음식 값도 아주 저렴해서 마음에 들었다. 5유로였다. 먼저 나온 맥주를 마시고 있는 사이 파에야가 나오고, 뒤이어 오레하 가예가가 나왔다.

그런데 오레자 갈레가는 한국의 돼지 껍데기 비슷하게 생긴 것이 모양부터 별로 마음에 들지 않았다. 하지만 웨이터가 추천해준 음식이니 맛은 좋을 거라는 생각을 가지고 포크를 들었다. 엘레나는 그런 나를 보고 빙그레 웃더니 "맛있게 드세요." 하고 말했다.

나는 크게 입을 벌려 베어 물었는데, 뱉을 수도 삼킬 수도 없는 그런 맛이었다. 엘레나는 무엇이 우스운지 자꾸 웃었다. 그리고 말하였다.

"그 음식은 좀 느끼해요. 원래 느끼한 맛으로 먹는 음식이에요. 한번 참고 끝까지 먹어보든가 아니면 다른 음식을 시키세요. 참, 먹어보니 뭘로 만든 것 같아요?"

"글쎄요, 잘 모르겠네요."

"좀 놀라실 수도 있어요. 바로 소의 귀로 만든 음식이에요."

나는 순간 당황하여 눈을 동그랗게 떴다. 엘레나는 그런 내 표정이 재미있는지 계속 웃었다. 그래도 나는 오레하 가예가를 몇 점 더 먹어보았다. 그녀는 억지로 먹으려는 내가 불쌍했는지 그만 먹으라고 하면서 자신의 파에야를 내 접시에 덜어 주었다.

식사를 마친 후에는 산파블로 교회Iglesia de San Pablo로 갔다. 산 파블로 교회 옆에는 산 그레고리오 교회El Colegio de San Gregirio와 국립 다색 조각 박물관El Museo National de Escultura Policromada, 그리고 피멘탈 궁전El Palacio Pimenental과 왕궁Palacio Real이 있었다. 엘레나는 산 파블로 교회에 대하여 이야기하였다.

"산 파블로 교회는 1286년 마리아 데 몰리나Maria de Molina에 의해 지어졌어요. 1550년경에는 건물 정면에 섬세한 조각들을 새겨 넣었는데, 우리가 여러 곳을 다니면서 보았던 파사드 기법이에요. 파사드 기법은 전에 이야기했듯이 건물을 돋보이게 하고 자체의 위엄을 높이는 형식으로 세계에서도 아름다운 고딕 양식으로 손꼽히죠. 그리고 이곳에서 아주 중요한 일이 일어납니다."

"무슨 일이 일어났는데요?"

"카스티야 왕국의 왕위 계승자 이사벨라 1세와 아라곤 왕국의 후계자 페르디난도 2세가 이곳에서 결혼을 했습니다."

"새로운 스페인이 이곳에서 탄생했다고 할 수 있겠네요."

"맞아요. 그리고 스페인을 바꾼 또 다른 인물인 콜럼버스도 1506년 이곳에서 사망했어요."

엘레나와 나는 천천히 도시를 걸었다. 다른 도시에 비해 화려하다고는 느껴지지 않았지만 스페인 역사의 소중한 흔적들을 간직하고 있는 곳임에는 틀림없는 것 같았다. 길을 걸으면서 엘레나는 '바야돌리드 논쟁'에 관하여 아느냐고 물었다. 나는 무엇인지는 안다고 하였다.

"이 논쟁은 1550년 바로 이곳 바야돌리드에서 일어났어요. 스페인

산 파블로 교회

은 콜럼버스가 아메리카 대륙을 발견한 이후 수많은 식민지를 만들면서 그곳에 살던 인디오들을 수없이 죽이고 노예로 삼았어요. 하지만 스페인 내부에서는 이에 대한 비판적인 흐름도 나타났죠. 이때 두 명의 인물이 나오는데, 바로 후안 지네드 드 세풀베다Juan Gines de Sépulveda와 바르톨로메 데 라스 카사스Bartolomé de Las Casas예요. 스페인의 강압적이고 폭력적인 식민 지배로 인디오 인구가 감소하자 당시 왕이었던 카를 5세는 엔코미엔다Encomienda를 폐지하는 정책을 추진했어요. 하지만 엔코미엔다를 통해 커다란 이득을 보고 있는 귀족들의 거센 반발에 부딪치죠."

"엔코미엔다가 무엇인가요?"

"엔코미엔다는 '위탁하다'라는 의미를 가지고 있어요. 오래전으로 거슬러 올라가면, 국토 회복 운동 후 이슬람인과 유대인에게 공물을 징수하던 관행에서 엔코미엔다가 시작되었다고도 볼 수 있어요. 아메리카 대륙 발견 직후에 진행했던 원주민의 노예화로 인한 급격한 인구 격감과 강제 노역에 대처하기 위해 1503년 인디오의 보호를 조건으로 군인, 관리인 등에게 토지와 사람 사용 허가장을 발급했죠. 그러나 금지된 토지 매매가 암암리에 진행되어 종신, 세습되면서 봉건 영지화, 인디오의 노예화는 고착화되어 버렸어요. 이후 중남미 독립 뒤에도 많은 영향을 남겼고요. 이러한 상황에서 카를 5세는 아메리카 대륙의 토착민인 인디오의 지위와 권리에 대한 판단을 하기 위해 위원회를 구성해 회의를 열었어요. 그때 양쪽을 대표했던 인물이 바로 그 두 사람이에요.

스페인의 석학이며, 아리스토텔레스의 원칙에 입각한 철학자 세풀베다, 성직자이며 원주민 인권을 위해 인디오 편에 섰던 라스 카사스예요. 세풀베다에 관해 이야기하자면 인디오들에겐 이성이 없기 때문에 강압적으로 통치해도 아무런 문제가 없다고 주장했고, 에라스무스의 평화주의에 맞서 군사적 정복을 옹호하였던 인물이에요. 반면에 라스 카사스는 인디오들에게도 이성이 있으며 설득과 교육으로 이들을 교화시켜야 한다고 주장했어요. 그는 실제로 아메리카 대륙에 머무르기도 했죠."

"그럼 이 두 사람은 어떤 것을 근거로 논쟁을 시작하게 되었나요?"

"세풀베다는 아메리카의 군사적 정복을 옹호한 인물이에요. 아리스토텔레스가 자연적 노예 상태에 대한 이론을 전개한 것을 역설할 수 있었다고 해요. 그리고 죄에 대한 벌로서의 '노예' 이론을 전개하였는데, 그들의 우상 숭배, 식인 풍습, 인신공양을 예로 들었죠. 반면 라스 카사르는 원주민의 토지 소유권 역시 자연법과 국제법에 따라 존중해야 하며, 이들도 이성을 가지고 있으므로 개종하지 않는다고 처벌하여서는 안 되고 복음 전파를 막는 자만 처벌해야 한다고 주장하였어요. 또한 그는 교황이나 군주가 보편적인 정치적 정당성을 가지지 못한다면 군사적 정복은 합당하지 않다고 주장합니다.

격렬한 논쟁 끝에 교황 특사는 라스 카사르의 의견을 수용해 인디오에게도 문화와 이성이 있기 때문에 노예로 삼거나 가혹한 처벌을 해서는 안 된다는 결론을 내렸어요. 그 후 인디오를 노예로 만드는 모든 행위는 불법화되었죠. 이 논쟁은 근대 국제법의 탄생에 직결되는 내용을 담고 있다고 합니다."

엘레나는 나를 한 번 쳐다본 후 계속 말하였다.

"그런데 이 논쟁으로 인해 또 다른 일이 발생합니다. 인디오를 노예로 삼지 못하게 되자 바로 아프리카 흑인들을 마구 잡아 노예로 데리고 오는 사태가 벌어집니다."

엘레나와 나는 이 역사적인 도시를 다시 한번 천천히 돌아본 후 차를 몰고 호텔로 이동하였다. 예약한 호텔은 강 건너 가까이에 있었다. 호텔 체크인을 한 우리는 방에 올라가 잠시 쉬었다가 오후에 나와 밤거리를 보기로 하였다.

TIP

스페인의 맛 이야기 1

스페인을 대표하는 투우, 축구, 플라멩코를 포함한 정열의 문화와 함께 빼놓을 수 없는 것이 바로 스페인의 음식이다. 음식 역시 지역마다 아주 다양한데 그중 지중해를 끼고 있는 지리적 특성상 신선한 해산물을 활용한 음식이 많다. 대부분 한국인의 입맛에도 잘 맞으며 와인과도 잘 어울리는 매력을 가지고 있다.
스페인 요리는 수많은 중남미 요리의 기본이 되고 있으며 감자, 토마토, 콩 따위의 재료 없이 스페인 요리를 한다는 것은 불가능할 정도다. 지중해 연안의 다른 국가들과 다른 점은 바로 재료가 더 다양하고 요리 기법에서도 차이가 있다는 점이다. 스페인 음식의 요리법은 고유의 재배 작물, 기호에 따라 변화무쌍하게 변형된다. 따라서 각 지방에 따라 흔한 음식으로 치는 종류도 다를 수밖에 없으며, 같은 음식이라도 특수한 재료가 들어가기도 한다.

발렌시아 지방의 대표 음식, 파에야

쌀농사가 가장 활발한 발렌시아 지역의 가장 유명한 요리는 '파에야(Paella)'이다. 기내식으로 세계인의 사랑을 받고 있는 비빔밥이 전라도 음식이라는 사실을 외국인들이 잘 모르는 것처럼 파에야가 발렌시아 지역의 음식이라는 것을 아는 사람도 많지 않을 것이다.
양쪽에 손잡이가 달린 넓고 얇은 판에 각종 재료들을 넣고 볶은 후 물을 부어 끓이다가 쌀을 넣어 익혀 먹는 가정식이다. 한국 스페인 전문 식당에서 자주 볼 수 있게 된 해산물을 넣은 파에야뿐 아니라 햄, 고기, 콩, 채소, 달팽이 등 다양한 식재료로 놀라운 맛을 내는 스페인의 국민 집밥이라고 할 수 있다. 이슬람의 지배를 받던 중세 시대에 쌀이 스페인으로 처음 유입되면서 파에야와 유사한 음식을 먹기 시작한 것으로 알려져 있으며, 노란색의 고급 향신료인 샤프란을 사용하게 된 것도 이슬람 영향이라고 한다.
마치 양푼에 비벼 먹는 한국의 비빔밥처럼, 팬을 원탁의 중앙에 놓고 가족들이 둘러앉아 나무주걱으로 각자 먹을 만큼 접시에 덜어 먹었다. 하지만 이때 절대로 재료를 뒤섞지 말고 자신의 앞쪽 부분부터 팬의 중심 쪽으로 덜어 먹어야 하는 예절이 있으므로 유의해야 한다. 각자 취향에 맞게 레몬 즙을 뿌리거나 소스를 곁들이면 좀 더 맛있게 파에야를 먹을 수 있다.

파에야

DAY 10

순례자들이 만나는 곳,
아스토르가·레온

Astorga
Leon

아스토르가는 고대 로마가 스페인을 지배하던 시기에 스페인 북서부 일대에서 가장 중요한 도시로 로마 유적이 가장 많이 남아있다.
레온은 로마 군대의 주둔지가 도시로 발전하는 데 기초가 되었고 레온 왕국의 수도로 번성하였다. 아스트로가와 레온 두 도시 모두 가우디의 초기 작품을 볼 수 있는 곳이며, 산티아고 순례길로 가는 길에 있는 도시이다.

레온 마요르 광장

마라카토스의 도시, 아스토르가

현재는 레온 주의 주도로 고대 켈트인이 세운 정착촌을 시작으로 이후 고대 로마의 성채가 세워졌다. 로마 황제 아우구스투스가 이름을 붙여 도시가 형성되었으며, 고대 로마가 에스파냐를 지배하던 시기에 스페인 북서부 일대에서 가장 중요한 도시였다. 1808년 프랑스에 점령당했다가 1812년 다시 스페인 도시가 되었다.

오늘은 여행 10일째다. 평상시와 마찬가지로 나는 아침 일찍 일어나 로비에서 엘레나와 만나 오늘의 목적지를 향해 출발하였다. 우리는 여행 기간 동안 스페인 동북쪽에서 동남쪽으로, 그리고 남쪽에서 북쪽으로 올라가고 있었다. 오늘의 첫 코스는 아스토르가Astorga라는 조그만 도시이다. 아스토르가는 깊은 역사적 이야기를 가지고 있지는 않지만 건축가 가우디의 작품을 좋아하는 엘레나를 위해 레온Leon으로 가는 길에 들르기로 하였다.

오늘은 고속도로를 벗어나 국도를 이용해보기로 하였다. 고속도로를 타면 180킬로미터로 2시간 정도 소요되지만 국도로는 조금 더 걸릴 것이다. 국도로 달리며 본 스페인은 또 다른 느낌이었다. 북부로 올라가는 길은 남부와는 아주 다른 느낌을 주었다.

아스토르가는 카스티야 레온 자치 지역 북서부의 레온 주 남부에 위치한다. 평균 고도 868미터 고지대에 자리 잡고 있는 언덕 위의 도시이다. 한적하고 평화로운 넓은 대지 위로 멀리 아스토르가가 보였다. 엘레나는 가우디의 초기 작품을 볼 수 있게 돼 정말 좋다고 하였다. 차는 점점 도시로 진입하였다. 투에르토 강Río Tuerto이 도시 한가운데를 통과하고 있었다.

엘레나는 아스트로가가 어떻게 시작되었는지 이야기해주었다.

"이 도시는 고대 켈트인이 세운 정착촌이에요. 그 후 고대 로마의 성채가 세워졌고, 로마 황제 아우구스투스Augustus가 이름 붙인 아스투리카Asturica라는 도시가 설립되었어요. 지금은 조그만 시골이지만 고대 로마가 스페인을 지배하던 시기에는 스페인 북서부 일대에서 가장 중요한 도시였어요. 고대부터 이 도시를 포함한 주변 지역은 사회 관습과 건축술이 다른 지역과 뚜렷하게 구별되는 '마라가토스Maragatos'라는 문화 공동체를 형성해왔다고 해요."

"마라가토스가 뭔가요?"

"마라가토스란 내륙의 고대 역사 지역을 말하는데, 고유의 독특한 관습을 가진 소수 민족의 문화 공동체예요. 그래서 이곳의 건축물은 특이한 양식을 보여요."

엘레나와 나는 차를 주차하고 가우디의 초기 작품인 주교관Palacio Episcopal으로 갔다. 주교관은 산타 마리아 대성당Catedral de Santa María 옆에 자리 잡고 있었다. 역시나 엘레나는 이 주교관에 대한 이야기도 빠트리지 않고 들려주었다.

"이 주교관은 성처럼 보이는 이미지 때문에 가우디와 교회 측과의 마찰이 있었다고 해요. 의견 차이가 좁혀지지 않아 결국 가우디는 그만두었고, 그 뒤를 이어 다른 건축가가 맡아서 완성했어요."

주교관은 현재 카미노Camino 박물관으로 사용하는데 오늘은 휴관이라 들어갈 수 없었다. 엘레나와 나는 옆에 있는 대성당으로 발길을 옮겼다.

엘레나는 대성당으로 가기 전 주교관 앞에 있는 카페에서 커피를 한잔하자고 하였다. 나도 커피가 생각나던 참이었다. 엘레나는 카페솔로를, 나는 코르타도를 주문하였다. 시계를 보니 점심시간이 가까워져서 간단하게 식사까지 하기로 하였다. 엘레나는 내가 코르타도를 무척 좋아하는 것 같다고 말했다. 나는 카페솔로도 에스프레소도

아스토르가 주교관, 현재 카미노 박물관

좋아하지만 따뜻한 우유를 넣은 코르타도의 맛은 좀 특별한 데가 있는 것 같아 좋아한다고 대답했다. 코르타도는 에스프레소보다는 덜 진하고, 라테보다는 진한 커피라고 할 수 있다. 그러자 엘레나가 "코르타도는 자르다, 즉 '커팅'의 의미예요." 하고 알려줬다. 따뜻한 우유를 조금 섞어 커피의 원래 맛을 깍는다는 의미인 것 같았다. 식당 앞 광장에는 서서히 사람들이 늘어나기 시작하였다.

"이 길이 로마 시대의 은의 길인 것 아세요?" 하고 엘레나가 물었다.

"로마 시대부터 이 길이 있었어요?"

"이곳은 아주 일찍 길이 열렸어요. 왜냐하면 이곳에 주둔한 로마군이 스페인 북부에 있는 금광에서 금과 은을 채굴해 남쪽 항구로

코르타도

이동시켜 이탈리아로 가져가기 위해 길을 닦았기 때문이에요. 그 후 이슬람, 가톨릭 국가들이 들어오면서 순례길이 되었죠. 이곳은 아까 이야기했듯이 로마군의 주둔지였는데, 로마 황제 티베리우스와 클라우디우스를 거쳐 68년에 로마군이 철수하자 쇠퇴의 길을 걷게 됩니다."

엘레나와 나는 간단하게 식사를 한 후 산타 마리아 대성당으로 갔다. 엘레나는 가는 길에 대성당에 관하여 이야기해주었다.

"이 대성당은 원래 로마네스크 성당이 있던 곳에 1471년부터 다시 짓기 시작하여 18세기에 완성되었고, 그때부터 현재의 이름인 산타 마리아 대성당이라고 불리고 있어요. 300년에 걸쳐 완공된

산타 마리아 대성당

성당이어서 로마네스크, 고딕, 르네상스, 바로크식 등 각 시대의 건축 양식이 혼합되어 있죠."

엘레나와 나는 마요르 광장의 시청을 보고 나서 주차장에 가기로 하였다. 마요르 광장으로 가는 길가에 카미노 표시가 되어 있었다. 광장에 있는 시청사의 파사드는 17세기 바로크식 양식으로 지어져 여러 번 개축되었다고 한다. 광장을 둘러본 후 오늘의 두 번째 목적지인 레온으로 출발하기 위해 주차장으로 향하였다.

로마 시대 군단을 뜻하는 레지오의 도시, 레온

레온은 기원전 1세기에 고대 로마 군대에 의해 설립되었으며, 이 지역에 있던 로마 군대의 주둔지가 도시로 발전하는 데 기초가 되었고, 레온 왕국의 수도로 번성하였다.

아스트르가에서 레온Leon까지는 그리 멀지 않았다. 약 51킬로미터, 차로 40분 정도의 거리였다. 고속도로를 빠져나와 시내로 접어들었다. 구시가지의 공영 주차장에 주차를 하고 나오니 바로 마요르 광장이었다. 시내로 들어오면서 주위를 둘러보니 다른 유럽 도시들과는 사뭇 다른 느낌이 드는 좀 어두운 도시였다. 노란색 톤과 붉은색 톤이 강한 도시라는 느낌이 들었다. 광장에는 사람이 많지 않았다. 엘레나는 사방을 한 번 둘러보더니 나에게 사진을 찍어주겠다고 하였다. 좀 어색하지만 웃는 모습으로 사진을 찍었다.

"레온의 마요르 광장은 17세기에 만들어졌습니다. 당시에는 장이 서거나 투우가 열리기도 하고, 법정이 서기도 하였죠. 유럽에서의 광장은 그들의 희로애락이 묻어나는 공간이지요."

우리는 좁은 골목길로 들어갔다. 골목길 사이로 레온의 대성당인 산타 마리아 데 라 레글라Santa Maria de la Regla 성당이 보였다. 골목길을 천천히 걸어가면서 엘레나가 나에게 물었다.

"레온이라는 지명이 어떻게 생겨났는지 아세요? 지명을 알기 위해서는 이곳에 주둔하였던 로마에 관해서도 알아야 합니다."

"레온은 로마인이 세운 도시라고 알고 있어요. 아주 오래전, 그러니까 기원전 1세기경 로마 군단 6개가 이곳에 주둔하였다고 해요. 군단을 뜻하는 레지오Legio라는 단어에서 레온이라는 도시 이름이 나왔고요. 로마 군단이 이곳에 주둔한 이유는 이곳에서 금과 은 등의 광물이 많이 나왔고, 이것을 로마까지 안전하게 수송하기 위해서였어요."

이런 이야기를 주고받다 보니 어느새 골목 끝에 도착하였다. 눈앞에 성당이 보였는데, 나는 프랑스의 노트르담 성당 같다는 생각이 들었다. 엘레나가 레온에 대한 이야기를 마저 한 뒤 성당에 가보자고 하며 이야기를 계속했다.

"레온의 역사를 간단히 살펴보면 역시 로마에서부터 시작해요. 로마 멸망 후에는 서고트 왕국의 지배를 받게 됩니다. 그다음에는 이슬람의 지배를 받고요. 그러다가 856년 기독교 왕에 의해 탈환되고, 910년에 독립 왕국 레온의 수도가 됩니다. 1230년에는 카스티야 왕국과 합병되고, 후에 카스티야 왕국은 아라곤 왕국과 합병한 뒤 1492년에 그라나다를 함락하면서 국토 회복을 운동이 마무리됩니다."

내 얘기가 끝나자 이번에는 엘레나가 레온 대성당에 대한 이야기를 해주었다.

"레온의 대성당은 고딕 양식으로 지어진 스페인 3대 대성당 중 하나예요. 지금 우리가 서 있는 곳은 고대 로마 목욕탕 자리죠. 대성당 이전에는 로마네스크 양식의 성당이 있었는데, 그 자리에 세운 것이 바로 레온 대성당이에요. 1205년부터 고딕 양식으로 성당을 짓기 시작해 완성까지 400년이 걸렸는데, 프랑스의 랭스 대성당을 모델로 삼았다고 해요. 결국 프랑스 스타일의 성당이라고 할 수 있죠. 아까 우리가 걸어 나왔던 마요르 광장은 로마 시대의 성벽과 연결되어 있고, 대성당은 그 뒤편에 있어요. 이곳이 로마 시대에 만들어진 도시라는 것을 알 수 있는 부분이죠. 이 로마 성벽은 19세기에 많은 부분을 보수했다고 합니다."

엘레나는 성당 입구의 장미 문양 스테인드글라스를 바라보더니,

"이럴 때 해가 성당 안으로 비추어주면 참 아름다울 것 같은데…."라며 혼잣말처럼 말하였다. 그리고는 기억하기 어려운 정식 명칭과 3개의 큰 장미창, 120개 정도의 창이 스테인드글라스로 장식되어 있다고 알려주었다.

엘레나의 말에 내가 덧붙였다.

"고딕 양식의 성당은 서쪽을 중시해요. 왜냐하면 시대적으로 중세이고, 서쪽에서 해가 질 때 들어오는 빛이 스테인드글라스를 통해 성당 내부를 비추면 중후함과 아름다움이 배가되기 때문이에요. 참고로 그리스 로마 신화의 신전은 동쪽을 중시한다고 해요. 아침에 태양이 떠오를 때의 태양빛이 신전의 황금빛 기둥에 반사되어 신전 안을 아주 웅장하게 만들기 때문이죠."

레온의 산타 마리아 데라 레글라 성당

성당 안으로 들어가자 고딕 양식 특유의 분위기가 흘렀다. 역시 스테인드글라스 창문들은 아름답다는 생각이 들었다. 벽은 대개의 성당이 그러하듯이 프레스코 벽화와 묘비명으로 장식되어 있었다. 유럽에서는 성당을 '신들의 무덤'이라는 하는데, 맞는 말인 것 같았다. 성당 안에는 13세기 판화, 조각상 등을 전시하고 있는 미술관이 자리 잡고 있었다.

대성당에서 나온 우리는 앞에 있는 인포메이션 센터로 갔다. 그곳에서 구시가지 지도를 받아 살펴본 후, 먼저 카사 데 보티네스Casa de Botines로 향하였다. 대성당하고는 그리 멀지 않은 곳에 있었다.

카사 데 보티네스는 가우디가 설계한 건물로 현재는 은행으로 사용되고 있었다. 사실 스페인 북부에서 가우디의 작품을 보는 것은 흔하지 않는 일인데 바르셀로나에서 봤던 그의 작품과는 또 다른 느낌이 들었다. 가우디 작품의 특징인 화려한 타일 장식이 없기 때문인 것 같았다. 나는 엘레나에게 이곳의 건물에는 타일 장식을 하지 않은 특별한 이유가 있는지 물었다.

"아스토르가의 주교관도, 은행으로 사용하고 있는 이 카사 데 보티네스도 그다지 화려하지 않죠? 사실 가우디의 트레이드마크인 현란한 색감의 타일 아트는 그의 독창적인 발상이 아니라 조세프 마리아 주졸Josep Maria Jujol과 협업한 결과라고 해요. 이에 대해서는 가우디 자신도 인정한 거예요. 가우디는 스스로 색을 배합하는 능력이 그리 좋지 않다고 말했어요. 그래서 주졸과 같이 하지 않은 작업에는 타일 아트를 볼 수 없어요."

우리는 대성당 방향으로 들어와 쇼핑 거리로 갔다. 사람은 그리 많지 않았다. 쇼핑 거리 안에는 순례자의 숙소도 있었는데 그 옛날 많은 순례자가 지금 이렇게 화려한 쇼핑 거리가 생길 거라 예상했을까 하는 생각이 들었다.

다시 구시가지 방향으로 걸어 올라갔다. 좁은 골목길을 따라 올라가보니 로마의 성벽과 함께 묘한 색감을 가진 집들이 보였다. 엘레나가 말했다.

"남쪽의 풍경하고는 완전히 다른 느낌이네요. 이곳에 도착하기 전 넓은 평원이 보였는데 가만 보니 그 흙의 색깔과 여기 집들의 색이 비슷한데요."

그녀는 유독 사물을 유심히 관찰하는 것 같았다. 우리가 잘 알고

레온 대성당의 스테인드글라스

있는 유명한 비평가나 철학자들도 그녀와 비슷했을 것이라는 생각이 문득 들었다.

스페인의 북부로 올라올수록 남부와는 다른 느낌을 받는 것은 이들의 환경이 다르기 때문일지 아니면 환경에서 오는 문화가 다르기 때문인지 궁금해졌다. 스페인을 소개한 책에서 읽은 글이 생각났다. "스페인을 잘 이해하기 위해서는 역사와 함께 그들의 지리적인 특성을 이해해야 한다."

엘레나와 나는 산 이시도르 성당San Isidro de Basilica으로 향하였다. 골목길에서 보물찾기라도 하듯 구경하면서 걸었는데 아주 재미있었다.

가우디의 카사 데 보티네스

레온 쇼핑 거리

레온 골목 풍경

산 이시도르 성당의 첫인상은 레온 대성당에 비해 아름답지는 않았다. 전형적인 로마네스크 혹은 바로크 양식의 건물과 비슷한 느낌이 들었다. 엘레나의 설명이 이어졌다.

"산 이시도르 성당은 1062년에 착공됐어요. 대성당을 고딕 양식으로 짓기 시작한 연대보다 빠르죠."

"산 이시도르 성당을 짓기 시작한 이유가 있나요?"

"산 이시도르는 세비야의 대주교이면서 유명한 학자이기도 했어요. 그가 죽자 당시 세비야의 이슬람 술탄이 그 유골을 그의 고향으로 보내는 것을 허락하면서 이곳에 '산 이시도르 성당'을 지었다고 해요. 완공된 것은 12세기 중엽이고, 로마네스크 양식으로 지어졌습니다."

산 이시도르 성당 앞 바닥에는 순례자를 상징하는 조개 모양의 장식이 붙어 있었다. 그 길을 따라 걸었다. 길은 구시가지로 우리를 안내하였다. 오늘도 멋진 하루였다. 여행의 끝이 다가오고 있었다.

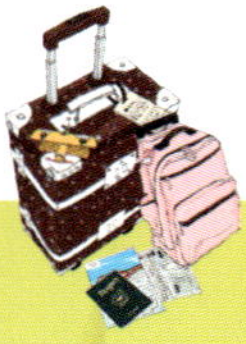

TIP

스페인의 맛 이야기 2

스페인 음식에 대해 이야기할 때 빠지지 않는 것이 약 700년간 이슬람 지배를 받았던 중세 시대의 음식 문화다. 당시 올리브 나무를 들여와 올리브와 올리브 오일을 생산하게 되었으며, 다양한 채소와 과일 그리고 향신료도 같이 유입된다. 특히 스페인에서 올리브로 가장 유명한 곳이 바로 안달루시아 지역으로 스페인에서만 세계 전체 올리브의 44%가 생산된다고 한다.

안달루시아 지방의 대표 음식, 하몬 & 가스파초

안달루시아 지역에서 가장 유명한 음식은 스페인 최고의 식재료인 하몬(Jamón)이다. 하몬은 돼지 뒷다리를 천연 소금에 절인 후 건조해 만든 햄이다. 그중에서도 18개월 이상 도토리 나무가 있는 산에서 풀어 놓고 키운 돼지로 만든 하몬 이베리코 베요타의 품질이 최상급으로 알려져 있다. 메론과 같이 먹으면 와인과 잘 어울리는 안주가 되며, 보통 얇게 썰어 익히지 않고 그대로 먹는다.

안달루시아 남부 지역의 대표 음식은 가스파초(Gazpacho)이다. 토마토, 피망, 오이, 빵, 올리브 오일, 식초, 얼음물을 함께 갈아 차게 마시는 스페인식 야채 수프이다.
중세 시대에 빵과 올리브 오일, 물, 마늘을 넣어 만드는 이슬람 음식에 식초가 더해져 가스파초의 기원이 되었으며, 16세기에 신대륙을 통해 토마토가 스페인에 소개되었지만, 19세기에 들어서야 토마토를 넣은 지금의 가스파초가 만들어졌다. 무더운 여름에 하루 전날 만들어 냉장고에 넣어두었다가 주로 애피타이저로 먹는다.

하몬

가스파초

DAY 11

새로운 문화 랜드마크의 탄생,
빌바오

B i l b a o

바스크 지방의 쇠퇴한 공업도시 빌바오는 1997년 구겐하임 미술관이라는 문화적 랜드마크가 생기면서 한 해 100만 명이 찾는 세계적인 관광지로 거듭났다. 빌바오를 새롭게 만드는 문화 관련 여러 가지 프로젝트들이 계속해서 진행되면서 문화와 예술의 도시로 재건하는 데 성공한다.

구겐하임 미술관

구겐하임 미술관으로 '빌바오 효과'를 탄생시킨 문화 도시, 빌바오의 기적

스페인 북부 바스크 지방 비스카야 주의 주도이다. 철광석과 철광석을 주재료로 하는 제품을 만들어 수출하기 시작하였다. 셰익스피어의 작품에 빌바오의 강철로 만들어 뛰어난 성능을 자랑했다는 빌보스 검이 등장할 정도로 오래전부터 철강이 유명한 도시이다. 구겐하임 미술관을 통해 '빌바오 효과'라는 단어를 탄생시킨 문화적인 볼거리도 풍부한 곳이다.

레온에서 하루를 보내고 아침 8시에 빌바오Bilbao로 출발하였다. 이곳에서 빌바오까지는 약 333킬로미터, 차로 4시간 정도 걸린다. 칸타브리아Cantábria 산맥[1]의 영향 때문일까. 북부지역으로 갈수록 스페인의 또 다른 모습을 볼 수 있었다.

엘레나와 나는 라디오에서 흘러나오는 음악을 들으며 이야기를 주고받았다.

"빌바오는 비스케이 만에서 10km 정도 내륙으로 들어간 곳에 위치하고 있어요. 이곳은 '산티아고 데 콤포스텔라 성당Catedral de Santiago de Compostela'을 향해 지친 발걸음을 옮기던 순례객들이 잠시 숨을 돌리는 곳입니다. 여기뿐만 아니라 유럽의 많은 성당이 아주 오래전부터 순례객들의 휴식처이자 이정표 역할을 했어요. 중세로 거슬러 올라가보면, 이 도시는 14세기에 시작되어 바스크 민족의 중심 도시로서 역사를 이어왔어요. 19세기 들어서는 네 차례나 왕위 계승 전쟁에 휘말립니다. 제철업을 시작하면서 인근 나라들에 수출을 했고, 그 후 여러 물품의 교역이 이어지면서 스페인의 손꼽히는 무역항이 됩니다. 제철 제강 외에도 금속, 기계, 화학, 유리, 도자기, 담배, 조선 등의 공업이 발달해요. 하지만 중공업 중심의 도시 환경과 산업 폐기물의 공해 속에서 힘들어하다가 철강 산업의 쇠퇴로 위기를 맞게 되죠."

여기까지 말한 엘레나가 잠시 창밖을 바라보았다. 시원스럽게 펼쳐진 평야가 마음까지 시원하게 해주었다. 그녀가 창문을 열었다. 바람이 안으로 들어왔다. 푸른 하늘과 땅이 만나 마치 하나로 이어진 것처럼 보였다. 다시 창문을 닫은 엘레나는 커피를 한 모금 마신 뒤 이야기를 계속하였다.

"빌바오는 레온과 아주 다른 느낌이 들 거예요. 빌바오는 완전히 공업화된 도시였기 때문에 도시 냄새가 물씬 풍기거든요. 사실 저는 전에 다녀온 적이 있어 큰 흥미는 가지고 있지 않아요. 하지만 구겐하임 미술관은 한 번 더 가보고 싶어요."

"공업 도시였던 빌바오가 지금은 문화 도시로 다시 태어났다고 들었습니다. 이유가 있을 것 같은데요?"

"물론 이유가 있죠. 아까 말한 대로 철강 산업의 쇠퇴로 중공업과 조선업의 도시 빌바오는 점점 어려워져요. 이때 시에서 큰 결정을 내려 몇 가지 투자를 하는데 그중에 하나가 바로 구겐하임 미술관Guggenheim Museum입니다. 미술관을 짓는 데만도 1억 5,000만 달러가 들었다고 해요. 캐나다 출신의 건축가 프랭크 게리Frank Gehry가 설계를 맡아 7년 만에 완성해 1997년에 개관했는데, 당시 빌바오행 모든 비행기가 만석이 되었을 만큼 인기를 끌었고, 지금도 일 년에 100만 명씩 다녀간다고 해요."

"그래서 '빌바오 효과'라는 말이 생긴 건가요?"

"미술관 하나가 빌바오 경제를 살리고 많은 사람이 한 번쯤 방문하고 싶어 하는 도시가로 거듭난 것을 말합니다. 관광객 대부분이 '거대한 티타늄 물고기'라는 별명을 가진 구겐하임 미술관을 보기 위해서 빌바오를 찾는 거죠."

빌바오에 도착하니 낮 12시가 조금 넘었다. 차는 구불구불 흐르는 네르비온 강을 따라 달렸다. 강 오른쪽에는 구시가지, 왼쪽에는 신시가지가 펼쳐졌다. 엘레나와 나는 산 세바스티안 대성당Catedral de San Sebastian 근처에 차를 주차한 뒤 먼저 식사를 하고, 구겐하임에 가기로 하였다. 가까운 식당에 들어가 세트 메뉴를 시켰다. 식당도 거리도 사람들로 붐볐다. 식사 후 천천히 성당으로 향하였다. 성당은 세바스티안의 구시가지 번화가와 마주하고 있었다.

"산 세바스티안 대성당은 14세기에 착공해 1897년에 완성됐어요. 고딕 양식의 건축물로 4,000명 정도 수용할 수 있는 규모고요. 다른 지역의 대성당보다는 화려함이 좀 떨어지는 느낌이 들지만, 뭐랄까 풍겨 나오는 분위기는 아주 강한 것 같아요."

성당을 짧게 둘러보고 나와 다시 주차장을 향해 걸었다. 엘레나는 주위를 둘러보며 빌바오에 대한 이야기를 이어나갔다.

"빌바오는 바스크의 중심 도시이고, 스페인어와는 다른 바스크

빌바오 산 세바스티안 대성당

언어를 가지고 있어요. 아까 말했듯이 공업이 발전해 많은 사람들이 몰려들면서 바스크 지방 중에서 가장 바스크인이 적은 곳이 됩니다. 빌바오의 구시가지를 '카스코 비에호Casco viejo'라고 불러요."

엘레나도 나도 이곳이 처음은 아니었지만 이상하게도 나중에 기회가 되면 또다시 오고 싶다는 생각이 드는 묘한 매력의 도시였다. '빌바오에 구겐하임을 보러 가지 말고, 구겐하임을 보러 빌바오에 가라.'는 문구를 읽은 적이 있다.

엘레나와 나는 구겐하임으로 향하였다. 엘레나에게 구겐하임 미술관이 만들어지게 된 히스토리를 아는지 물었는데, 잘 모른다고 하였다.

"구겐하임은 타이타닉과 약간의 연관이 있습니다."

"영화로 나온 타이타닉 말인가요?"

"네, 맞아요. 타이타닉 침몰로 인한 희생자 중에는 철강 부자였던 벤자민 구겐하임이 있었습니다. 벤자민 구겐하임의 둘째 딸인 마거리트 페기 구겐하임이 바로 구겐하임 미술관의 설립자입니다. 사고로 죽은 아버지에게 어마어마한 유산을 물려받은 그녀는 문화 활동을 시작합니다. 예술가를 후원하고 화랑을 통해 수집 활동을 하고, 수집한 작품으로 베니스 비엔날레도 엽니다. 죽은 후에는 자신의 모든 예술작품 수집품을 삼촌인 솔로몬 구겐하임이 세운 뉴욕 구겐하임에 기증하기도 하고요. 이러한 시작 과정을 통해 구겐하임 미술관은 쇠퇴해 가던 이곳 빌바오에 기적을 일으키게 되는 거죠."

이야기를 하는 동안 드디어 구겐하임 미술관에 도착하였다.

차에서 내려 미술관으로 향한 우리를 처음 반겨준 것은 구겐하임 미술관 앞마당에 설치돼 있는 12.5미터의 꽃 강아지 〈퍼피〉였다.

"이 작품은 원래 미술관 개관을 기념해 한정적으로 전시하려 했던 것인데 인기가 좋아 상시 설치물이 되었다고 합니다."

"아, 그렇군요. 누구의 작품이죠?" 하고 나는 엘레나에게 물었다.

"미국의 현대 미술 작가 제프 쿤스Jeff Koons예요. 그는 이곳의 〈퍼피〉 외에도 9.11 테러로 붕괴된 세계무역센터 맞은편에 〈벌룬 플라

빌바오 구겐하임 미술관

워〉 등의 작품으로 많은 사람들의 사랑을 받고 있는 예술가입니다. 한때는 포르노 배우와 결혼하고 성에 대한 노골적인 표현으로 환영받지 못했어요. 〈퍼피〉는 이혼 후 아들과 키우던 강아지의 모습을 꽃으로 표현한 작품이죠. 아, 그리고 한국에도 300억 원이나 되는 그의 작품이 있는데요. 〈세이크리드 하트〉라는 높이 3.7미터, 무게 1.7톤의 스테인리스 스틸로 만든 조각품인데, 아직 못 보셨다면 나중에 돌아가셔서 한번 보세요."

제프 쿤스의 〈퍼피〉

이어 엘레나는 또 다른 설치 작품을 가리키며 물었다.

"저건 뭐처럼 보이세요?"

"거미 아닌가요?"

"맞아요. 프랑스의 대표적인 페미니즘 작가인 루이스 부르주아 Louise Bourgeois의 작품이에요. 여성이 저런 거대한 작품을 만들었다니 대단하지 않나요? 제목이 무엇인지 아세요? 바로 〈마망Maman〉입니다. 엄마라는 뜻이에요. 거미 조각에 엄마라는 제목이 왠지 어울리지 않는 것 같지만 작품에 대한 배경을 듣고 나면 이해할 수 있으실 거예요."

엘레나는 〈마망〉을 다시 한 번 쳐다보더니 이야기를 계속하였다.

루이스 부루주아의 〈마망〉

"10년 동안 함께하던 자신의 가정교사가 아버지의 애인이었다는 사실을 알게 된 그녀는 아버지에게 배신과 분노를, 어머니에게는 사랑과 연민을 느끼죠. 그 마음을 이 작품에 담았다고 합니다. 어머니를 향한 사랑을 거미로 표현한 데는 많은 의미를 담고 있어요. 거미의 가느다란 다리는 상처받기 쉬운 엄마의 마음, 알을 보호하려는 거미의 모성은 자식들을 지켜낸 엄마의 위대한 모성을 상징한다고 합니다."

"듣고 보니 정말 많은 것을 생각하게 하는 작품이네요."

엘레나와 나는 미술관으로 입장하여 여유를 가지고 천천히 세계적인 작품들을 둘러보았다.

"이곳 빌바오를 비롯해 뉴욕, 베니스에 있는 구겐하임 미술관 모두 건축물 하나만으로도 사람들을 이끄는 매력이 있는 것 같아요"

그녀의 말에 정말 공감한다. 360도를 돌며 여기저기를 둘러봐도 똑같은 공간이 하나도 없는 완벽한 건축 작품이라는 생각이 들었다.

주

1 **칸타브리아(Cantábria) 산맥_** 길이는 500km로 에스파냐 북쪽 비스케이 만 기슭을 따라 뻗은 산맥

TIP

스페인의 맛 이야기 3

바스크 지방의 한 도시 산 세바스티안(San Sebastián)은 전 세계 도시 중에서 〈미슐랭 가이드〉로부터 별을 받은 맛집이 가장 많은 곳으로 세계에서 가장 맛있는 도시 중 한 곳이다. 아름다운 전경만큼이나 훌륭한 맛을 내는 특산물이 많은 먹을거리의 천국으로 바스크의 맛을 느낄 수 있는 곳이다. 또한 '남자들의 식도락 모임'이라는 초코(Txoco)가 300개가 넘게 있을 정도로 미식가들이 많은 지역이다.

바스크 지역의 대표 음식, 핀초 그리고 타파스

핀초(Pintxo)는 작은 빵 위에 다양한 재료를 얹어 소스와 함께 먹는 음식으로 전형적으로 바에서 먹는 전형적인 술안주라고 할 수 있다. 동네 골목에서 쉽게 핀초 바를 찾을 수 있으며, 다양한 맛의 핀초와 함께 술을 즐기며 저녁식사를 대신하는 핀초 문화가 있을 정도이다. 지역 특산물을 올려 이쑤시개 등으로 고정시켜 낸 안주의 성격이 강하고, 바스크식 타파(Tapa)를 핀초라고 말하기도 한다. 빵 위에 연어나 엔초비, 하몬, 고기, 감자 샐러드를 올리는 카나페식이 보통인 타파스(Tapas)는 바르셀로나에서 특히 즐겨 먹으며 당당히 하나의 요리로 자리매김했다.
핀초, 티파스와 곁들이는 술로는 와인, 맥주, 바스크 지방 전통술인 챠콜리 등이 있다. 챠콜리는 화이트 와인의 일종으로 알코올 도수는 10~12 정도이며, 약간의 탄산과 시큼한 맛이 나기 때문에 기름진 음식과 잘 어울리는 편이다.

핀초

타파스

DAY 12

투우의 도시 **팜플로나,**
고야의 빛과 그림자 **사라고사**

팜플로나는 성으로 둘러싸여 있으며, 산티아고 데 콤포스텔라로 가는 순례길이 지나는 곳이다. 소몰이 축제인 '성 페르미아 축제'와 어니스트 헤밍웨이의 『태양은 다시 떠오른다』 소설의 배경지로 잘 알려져 있다. 사라고사는 성모마리아를 기념하기 위해 지어진 첫 번째 성전의 도시이며, 스페인에서 기독교를 최초로 받아들인 도시이기도 하다. 또한 스페인의 3대 화가 중 한 명인 프란시스코 고야의 고향이다.

사라고사 구시가지의 야경

나바라 왕국의 수도이자 헤밍웨이가 사랑한 도시, 팜플로나

기원전 1세기경 이베리아 반도를 지배한 로마의 장군 폼페이우스에 의해 건설되었다. 시가지는 성채로 둘러싸여 있으며, 산티아고 데 콤포스텔라로 가는 순례길이 지나는 곳이기도 하다. 소몰이 축제인 '성 페르미아 축제'와 어니스트 헤밍웨이의 소설 『태양은 다시 떠오른다』 배경지로 잘 알려진 도시이다.

오늘은 조금 늦게 일어나 오전 9시부터 일정을 시작하기로 하였다. 오늘의 목적지는 팜플로나Pamplona와 사라고사Zaragoza이다. 먼저 갈 팜플로나는 빌바오에서 그리 멀지 않은 156킬로미터 거리로 2시간 정도 걸릴 예정이다. 엘레나와 나는 소몰이 축제가 열리는 곳, 팜플로나로 출발했다.

팜플로나는 북쪽 프랑스와 국경이 가깝고, 피레네 산맥과 가까운 고지대에 자리 잡고 있으며, 피레네 산맥 서부의 구릉지에 있는 나바라Navarra 주의 주도이다. 주변으로 아르가 강이 흐른다. 차를 타고 가는 동안 엘레나는 팜플로나의 역사에 관하여 이야기했다.

"팜플로나는 10세기부터 16세기 초까지 나바라 왕국의 수도로 번영을 누렸던 곳입니다. 빌바오와 마찬가지로 주민의 대부분은 바스크인이죠. 주요 산업은 가죽, 제당, 제분, 포도주 등의 소규모 공업과 관광 산업이고요. 이 도시가 어떻게 건설되었는지 아세요?"

나는 모른다고 하였다. 이렇게 엘레나는 새로운 도시를 갈 때마다 그곳에 대해 설명하면서 갑자기 질문을 해 나를 당황하게 만드는 경우가 종종 있다.

"투우 축제의 도시로 알려져 있는 팜플로나는 기원전 1세기경 이베리아 반도를 지배한 로마의 장군 폼페이우스Pompeius에 의해 건설되었다고 해요. 이후 이슬람교도, 서고트족에게도 정복당하죠. 도착해서 직접 보면 알겠지만 여러 민족으로부터 침략을 받았던 역사의 흔적으로 시가지가 성채로 둘러싸여 있어요."

나는 유럽의 많은 도시가 성채로 둘러싸여 있는 이유는 대동소이한 것 같다고 생각하며 그녀의 계속되는 이야기에 귀를 기울였다.

"824년에 세워진 나바라 왕국의 수도로서 팜플로나는 번성했어요. 그러다 1513년 스페인 왕국에 복속되면서 나바라 주의 주도가 되었죠. 현재의 팜플로나는 요새처럼 성벽으로 둘러싸인 구시가지와 아르가 강을 끼고 프린시페 데 비아나 광장Plaza del Principe de Viana을 중심으로 한 신시가지로 구분되죠. 카테드랄Cathedral, 나바라 미술관Museo de Navarra, 팜플로나 시청사 등을 비롯한 역사 유적과 박물관을 품고 있어요. 하지만 무엇보다 이곳은 매년 7월에 열리는 산 페르민 축제Fiesta de San Fermin로 유명한 도시입니다."

엘레나와 나는 잠깐 휴게소에 들러 진한 커피 한 잔을 마시고 다시 출발하였다. 팜플로나에 도착해 투우장 옆 지하 공용 주차장에 차를 세웠다. 이곳은 구시가지와 가까웠다. 천천히 주차장을 걸어 나오니 바로 투우장이 보였다.

“투우는 말 그대로 ‘소싸움’이에요. 다만 소끼리 싸우는 한국의 소싸움과 달리 스페인에서는 사람과 소의 싸움이라는 점이 다르죠. 투우에 등장하는 소는 대개 공격적인 성향이 강한 황소예요. 투우사가 빨간 천을 이용해 소를 흥분시키며 이리저리 끌고 다니다가 마지막에 칼이나 창으로 숨통을 찔러 죽이는 경기인데, 이 과정에서 투우사는 특유의 장중하고 의례적인 몸짓으로 관중의 눈길을 끌면서 재미를 더합니다.

투우는 스페인, 포르투갈, 남부 프랑스, 라틴아메리카 국가에서 열리고 있어요. 직업적 투우사를 ‘토레로Torero’라고 하는데, 그 역할에 따라 주역인 마타도르Matador와 조역인 반데리예로Banderillero, 그리고 보조역인 피카도르Picador로 구분해요. 투우가 시작되면 먼저

투우하는 모습

파카도르가 말을 타고 등장해 소의 어깨 등에 창을 꽂고, 반데리예로가 반데리야 혹은 페온이라고 불리는 장식이 달린 작살을 소의 어깨에 꽂아요. 이렇게 소의 힘을 어느 정도 빼놓으면 마지막은 마타도르가 장식하죠. 마타도르는 물레타라고 불리는 막대에 매단 붉은 천으로 소를 유인하면서 갈비뼈 사이에 칼을 찔러 넣어 소의 숨통을 끊는데, 이 동작을 아주 순간적으로 재빠르게 해야 합니다. 그렇지 않으면 소에게 받힐 위험이 있으니까요. 그런데 일반적인 투우 경기에서 몇 마리의 황소가 등장하는지 아세요?"

이번에도 엘레나는 설명을 하다가 갑자기 나에게 질문을 던졌다.

"글쎄요. 잘 모르겠는데요."

"보통 여섯 마리의 황소가 등장해요. 1명의 마타로르 밑에 반데

투우하는 모습

리예로 2~3명, 파카도르 2~3명이 한 팀을 이루고, 마타도르의 서열에 따라 몇 개의 팀이 교대로 투우를 벌이는 거죠."

"아, 그렇게 진행되는 거였군요. 그런데 투우는 언제부터 시작되었나요?"

"투우 경기는 고대 크레타 섬, 테살리아, 로마 제국에서 행해졌어요. 포에니 전쟁 이전에는 켈트인과 이베리아인의 야생 소 사냥을 일종의 경기로 개발한 거예요. 그러다 바에티카에서 열린 경기에서 한 투우사가 노련한 기술과 용맹함을 보이며 도끼와 창을 이용해 야생 소에게 치명적인 공격을 가한 일이 있었는데, 그 후 투우의 인기가 점차 높아졌어요. 세비야, 코르도바, 톨레도, 타라고나, 메리다, 카디스 등에 허물어져가는 원형 극장을 새롭게 단장해 이곳 팜플로나에서 본격적으로 투우를 펼쳤다고 해요."

엘레나와 나는 소몰이를 하는 골목으로 천천히 걸어갔다. 골목 안은 그리 넓지 않았다. 소들이 지나다니는 길에는 소몰이 행사를 알리는 표시를 미리 해둔다고 하였다. 골목 안에는 식당과 기념품 가게가 많이 있었지만 좀 알려진 식당에는 자리가 없어 서둘러 근처 타파스 식당에 자리를 잡았다.

"산 페르민 축제는 헤밍웨이의 소설 『태양은 다시 떠오른다』에 나오면서 알려졌어요. 그래서 투우장 앞에 헤밍웨이 동상이 세워져 있는 거예요. 부르게테Burgete라는 곳이 있는데, 소설의 주인공이 와서 머물렀던 곳입니다."

엘레나는 맥주를 한 모금 마신 뒤 이야기를 계속하였다.

"산 페르민 축제가 열리는 7월 6일부터 일주일 동안 사람들은 모든 열정을 토해낸다고 해요. 저도 투우는 여러 번 보았지만 정작 축제는 보지 못했어요. 매체를 통해서 본 것 말고는요."

나는 그녀의 얘기를 들으면서 버섯 핀초를 먹었는데 맛있어서 엘레나에게도 먹어보라고 권했다. 문득 곧 있으면 엘레나와 함께하는 이 여행도 끝이라는 생각에 마음이 복잡해졌다. 엘레나는 나와의 여행이 어떠했을지 궁금해졌지만 차마 물어보지는 못했다. 대신 엘레

산 페르민 축제의 모습

나가 열심히 설명하고 있는 축제의 기원에 대해서만 묻고 말았다.

엘레나는 맥주를 한잔 마신 뒤 나를 바라보고 이야기하였다.

"산 페르민 축제의 기원은 13~14세기로 추정되며, 세 가지 형태로 진행되었다고 해요. 우선 도시의 수호 성지인 산 페르민을 기념하는 종교적인 의식, 14세기부터는 상업적 의미의 축제, 그리고 투우 경기를 중심으로 한 소 축제 형태로까지 진행되죠. 이 세 가지가 결합되어 열리기 시작한 것은 1591년부터지만 17~18세기에는 종교적 색채가 강했고, 19세기에는 오락적인 측면이 강했어요. 가면 행렬도 이 시기부터 추가되었고요. 원래는 10월에 열렸는데 춤, 음악, 희극 등 부가적인 행사가 결합되면서 7월로 변경되었어요."

"그럼 이곳의 축제가 유명해진 것은 소몰이 행사 때문인가요?"

"꼭 그렇다고는 이야기할 수 없지만 축제 중 가장 유명한 행사이기는 하죠. 축제가 벌어지는 기간 내내 오전 8시에는 소몰이 행사가 진행됩니다. 투우장까지 연결되는 거리에 소를 풀어 질주하게 하면 수백 명의 젊은이가 흰옷을 입고 허리에 빨간색 천을 두른 채 소를 앞질러 달리죠. 한번 상상해보세요. 얼마나 짜릿할까요?"

"위험하지 않을까요? 소에게 받힐 수도 있고, 달리다가 넘어질 수도 있고요."

"물론 위험 요소도 많죠. 그래서 소몰이를 하기 전에 수호성인에게 무사히 안전하게 마칠 수 있도록 해달라고 기도를 하는 행사가 열리기도 합니다. 하지만 많은 사람이 몰리다 보니 이런저런 사고가

소몰이가 열리는 골목

생길 수밖에 없죠. 1924년부터 2000년대 초반까지 이 축제에서 사망한 사람은 무려 20여 명이나 되고, 부상자는 200명이 넘었어요."

"소몰이를 하는 데 걸리는 시간은 얼마나 되나요?"

"5분 정도면 끝나요. 생각보다 짧죠? 하지만 이 소몰이 행사가 축제를 홍보하는 역할을 톡톡히 한답니다. 우리는 바로 그 축제의 현장에 와 있어요. 지금은 조용하지만 7월이 되면 말 그대로 난리예요. 스페인의 열정이 제대로 느껴지죠."

산 페르민 축제 홍보 포스터

엘레나의 유쾌하고 시원시원한 성격과 잘 웃는 모습 때문인지 그녀와 이야기를 나누는 동안은 항상 즐겁다.

우리는 식당에서 나와 골목을 걸어 시청사와 대성당으로 향했다. 우선 소몰이의 출발점으로 축제의 시작을 알리는 시청사 앞으로 왔다. 다른 지역의 시청사보다는 좀 초라해 보였지만 대축제를 여는 곳이라는 나름의 의미를 부여하니 괜히 다르게 보였다.

엘레나와 나는 대성당으로 향했다. 골목길을 걷다 보니 세 갈림길이 나왔는데 그 사이로 팜플로나의 대성당이 보였다. 길에는 여행객이 많이 몰리는 밤이 되면 시끄러워져 주변 건물에 사는 사람들이 조용히 해달라는 내용의 현수막이 걸려 있었다.

대성당에는 광장이 있었다. 성당 앞의 카페에는 여러 사람이 모여 앉아 이야기를 나누고 있었다. 엘레나는 성당에 관하여 이야기하였다.

"이 성당 자리는 원래 12세기 초 로마네스크 양식의 교회였어요. 지금 우리가 보고 있는 성당 건물은 16세기에 세워진 것이고요. 당시 교회에 있던 미술품은 나바라 미술관Museo de Navara에 보관되어 있다고 합니다."

팜플로나에 도착했을 때는 날씨가 많이 흐렸는데 오후가 되니 화창해졌다.

이제 사라고사Zaragoza로 가야 할 시간이다. 엘레나는 큰 잔에 더블 카페솔로 두 잔을 사 가지고 왔다. 이곳에서 사라고사까지는 179킬로미터, 2시간 반 정도 거리였다. 나는 운전을 하면서 엘레

팜플로나 시청

팜플로나 대성당으로 가는 길

골목에서 바라본 팜플로나 대성당

나에게 피곤하면 한숨 자라고 했으나 그녀는 "언제 이곳에 다시 올지 모르는데, 가는 길도 눈에 담아야 하지 않겠어요?" 하며 싱긋 웃어 보였다.

스페인 최초로 기독교를 받아들인 도시, 사라고사

이슬람의 지배를 받다가 통일 때까지 아라곤 왕국의 수도로 번영하였다. 나폴레옹 침략에 저항한 사라고사의 끈질긴 항전은 역사적으로 유명하다. 스페인에서 최초로 기독교를 받아들인 도시이기도 하다.

사라고사Zaragoza로 가는 길은 스페인 남부를 여행할 때와는 아주 다른 느낌이었다. 팜플로나를 출발한 지 얼마 안 되어 경찰봉을 흔들며 차량 검문을 하는 경찰이 나타났다. 프랑스와 국경이 가까워 그런 것 같다는 생각이 들었다. 이곳은 또한 분리 독립을 주장하는 바스크 지역이기도 하였다.

2시간 정도의 거리지만 팜플로나가 있는 지역과 사라고사가 있는 지역은 사뭇 다른 느낌이었다. 우선 다른 지역보다 차가 적었다. 도로에서 좀 떨어진 옆쪽으로 태양열판이 보여 엘레나에게 물었다.

"여기는 남쪽도 아닌데 왜 태양열판이 있죠? 풍력기도 많기는 하지만요."

"글쎄요, 여기는 태양의 나라이니까 태양열판이 있는 아닐까요? 이곳도 뜨거운 태양의 나라, 스페인이잖아요."

그녀의 말은 내게 '스페인은 태양과 바람의 나라'라는 말을 다시

한 번 상기시키게 했다.

차는 고속도로를 지나 국도로 빠져나와 에브로Ebro 강을 따라 달렸다. 차 안에서 엘레나는 사라고사에 대해 이야기했다.

"사라고사는 스페인에서도 큰 도시에 속하고, 중세 시대의 사원과 이슬람의 흔적이 많이 남아 있는 곳이에요. 이곳의 옛 이름은 살두바Salduba입니다."

엘레나는 호텔로 가기 전 사라고사에 구시가지부터 둘러보자고 하였다. 우리는 구시가지에 있는 필라르 성모 대성당 옆 지하 주차장에 차를 세워놓고 밖으로 나왔다. 에브로 강변에 자리 잡고 있는 필라르 성모 대성당Basillca de Nuestra del Pilar이 보였다. 성당 앞에는 필라르 광장이 넓고 시원하게 펼쳐져 있었다.

필라르 성모 대성당과 필라르 광장

엘레나는 성당으로 걸어가면서 이야기하였다.

"사라고사는 아라곤 왕국의 수도였어요. 바르셀로나와 마드리드의 중간 지점에 위치해 있어 기원전부터 교통의 중심지 역할을 했습니다. 또한 스페인의 3대 화가 중 한 명인 프란시스코 고야Francisco José de Goya y Lucientes의 고향이기도 해요. 그리고 대주교 관구인 이곳에는 강변에 또 다른 성당이 있는데, 살바도르 대성당이라고도 불리는 라 세오La seo 대성당입니다."

엘레나의 말을 이어 이번엔 내가 이야기하였다.

"고야라면 화가를 마스터Master에서 아티스트Artist로 전환시킨 사람 아닌가요? 전통적인 회화 형식을 사용했지만 다양한 주제를 새로운 시선으로 화폭에 표현했다고 하더군요. 주체를 해체한 최초의 근대

고야가 그린 필라르 성모 대성당의 레지나 마티럼돔의 천장화

필라르 성모 대성당

적 화가라고도 이야기하고요. 어떻게 보면 문학에서의 해체주의와 비슷한 그림을 그린 화가라 생각해요."

"맞아요. 고야는 궁중 화가로서도 꽤 유명했죠. 카를로스 3세, 카를로스 4세 그리고 페르디난도 7세를 위해 많은 그림을 그린 왕실 화가이며, 고전주의 대가이기도 하죠. 그는 종교화, 초상화, 역사화 등 다양한 주제의 그림을 그렸어요. 그의 작품 중 하나가 이곳 필라르 성모 대성당에 있어요."

성당 내부는 웅장하였다. 엘레나가 고야의 그림이 어디에 있는지 좀 헛갈린다고 하여 다른 사람에게 물어보려고 주위를 두리번거렸다. 마침 경당에서 나오는 사람이 있어 물어보았더니 레지나 마티럼Regina Martyrum 천장화를 고야가 그렸다고 했다.

성당 안을 다시 둘러보니 성당과는 어울리지 않는 커다란 포탄 두 개가 벽에 걸려 있었다. 스페인 내전 당시 이곳에 날아온 포탄인데, 성모님의 은총 덕분으로 불발이 되어 지금까지 성당을 잘 보전할 수 있었다는 의미로 전시하고 있다고 한다.

이때 엘레나가 붉은색 대리석 안의 조각을 가리키며, 성모님이 발현하신 대리석 기둥이라고 알려주었다.

성당 안을 둘러보고 밖으로 나오며 엘레나는 이야기를 이어나갔다.

"야고보James의 스페인식 이름은 산티아고Santiago예요. 그는 아라곤 지방, 지금의 사라고사에서 선교 활동을 했어요. 기원후 39년에 그는 성모 마리아로부터 선교 사명을 받아요. 천사의 음성과 함께 성모 마리아가 나타나 대리석 기둥 위에 서더니 야고보에게 자신이 서 있는 기둥 자리에 제단이 있는 성당을 지으라고 했고, 이에 야고보는 그 자리에 성당을 건축합니다. 그래서 이 성당은 성모 마리아를 기념하기 위해 지은 첫 번째 성전이 됩니다. 그 후 성모 마리아는 흩어져 있던 12제자에게 나타나 자신의 죽음이 임박했음을 알렸고, 야고보는 마리아의 죽음을 지켜보기 위해 예루살렘으로 돌아갔다고 해요. 그리고 기원후 44년 헤롯 아그리파 1세에 의해 참수를 당하면서 야고보는 12제자 중 최초의 순교자가 되었습니다."

엘레나는 다시 한 번 성당을 쳐다본 뒤 말을 계속 이어나갔다.

"여행하는 동안 야고보의 무덤이 있는 산티아고 데 콤포스텔라 Santiago de Compostela의 방향을 알려주는 많은 순례자 표시를 보았는데요.

스페인 내전 당시 떨어진 두 개의 포탄

성모님이 발현했다는 기둥

왜 그곳에 산티아고 데 콤포스텔라 성당이 지어졌는지 아세요?"

내가 아무 말도 하지 못하자 그녀는 이야기를 계속했다.

"순교한 야고보의 유해는 그의 제자들에 의해 배에 실려 지중해, 대서양을 거쳐 갈라시아의 산티아고 데 콤포스텔라 해안에 도착한 뒤 그곳에 묻혔어요. 많은 시간이 흐른 뒤 8세기경 한 신부가 목이 잘려 있는 야고보의 시신이 있는 무덤을 발견했고, 그곳에 성당을 짓게 되는데 그것이 바로 산티아고 데 콤포스텔라입니다."

좀 전까지만 해도 하늘이 흐렸는데 지금은 언제 그랬느냐는 듯 구름이 많이 걷혀 있었다. 엘레나는 이번에는 라 세오Laseo 대성당으로 가자고 하였다. 라세오 대성당 앞에는 고양이 동상이 서 있었다. 라세오 대성당은 고딕 양식으로 바로크 양식의 필라르 성모 대성당보다 외관이 아주 순수하게 느껴졌다.

"오래전 로마 시대 때 이곳에는 신전이 있었어요. 이후에는 이슬람 사원이 지어졌고요. 그 후 12세기부터 이 대성당의 역사가 시작됩니다. 종루는 17세기에 세워진 것이고, 정면은 18세기 바로크 양식, 외벽은 무데하르 양식으로 지어졌어요."

우리는 성당을 빠르게 둘러보고 나와 체크인을 위해 호텔로 향했다. 호텔은 라세오 성당에서 걸어서 10~15분 거리의 구시가지 안에 있었다. 체크인 후에는 저녁 식사와 함께 맥주를 간단히 하고, 주변 야경을 보기로 하였다.

호텔에 도착해 방을 2개 예약했다고 하니 호텔 직원이 이상한

눈으로 보는 것 같았다. 나는 '남녀 둘이 같이 와서 방을 따로 쓰는게 좀 이상한가?'라는 생각이 들면서 웃음이 나왔다. 엘레나와 나는 좀 쉬다가 8시에 만나기로 하였다. 약속 시간에 맞춰 로비로 내려가니 다른 옷으로 갈아입은 엘레나가 기다리고 있었다. 호텔 직원에게 식당을 추천받아 호텔에서 가까운 타파스 식당으로 갔다.

엘레나는 "우리도 스페인 사람처럼 그들의 술 문화를 따라 해볼까요?"라고 제안하였다. 나는 엘레나에게 물었다.

"스페인 사람들은 어떻게 술을 마시는데요?"

"여기 사람들은 한곳에서 오래 마시지 않고 타파스 집을 여러 군데 돌아다니며 마셔요."

나는 엘레나에게 그러자고 하였다. 처음 간 곳은 호텔에서 가까운 타파스 집이었다. 빨간색 간판을 내건 동네 선술집 같은 분위기였다. 엘레나와 나는 타파스 몇 개와 맥주를 시켰다. 그런데 가게 분위기가 참 묘해 주위를 둘러보니 연세가 꽤 지긋한 분들이 많았다. 우리는 맥주와 타파스를 먹고 나와 다른 곳으로 이동하였다. 두 번째 집은 의자 없이 전부 일어서서 마시고 먹고 있었다. 아까보다는 손님 연령대가 좀 젊은 것 같았다. '타파스 집에 따라 연령대가 비슷한 사람끼리 모이는 걸까?' 하는 생각이 들었다. 그곳에서도 맥주 한 잔을 하고 나온 뒤 이번에는 좀 멀리 떨어진 곳으로 가기로 하였다. 마지막으로 찾은 타파스 집은 조금은 레스토랑 분위기가 풍겼다. 우리는 창가 쪽에 자리를 잡고 앉아 맥주를 마시며 거리도 구경하고 이야기도 주고받았다.

라세오 대성당

시간이 얼마나 흘렀을까. 엘레나가 에브로 강가에 있는 필라르 다리에서 바라보는 구시가지 야경이 아름답다며 가자고 하였다. 천천히 걸으니 우리가 있던 곳에서 20분 정도 소요되었다.

야경이 무척 예뻤다. 사라고사 필라르 다리에서 만난 오늘 야경은 유독 아름답게 느껴졌다. 엘레나와 나는 다시 걸었다. 호텔로 돌아온 우리는 내일 로비에서 다시 만나기로 하고 각자의 방으로 향하였다. 내일은 스페인의 마지막 여행지인 마드리드로 향한다.

TIP

스페인과 투우를 사랑한 미국의 작가, 어니스트 헤밍웨이

어니스트 헤밍웨이(Ernest Miller Hemingway)는 『노인과 바다』(1952)로 퓰리처상, 노벨문학상을 수상한 미국의 소설가이다. 이 외에도 『태양은 다시 떠오른다』, 『무기여 잘 있거라』, 『누구를 위하여 종은 울리나』 등의 작품으로 유명한 20세기의 대표 작가이다.

어니스트 헤밍웨이

스페인을 유난히 사랑했던 그는 작품 곳곳에 스페인의 지역, 문화 등에 대해 자세히 언급하였으며, 스페인 내전 당시 특파원으로 참전하여 이때의 경험을 바탕으로 『누구를 위하여 종은 울리나』를 발표하기도 하였다. 헤밍웨이와 스페인을 연관해 말할 때 꼭 이야기되는 키워드가 두 가지 있는데, 바로 '스페인 내전'과 '투우'이다.

헤밍웨이가 스페인을 방문한 이유의 절반 이상은 팜플로나에서 열리는 산 페르민 축제(Fiesta San Ferrmin)를 보기 위해서였다. 그는 스물네 살에 우연히 다른 지역에서 투우를 보고 깊은 감동을 받아 산 페르민 축제를 보기 위해 팜플로나를 처음 방문했다고 한다.
그는 세계 각국의 젊은이들이 모여 먹고, 마시고, 춤추고, 소와 함께 달리는 떠들썩한 분위기의 산 페르민 축제도 좋아했지만 그가 진정으로 매료됐던 것은 축제의 핵심인 투우였다. 비스페인어로 쓴 투우 관련 이야기 중 가장 훌륭한 책이라고 평가받고 있는 『오후의 죽음』에서는 "전쟁이 끝나버린 지금 생과 사, 그것도 횡사를 목도할 수 있는 유일한 장소는 투우장이다."라며 그가 왜 투우에 관심을 기울이게 되었는지 밝혔을 정도로 평생 투우에 열정적으로 빠져 있었다. 또 다른 작품 『위험한 여름』은 1959년 여름의 스페인 투우 시즌에 대한 기록이다.
산 페르민 축제가 열리는 팜플로나는 이런 이유로 헤밍웨이의 흔적이 넘쳐나는 지역 중 한 곳이다. 헤밍웨이의 이름을 딴 공원, 흉상을 비롯해 '파세오 헤밍웨이(헤밍웨이 거리)', 호스텔, 카페, 음식점 등에서도 헤밍웨이의 이름을 볼 수 있다.

DAY 13

스페인의 모든 문화와 예술의 종착지,

마드리드

M a d r i d

이베리아 반도 중앙 메세타 지역에 위치한 마드리드는 역사적으로 반 왕권적인 세력과 연관이 없어 카스티야 왕국의 거점이 된 스페인의 수도이다. 세계 3대 미술관 '프라도 미술관'과 축구팀 '레알 마드리드'의 연고지로 잘 알려져 있으며, 특히 스페인 각지로 통하는 도로가 시작되는 곳인 솔 광장, 9개의 문을 통해 어디서든 쉽게 들어갈 수 있는 마요르 광장이 유명하다.

마드리드 마요르 광장

스페인의 수도, 마드리드

이베리아 반도 중앙의 메세타 고원에 위치하였다. 10세기경 톨레도를 방어하기 위해 이슬람인이 세운 성에서 비롯되었다. 이 성은 마드리드가 수도로 된 후에는 왕궁이 되었고, 동시에 이 도시의 중심이 되었다. 마드리드가 수도로 정해진 이유는 지리, 경제 등의 중요성 때문이 아니라 이 지역이 역사적으로 반왕권적인 세력과 연계가 없었기 때문이라고 한다.

오늘은 이번 여행의 마지막 날이다. 엘레나와 나는 오전 9시에 출발하였다. 사라고사에서 마드리드Madrid까지는 316킬로미터 거리로 약 4시간 후면 마드리드에 도착한다. 여행이 끝나는 것에 대한 아쉬움과 엘레나와 헤어져 각자의 일상으로 돌아가야 한다는 생각 때문에 다른 날과는 조금은 다른 기분이었다. 출발 전에 엘레나는 항상 커피와 빵을 준비하였는데 이상하게 오늘은 아무것도 손에 들려 있지 않았다.

마드리드를 향해 출발한 지 조금 지나 엘레나에게 물었다.

"오늘 마드리드에서의 일정은 어떻게 되나요?"

"글쎄요. 선생님은 무엇을 하고 싶은데요?"

그러더니 엘레나는 잠시 아무 말 없이 있다가 말하였다.

"1시간 정도 각자의 시간을 갖는 것은 어떨까요?"

"자유 시간 말인가요?"

"맞아요, 자유 시간!!"

"왜요? 같이 있으면 안 되나요?"

"그 1시간을 이용해서 서로에게 기념이 될 만한 선물을 하나씩 사기로 해요."

"음, 좋은 생각이네요."

도로를 계속 달린 지 1시간이 조금 지나 엘레나가 커피를 마시자고 하기에 가장 가까운 휴게소에 잠시 들르기로 하였다. 하지만 방금 휴게소를 지나쳐 온 지 얼마 안 됐기 때문에 다음 휴게소까지는 40킬로미터 정도를 더 가야 했다. 차는 달리고 라디오에서는 음악이 나왔다. 유럽의 라디오 FM음악 방송은 한국에서 아주 오래전에 유행하였던 올드 팝송을 자주 틀어주는 편이었다. 한국에서 자주 들었던 귀에 익은 노래를 들어서 기분이 편안해졌다. 그때 아바ABBA의 '허니, 허니Honey, Honey'가 흘러나왔다. 엘레나는 콧소리로 노래를 따라 불렀고, 마지막 구절이 내 귀에 들어왔다.

"난 좀 더 알고 싶어요I wanted to know some more."

아쉬움이 다시 한 번 느껴지려는 찰나, 엘레나는 나에게 "이제 마드리드 수업해야죠." 하고 웃더니 마드리드에 관한 이야기를 바로 시작하였다.

"마드리드는 이베리아 반도의 중앙, 고도 635미터의 메세타 고원에 위치한 도시예요. 메세타 지역의 독특한 느낌을 갖고 있죠. 올리브 밭과 강렬한 햇빛 그리고 수많은 구릉지 등이 메세타 지역의 특징이에요. 유럽 국가들의 모든 수도를 통틀어 마드리드가 가장 높은 곳에 있죠. 그래서 기온은 건조하고 일교차가 심해요. 어느 나라나 비슷하지만 이곳도 수도로서 스페인의 정치, 문화의 중심지 역할과 산업 도시로서 발전했어요. 교통의 중심지이기도 하고요.

엘레나의 이야기를 듣다 보니 휴게소 이정표가 보였다. 3,000미터라고 적혀 있었다. 유럽의 고속도로 표지판은 일반적으로 킬로미터km로 표기된다. 하지만 톨게이트나 휴게소가 3킬로미터 미만으로 남았을 경우에는 킬로미터에서 미터로 표시가 바뀐다. 오전이라 그런지 휴게소에는 사람이 별로 없었다. 엘레나와 나는 커피만 사 가지고 바로 출발하였다. 여행에 있어 커피는 엘레나와 나에게 친구와도 같았다. 나는 커피를 한 모금 마시면서 엘레나에게 말하였다.

"이번 스페인 여행 중에 잊을 수 없는 것 중 하나가 아침마다 엘레나가 빵과 같이 가져온 커피 맛과 휴게소에 들러 마시는 코르타도의 맛일 거예요. 정말 고맙게 생각하고 있어요."라고 말하며, 우리의 마지막 여행지 마드리드에 대한 설명을 기다렸다.

"별말씀을요. 마드리드는 10세기경 톨레도를 방어하기 위해 이슬람 술탄인 모하메드 1세가 세운 도시예요. 이때는 물의 원천이란 뜻의 마헤리트Maryrit라고 불렀어요. 그리고 1083년 가톨릭의 카스티야 왕 알폰소 6세가 이곳을 탈환했어요. 당시 이 성은 왕의 임시 숙소로 쓰였고요. 16세기 들어서는 1561년에 펠리페 2세가 강대한 왕국을 꿈꾸며 가톨릭 왕국을 다스릴 성을 건설하고, 이베리아 반도의 중앙에 위치한다는 이유로 톨레도에서 마드리드로 수도를 천도했어요. 17세기 초에 잠시 궁전이 바야돌리드로 옮겨졌을 때를 제외하면, 마드리드는 계속 수도로서 자리 잡았어요. 마드리드는 수도가 된 후에는 왕궁이 되었고 귀족이나 관리, 예술가들이 모여들면서 커지기 시작해 도시의 중심이 되었죠. 우리가 이때 도착해서 보게 될 구시가는 17~18세기에 건설된 겁니다."

고속도로를 빠져나와 마드리드에 들어서자마자 높은 빌딩, 수많은 차량들이 달리는 모습을 보니 스페인의 수도 마드리드에 드디어 도착했다는 것을 바로 느낄 수 있었다. 엘레나는 푸에르타 델 솔Puerta del Sol부터 가서 그곳에 차를 주차하고, 구시가지를 보자고 하였다. 걸어서 20분 이내에 볼 만한 것들이 있다며 나에게 말했다.

"왜 푸에르타 델 솔에서부터 시작하자고 했는지 아세요? 그곳에 동서남북으로 마드리드의 중요한 모든 것이 있기 때문이에요. 우선 동쪽으로 뻗은 알칼라 거리에는 중심 상점가들이 있고, 남북으로는 프라도 거리가 있는데 그 동쪽에 프라도 미술관Museo del Prado이 있어요. 프라도 거리는 다시 여러 거리로 이어져 관공서와 고급 주택지를 이루고요. 솔 광장 서쪽으로는 마드리드 왕궁, 남서쪽으로는 야외극장이었던 마요르 광장이 있죠."

나는 엘레나에게 물었다.

"그런데 신시가지는 언제 만들어진 건가요?"

"구시가지를 둘러싼 신시가지는 19세기 후반의 철도 개통을 전후해서 만들어졌어요."

엘레나와 나는 차를 주차장에 세워두고 어느 때와 다름없이 여행지에 대한 이야기를 나누며 걸었다. 동선상 왕궁에서 시작하는 게

좋을 것 같아 제일 먼저 마드리드 왕궁을 찾아갔다.

"마드리드는 정치 도시일까요, 아니면 산업 도시일까요?"

"글쎄요. 왕궁이 있으니 정치 도시가 아닐까요?"

엘레나는 나를 보더니 빙긋 웃었다. 그리고 이야기하였다.

"마드리드는 오래전에는 정치 도시로서 궁전이 있었을 뿐이에요. 산업 자체는 큰 의미가 없었던 도시였고요. 하지만 큰 사건이 생기면서 바뀌게 되죠."

"큰 사건이라고요?"

"그게 뭐냐면, 1936~1939년에 일어난 스페인 내전이에요. 스페인 정부가 내전에 의해 파괴된 마드리드를 복구하는 과정에서 지방

푸에르타 델 솔

에서 많은 노동자를 받아들이는데, 그때부터 도시의 성격이 바뀌게 돼요. 참, 왕궁으로 출발하기 전에 여기 사람들이 좋아하는 케이크를 파는 곳이 있는데 커피에다 먹고 갈래요?"

나는 그러자고 하였다. 빵집은 시계탑을 등지고 마요르 거리 입구에 있었다. 엘레나와 나는 빵과 카페솔로 두 잔을 받아 2층으로 올라갔다. 자리를 잡고 앉아 달아 보이는 케이크를 잘라 입에 넣었다. 뭐라 표현할 수 없지만 단맛이 기분을 좋게 해줬다. 그다음 커피까지 한 모금 마시니 정말 완벽하다는 느낌을 받았다. 엘레나 역시 케이크와 커피를 마음껏 즐기면서 말했다.

"여기서 가까운 곳에 데스칼사스 레알레스 수도원Monasterio de las Descalzas Reales이 있는데 그곳을 보고 나서 아까 이야기한 것처럼 각자의 시간을 가지면 어떨까요? 근처에 엘 코르테 잉글레스El Corte Ingles 백화점도 있거든요."

나는 그러자고 하였다. 수도원까지는 걸어서 5분 거리였다.

"이 수도원은 카를로스 5세의 딸 후아나가 미망인이 된 후 귀국하여 여생을 보낸 곳이에요. 수수한 외관과는 달리 내부는 16세기의 화려한 종교 양식을 볼 수 있다고 해요. 왕족 여성이 살던 곳이니 상상할 수 있겠지요."

하지만 아쉽게도 이곳은 가이드 투어 방식으로 관람해야 하는데, 시간이 맞지 않아 내부는 보지 못했다. 엘레나와 나는 1시간 뒤 이곳에서 만나기로 하고 헤어졌다. 나는 아까 약속한 대로 엘레나에게 줄 선물을 사러 백화점으로 가서 이것저것 둘러보았다. 여자에게 줄 선물을 고르기에 1시간이라는 시간은 그리 길지 않았다. 나는 몇 군데 매장을 살펴보다가 그녀에게 어울리는 스카프를 사서 약속 장소로 돌아갔다. 그녀는 10분 정도 지나서 돌아왔다. 다시 만난 우리는 마드리드 왕궁으로 향하였다.

왕립 극장Teatro Real을 지나 왕궁에 도착하였다. 티켓을 사서 보안 검색을 받은 후 안으로 들어갔다. 정사각형 모양의 뜰을 지나 영어 가이드 투어에 합류하였다. 이 왕궁은 펠리페 5세와 왕비의 명령에 의해 1734년 크리스마스 때 소실되었던 합스부르크 왕가의 궁전 자리에 세워졌다. 1736년 이탈리아 건축가 슈바라를 시작으로 여러 건축가를 거친 끝에 28년 만인 1764년 10월에 완성되었는데 내부는 이탈리아 양식, 광장과 발코니는 프랑스 양식으로 지어졌으며 총 2,700개의 방이 있다고 했다. 가이드의 안내에 따라 황금의 방이라고 불리는 '옥좌의 방'으로 갔다. 이 방은 베르사유에 있는 거울의 방을 보고 만들었으며, 예전에 벽이 노란색으로 되어 있어 붙여진 것이라고 한다. 옥좌의 방을 나와 고야의 그림이 걸려 있는 방을 보고, 가이드 투어를 따라 왕궁을 한 번 둘러본 후 밖으로 나왔다.

이번에는 마요르 광장을 가기로 하였다. 마드리드의 마요르 광장은 사각형으로 줄지어 지어진 4층짜리 건물로 둘러싸여 있었다. 중세 시대에 상인들이 모여 살며 물건을 팔던 곳이었다고 한다.

"이 광장을 누가 만들었는지 아세요?" 하고 엘레나가 물었다.

내가 고개를 젓자 그녀는 광장의 말 탄 기마 동상을 가리키며 이야기하였다.

"이 동상이 펠리페 3세인데, 바로 그의 명령에 의해 마요르 광장이 건축되었어요. 사실 그 이전에 펠리페 2세가 수도의 중앙에 광장을 만들라는 명령이 있었다고 해요. 이곳에서는 국가의 주요 행사가 열렸는데, 국왕의 취임식, 종교 의식, 투우를 비롯하여 교수형까지 집행되었어요. 가톨릭이 스페인을 정복하기 전에는 종교 재판[1]이 열려 많은 사람이 이곳에서 교수형을 당했어요. 현재는 마드리드 시민을 위한 휴식 공간으로 사용되고 있고요. 이 광장에서 처음으로 열린 행사는 바로 1620년에 스페인의 다섯 성인을 기리는 시성식이에요. 그때부터 마요르 광장이 널리 알려지기 시작했습니다."

마드리드 왕궁

엘레나와 나는 마요르 광장을 천천히 둘러보았다. 광장을 둘러싸고 있는 건물의 1층에는 식당과 카페테리아가 있고, 테라스가 있는 식당 위는 주거지여서 테라스에는 많은 사람들이 앉아 커피를 마시고 햇빛을 즐기고 있었다. 광장 곳곳에서는 행위 예술가들이 자유롭게 공연을 펼치고 있었다.

이번에는 프라도 미술관 방향으로 걸었다. 엘레나는 미술에 관련된 책이나 방송 등을 보고 또 볼 정도로 그림을 무척 좋아한다고 하였다. 엘레나와 나는 마요르 광장에서 나와 산티아나 광장 안 에스파뇰 극장Museo Español을 거쳐 카노바스 델 카스티요 광장Plaza Cánovas del Castillo에 도착하였다. 광장 오른쪽으로는 프라도 거리, 건너편에는 목적지인 프라도 미술관이 있다. 우리는 미술관으로

마드리드 마요르 광장

향하였다.

프랑스 파리의 루부르 박물관, 영국 대영 박물관과 함께 세계적으로 손꼽히는 미술관이다.

"프라도 미술관은 1819년 페르디난도 7세 때 개관하였는데, 초기에는 왕궁의 미술품을 보관하기 위해 만들어진 왕실 전용 미술관에서 국립 미술관으로 바뀐 거죠. 미술관 건물은 신고전주의 양식으로 현재 회화 작품만도 8,000점이 넘게 전시되어 있어요. 프라도 미술관에서 가장 많이 알려진 작품은 벨라스케스의 〈하녀들〉이에요."

미술관 주위를 둘러보았다. 건물 북쪽에는 프란치스코 고야Francisco-josé de Goya의 동상이 있고, 정면에는 마드리드를 대표하는 디에고 벨라스케스Diego Velázquez의 동상이 서 있다. 그리고 남쪽에는 세비야를 대표하는 뮤리오Murillo의 동상도 보였다.

엘레나는 나에게 물었다.

"아까 본 고야의 동상 아래 있는 석상은 누군지 아세요?"

"아뇨, 솔직히 눈여겨보지 못했어요."

"고야의 동상 하단에 있는 석상은 그가 사랑했던 연인으로 추측되는 마하Maja예요. 안으로 들어가면 또 볼 수 있을 거예요. 〈옷 벗은 마하〉와 〈옷 입은 마하〉를."

엘레나는 미술관에 들어가면서 스페인의 3대 화가인 엘 그레코El Greco, 디에고 벨라스케스Diego Velázquez, 프란치스코 고야Francisco-josé de Goya의 작품만 살펴보면 좋겠다고 말했다.

"사실 제가 미술관이나 박물관처럼 울림이 있는 공간에 들어가면 귀가 아파 오래 있지 못하거든요. 죄송하지만 양해해주세요."

"상관없어요. 있을 만큼 있다가 나오면 되죠. 저도 스페인을 대표하는 3대 화가의 작품을 보는 것만으로도 충분합니다."

나는 웃으면서 이야기하였다.

그들의 작품은 한곳에 모여 있지 않고 나뉘어 전시되어 있었다. 고야의 초기 작품만 하더라도 19~23실에 전시되어 있을 정도로 많

고야의 동상

은 작품들이 있었다. 36실에는 〈옷 입은 마하La Maja Vestida〉와 〈옷 벗은 마하La Maja Des nuda〉, 그리고 39실에는 나폴레옹의 침략으로 인한 독립 전쟁의 비참한 광경을 그린 〈5월 2일El Dos de Mayo〉과 〈5월 3일El Tres de Mayo〉이, 66~67실에는 검은 그림 시리즈가 전시되어 있었다.

엘레나는 고야의 작품 중 야사가 있는 〈옷 입은 마하〉와 〈옷 벗은 마하〉에 관하여 이야기해주었다.

"먼저 '마하'란 당시 스페인의 유녀[2]를 말해요. 고야는 카를로스 4세의 왕비와 연인 사이였던 근위병 마누엘 데 고도이Manuel de Godoy의 부탁으로 이 그림을 그렸어요. 고도이는 왕비의 정부였지요. 그 덕에 일찍 출세해서 27세에 재상의 자리에 오른 인물이에요. 하지만 고도이의 진짜 애인은 알바 공작의 부인이었어요. 고도이는 고야가 그려 준 〈옷 입은 마하〉 위에 〈옷 벗은 마하〉를 겹쳐놓고 혼자 감상하다가 누가 오면 얼른 〈옷 벗은 마하〉를 내려놓았다고 해요. 그리고 또 다른 이야기가 있어요."

여기서 잠시 이야기를 멈춘 엘레나가 나에게 물었다.

"운명이라는 것을 믿나요? 저는 믿어요. 절대 피할 수 없는 운명이 있다는 걸요."

"저도 믿어요. 그런데 왜 갑자기?"

"고야는 한 여자를 만나요. 그는 그녀와의 만남이 운명이라고 믿었죠. 그녀는 스페인에서 가장 오만하지만 그만큼 매력적인 여자였는데, 바로 알바 공작의 부인이에요. 여기서 〈옷 입은 마하〉와 〈옷 벗은 마하〉에 관한 이야기가 또 나오는데, 그림의 주인공이 바로 알

프라도 미술관

바 공작부인이라는 거죠. 하지만 그림 속 여인의 얼굴 생김새는 그녀와 많이 다른데, 당시 막강한 권세를 누렸던 재상 고도이의 애첩 페피타 투도라는 설, 한 수도사에 숨겨놓은 여인이라는 설 등 다양합니다. 그러나 어쨌든 가장 인기가 있는 것은 그녀가 알바 공작부인이라는 설이에요."

엘레나는 예술 작품에 관련한 스토리는 우리가 작품을 기억하고 이해를 높이는 데 중요한 것 같다며 이야기를 계속하였다.

"마하의 모습이 공작부인과 달라 보이는 것은 고야가 이 귀부인의 정체를 감추기 위해 일부러 그렇게 그렸기 때문이라는 이야기가 있어요. 가톨릭이 지배했던 보수적이었던 그 시대에는 누드화를 엄격히 규제하고 있었죠. 그래서 유명한 귀부인의 누드를 그린다는 것은 상상조차 하기 어려운 일이었을 거예요. 고야와 공작부인은 진정으로 서로를 사랑했다고 해요. 시대를 풍미했던 두 사람의 사랑, 은밀하고도 에로틱한 그림이 세상에 회자되는 것은 당연했겠죠."

"둘의 사랑은 결말이 어땠나요?"

"공작부인이 결별 통보를 보냈고, 고야는 이성을 잃을 정도로 충격을 받고 상심했죠. 이 상처는 그를 평생 따라다녔어요."

이어 엘레나는 고야의 삶에 관한 이야기를 들려줬다.

"고야는 사라고사의 푸엔테토도스라는 작은 도시에서 태어났어요. 그림 그리기를 아주 좋아했던 그는 그림만큼은 그 누구에게도 뒤지기 싫어했다고 해요. 그림 공부를 하기 위해 마드리드 아카데미에 입학할 것을 결심하고 1763년, 1766년 두 번이나 응시하지만 낙방하고 말죠. 그는 미술적 배경이 없기 때문에 낙방하였다고 생각하고 당시 미술의 메카인 이탈리아로 유학을 가서 '파르마 아카데미'에 입학합니다."

그녀는 나를 한 번 쳐다본 뒤 이야기를 계속하였다.

"고야는 야심이 아주 많았어요. 스페인으로 돌아온 고야는 궁정에

고야의 〈옷 벗은 마하〉와 〈옷 입은 마하〉

진출하기 위해 당시 마드리드 미술 아카데미 회원이며 이미 궁정에 진출해 있던 친구인 '프란시스코 바에우'의 여동생과 결혼했어요. 그렇게 해서 궁정 진출을 위한 발판을 마련했죠. 처남의 추천으로 드디어 궁정에 진출하게 된 고야는 태피스트리[3] 밑그림을 그리게 되죠. 이것은 궁정 화가만이 할 수 있는 일이었어요. 사라고사 필라르 성당의 천장화를 그린 것도 이 시기예요.

1789년 프랑스에서는 혁명이 일어나고, 유럽은 아주 복잡한 상황에 놓이게 되는데 그때 고야는 스페인에서 귀족들의 사치스런 초상화와 함께 활기 넘치는 시민들을 소재로 한 그림도 그리고 있었어요. 그로부터 3년 후 고야에게 아주 큰 변화가 찾아옵니다. 바로 병으로 인해 청력을 잃게 되죠. 이때부터 고야의 그림은 변하기 시작해요. 이전의 따듯한 느낌의 그림은 사라지고 어둡고 공포감을 주는 그림을 그렸죠. 이렇게 고야의 작품은 두 시기로 나뉘어져요. 후기 로코코 시기인 1771년부터 1794년까지, 그리고 그 이후의 작품이지요."

"그 두 시기의 고야의 그림은 어땠나요?"

"후기 로코코 시기에는 프랑스 18세기의 영향을 받아 화려함과 이러한 것의 덧없음을 다루고, 또 여러 화가들의 영향을 받으면서도 독자적인 양식을 형성시켜나가요. 특히 벨라스케스, 렘브란트 판 레인Rembrandt Harmenszoon van Rijn[4], 히에로니무스 보쉬Hieronymus Bosch[5] 등의 영향을 받았어요. 선생님도 시간이 될 때 히에로니무스 보쉬에 관해 공부하시면 재미있을 거예요.

1814년에 제작된 〈1808년 5월 3일〉과 연작 판화인 〈전쟁의 참화〉는 프랑스 화가 에두아르 마네에게 영향을 준 작품으로도 유명해요. 〈전쟁의 참화〉는 82장의 흑백 에칭Etching 6으로 만들어졌는데 살인, 허무, 광기, 폭력 등을 표현했다고 해요.

고야의 사진을 보면 시원스럽게 생긴 얼굴에 마초 스타일로 보이는데 아마 여성을 휘어잡는 매력적인 인물이었을 거란 생각이 들어요. 고야는 1826년 4월 16일 프랑스 보르도에서 죽어요. 삶이 그렇듯 말년에 상심의 상처를 많이 받은 것 같아요."

이번에는 스페인 대표 화가인 디에고 벨라스케스Diego Velázquez의 작품을 보기로 했다. 그의 그림은 11~15실, 그리고 27실에 전시되어 있었다. 벨라스케스는 1559년 세비야 출신으로, 마니에리스트Maniériste였던 프란시스코 파체코Francisco Pacheco 7에게 가르침을 받았다고 한다. 나는 엘레나에게 마니에리스트가 무엇인지 물어보았다.

"마니에리스트는 마니에리즘 화가들을 일컬어요. 불균형한 구조와 비형식적인 묘사로 표현하고, 16세기 초부터 17세기 초에 걸쳐 유행한 회화 중심의 예술 양식이에요. 어원을 보면 마니에라Maniera에서 유래하는데, 자연을 있는 그대로 묘사하기보다는 일정한 규범 양식을 가지고 그려야 한다고 주장합니다."

"일정한 규범 양식이라는 게 좀 이해가 가지 않는데요."

"마니에스트들의 특징은 서로 비슷한 양식을 가지고 그림을 그렸어요. 동작으로 인한 불균형, 화면과 극단적인 빛의 대조, 그리고 길게 늘어지거나 지나친 근육질로 표현한 육체의 왜곡된 묘사 등이 그러하죠. 즉 대칭적 조화를 이루게 했죠. 대표 작품으로는 파르미지아니노Parmigianino의 〈긴 목의 마돈나〉와 틴토레토Tintoretto의 〈성 마르코의 유해 발견〉을 들 수 있어요.

파르미지아노의 〈긴 목의 마돈나〉

틴토레토의 〈성 마르코의 유해 발견〉

다시 벨라스케스에 대해 이야기하자면, 그가 태어났을 때 스페인은 번성하던 16세기의 끝자락에 있었어요. 그는 17세기 바로크를 대표하는 유럽 회화의 중심인물이기도 해요. 그는 빛과 색을 통해 그리는 방법 자체를 혁신했어요. 18세기의 고야, 19세기의 마네와 인상주의 화가들 그리고 20세기에 들어와 피카소, 달리, 프란시스 베이컨Francis Bacon8 등에게 영향을 주었고요."

이번에 여행하면서 보았던 스페인 화가 피카소와 달리도 그의 영향을 받았다고 하니 새롭게 느껴졌다. 엘레나는 벨라스케스에 관한 이야기를 계속하였다.

"그의 초기 작품은 이탈리아 초기 바로크의 대표적 화가 카라바조Michelangelo da Caravaggio로부터 영향을 받았어요. 초기에는 종교적 주제를 그렸지만 민중의 빈곤한 일상생활에도 관심이 많았어요. 그가 그린 초기의 어두운 색조, 명암에 의한 마지막 작품 1629년 〈주정뱅이들-바커스의 대관식〉이에요. 이 작품은 그가 화가 루벤스를 만나 이탈리아를 여행할 즈음 그린 거예요. 당시 다른 화가들이 신화적인 주제, 고전적인 아름다움과 경건한 분위기를 추구했던 것과는 달리, 농부들이 모여 술의 신, 바커스를 흉내 내고 있는 이 그림은 왠지 부드럽지 않고 사실적인 냄새가 물씬 풍기죠."

엘레나는 나에게 그의 화풍에 변화가 생긴 것이 언제인지 아느냐고 물었다. 나는 역시나 고개를 저으며 모른다는 제스처를 취했다.

"그의 화풍에 변화가 생긴 것은 1628년 이탈리아 여행을 하면서예요. 그곳에서 베네치아파의 영향을 받게 되죠. 이 시대가 그의 그림에 있어 중기에 속하는데, 밝고 선명한 색조와 경쾌하게 바뀌었어요. 이때 다수의 초상화를 그리면서 초상화의 대가로 자리매김하죠. 초상화 중 대표작을 보면 〈왕녀 마리아 안나〉, 〈왕녀 마르가리타〉 등이 있어요. 그 후 두 번째로 1649~1651년부터 이탈리아에 체류하면서 아주 다양한 기법상의 혁신을 마무리하죠. 우리에게 많이 알려진 작품인 대작 〈시녀들Las Meninas〉과 〈실 잣는 여인들Las Hilanderas〉은 그가 화가로서 평생의 모든 것을 집약한 작품이에요. 벨라스케스의 빛과 공간은 가까운 미래에 '인상파'의 도래를 예고하였습니다. 그는 스페인

화단에서 개성이 뛰어난 화가로 평가받고 있는데 앞으로 벨라스케스에 버금가는 화가가 나오기 쉽지 않다고 할 정도로 인정받고 있죠."

마지막으로 엘 그레코El Greco에 관하여 이야기를 시작하였다.

"엘 그레코는 벨라스케스, 고야 이전의 화가예요. 아까 보셨다시

디에고 벨라스케스의 〈시녀들〉

피 그의 그림은 9B와 10B 두 전시실에 전시되어 있어요. 그의 생가가 있었던 톨레도에서 설명했듯이 그는 스페인이 아닌 그리스인이에요. 엘 그레코는 이탈리아어로 그리스 사람을 의미하거든요. 그리스의 크레타 섬에서 태어났고, 젊은 시절을 이탈리아에서 보내요. 그 후 스페인의 옛 수도인 톨레도로 옮겨 옵니다. 그의 초기 작품에는 베네치아파의 개성이 나타나지만 톨레도에 머물면서 바뀌기 시작했어요. 그리고 자유로움과 독특한 빛의 모습을 표현하죠. 그의 작품 속 인물 표현 방식과 악몽에나 나올 법한 기괴한 색채 감각은 사람들에게 묘한 느낌을 주거나 충격을 주었어요. 이후 20세기와 21세기에 들어 그의 진기하고 선구적인 재능이 재평가받았어요."

나는 엘레나에게 16세기 화가가 어떻게 해서 20세기와 21세기에 재평가받게 되었느냐고 물었다.

엘레나는 우선 엘 그레코의 톨레도 시절을 얘기한 뒤 20세기와 21세기에 재평가를 받게 된 이유를 이야기해주겠다고 하였다.

"엘 그레코는 1577년부터 사망하는 1614년 때까지 톨레도에서 지내며 전성기를 보냈어요. 이때 〈오르가스 백작의 장례식〉을 비롯하여 대표적인 작품들을 제작했죠. 그리스 출신의 그가 스페인으로 온 것은 당시 스페인의 왕인 펠리페 2세로부터 후원을 받을 수 있으리라는 막연한 기대가 있었기 때문이라고 하는데, 이러한 기대는 어느 정도 이루어졌죠. 물론 아주 만족할 만한 정도는 아니었다고 하지만요. 이때 엘 그레코는 1590년대에 수많은 중요한 종교화와 초상화를 주문 받고 성공합니다.

16세기 엘 그레코의 톨레도 시절을 보면 그는 점점 더 자유롭게 회화에 접근하는데, 이는 1610년 작 〈톨레도의 풍경〉에서 볼 수 있어요. 그는 또한 마니에리스트 화가로 분리되기도 해요. 선명한 색채와 길쭉한 형상이 그러한데, 〈목자들의 경배〉란 작품에서 볼 수

엘 그레코의 〈오르가스 백작의 장례식〉

있어요. 그의 유명한 작품을 살펴보면 〈수태고지La Anunciación〉, 〈성삼위일체Trinidad〉, 〈가슴에 손을 얹은 기사El Caballero de la Mano〉 그리고 〈목자 참배Adoración de los Pastores〉 등이 있어요."

이어 그녀는 지치지도 않고 그가 왜 20세기, 21세기에 와서 재평가를 받게 됐는지 이야기를 시작하였다.

"엘 그레코의 작품은 많은 근대 화가에게 영향을 주었다고 해요. 입체주의의 초석이 된 피카소의 대표작 〈아비뇽의 처녀들〉은 〈성 요한의 계시〉로 알려진 엘 그레코의 작품 〈다섯 번째 봉인의 개봉〉에서 큰 영감을 받은 것으로 알려져 있어요. 이 그림을 이해하면 엘 그레코를 이해할 수 있어요. 엘 그레코를 유명하게 만든 특징들을 모두 포함하고 있거든요."

"그 특징들이 무엇인가요?"

"선명한 적갈색, 극도로 왜곡된 형태, 추상적이고 부자연스러운 공간감과 원근감 등으로 극단적 상황 연출과 예언적 하늘을 표현했다고 해요. 피카소는 이 작품을 소유하고 있던 파리의 친구를 통해 이 그림을 본 후 많은 영향을 받았습니다."

결국 엘 그레코는 16세기 근대 화가들에게 영향을 주었을 뿐 아니라 시대를 넘어 최고 화가인 피카소에게까지도 영향을 주었기 때문에 지금까지 기억되는 것이다.

미술관에서 나와 엘레나는 맛있는 식사를 하자고 하였다. 엘레나와 나는 맛집을 찾아다니는 편은 아니었다. 넵튠 분수를 지나 깔끔한 레스토랑에 들어갔다. 흰색 톤의 실내 장식이 유난히 깔끔하게 느껴졌다. 와인과 함께 해물 파에야를 주문했다. 그녀는 유난히 파에야를 좋아했다. 잔을 들어 와인을 한 모금 마신 엘레나가 가방을 뒤적이더니 조그맣고 길쭉한 상자를 하나 꺼내 내 앞에 내밀었다.

"이게 뭐예요?"

"아까 고른 선물이에요. 이번 여행을 함께했다는 기념 선물."

나도 가방에서 그녀를 주기 위해 산 스카프를 꺼냈다. 우리는 동시에 선물을 풀어보기로 하였다. 그녀가 나에게 준 선물은 만년필이었다.

식사를 마친 우리는 주차장에서 차를 꺼내 공항 근처의 호텔로 향하였다. 호텔로 돌아와 체크인을 한 후 다시 와인을 마시면서 여행을 마무리하는 자리를 가지기로 했다.

주

1 **종교 재판_** 1408년부터 스페인에서 종교 재판이 열렸는데, 아라곤 왕국의 페르디난도 2세와 카스티야 왕국의 이사벨 여왕이 가톨릭 종교 사상을 확립하겠다는 취지로 시작하였다.

2 **유녀_** 매춘을 하는 여자

3 **태피스트리_** 벽걸이 양탄자

4 **렘브란트 판 레인(Rembrandt Harmenszoon van Rijn)_** 1606~1699. 네덜란드의 동판화가로 근대 유화의 아버지라고 불린다.

5 **히에로니무스 보쉬(Hieronymus Bosch)_** 1450~1516. 네덜란드의 대표적인 화가 중 한 사람. 엘 보스코(El Bosch), 덴 보스코(Den Bosch)라고도 불렸다. 그의 화풍은 어떤 그룹과도 연관성을 찾을 수 없고 서양 미술사에서도 섬 같은 존재이다.

6 **에칭(Etching)_** 선에 의한 표현으로 선의 순수한 교차에 의해 명암을 얻는 방법

7 **프란시스코 파체코(Francisco Pacheco)_** 1564~1664. 스페인의 화가이자 문필가이면서 시인이었다.

8 **프란시스 베이컨(Francis Bacon)_** 1909~1992. 영국의 표현주의 화가. 인간의 폭력성과 존재적 불안감을 표현했다.

TIP

스페인 축구 이야기

프리메라 리가

스페인은 모든 국민이 축구를 열광적으로 즐기는 것으로 유명하다.

스페인의 프리메라 리가(Primera Liga)는 영국의 프리미어리그, 이탈리아의 세리에 A, 독일의 분데스리가와 함께 세계 4대 프로축구 리그 중 하나로 레알 마드리드, FC 바르셀로나가 속해 있으며 정식 명칭은 프리메라 디비전(Primera Division)이다.

4부로 구성된 스페인 프로축구리그 가운데 1부 리그를 지칭하며, 정규 시즌이 끝나면 1부 리그 하위 3개 클럽과 2부 리그 상위 3개 클럽은 자리를 바꿔 다음 시즌 경기를 치르게 된다.

레알 마드리드 CF

스페인 리그 1부인 프리메라 리가에 소속된 프로축구 클럽으로, 1902년에 창단하였다. 연고지는 스페인 수도인 마드리드이고, 공식 클럽명은 레알 마드리드 C.F.이다. 1902년 스페인 리그에 처음 참가하였고, 1905년 처음으로 스페인컵에서 우승하였다.

스페인 축구를 대표하는 세계적인 축구 명문 클럽으로, 수많은 국가대표 선수들을 배출하였으며, 바르셀로나와 경기를 벌일 때는 10만여 명의 관중이 모여들 정도로 인기가 아주 높다. 2002년 월드컵 때 한국 국가대표팀 감독이었던 거스 히딩크도 1998년 7월~1999년 2월 레알 마드리드 감독을 역임한 바 있다.

FC 바르셀로나

1899년에 창단한 명문 축구 클럽으로 스페인 카탈루냐 지방의 바르셀로나를 연고지로 하며, 세계 최초 협동조합 형태로 운영되고 있다. '새로운 경기장'이라는 뜻을 가진 10만여 명을 수용할 수 있는 유럽 최대 축구경기장 캄프노우(Camp Nou)가 홈 경기장이다. 연고지는 바르셀로나주의 바르셀로나이며, 공식 클럽명은 F.C. 바르셀로나이다.

스페인 축구를 대표하는 전통의 명문 클럽으로, 레알 마드리드와 함께 무적함대로 불리며 뛰어난 활약을 하고 있다.

에필로그

다양한 역사와 문화의 공간,
스페인을 알다

스페인은 유럽 남서부 이베리아 반도에 있는 나라로, 북쪽으로는 안도라와 프랑스, 서쪽으로는 포르투갈과 마주하고 있으며, 유럽연합 회원국 가운데 프랑스에 이어서 두 번째로 영토가 넓은 나라이다.

이베리아 반도의 로마화 과정은 크게 세 가지가 작용되었다. 바로 로마법, 라틴어의 사용 그리고 가톨릭을 통해 일체감을 형성시켰다. 또한 로마 가도는 이를 더욱 가속화 했다. 이렇게 로마화 과정이 이루어지면서 이베리아 반도에 있던 다양한 민족에게 지역적 통일체, 즉 '이스파니아'라는 개념이 생겨나게 되었다.

반도의 역사를 가진 나라, 가톨릭과 이슬람을 동시에 느낄 수 있는 나라, 국민들이 투우, 플라멩코를 즐기는 정열의 나라, 가우디, 피카소, 달리가 살아간 예술의 나라 등 스페인은 정말 여러 수식어를 가지고 있는 나라이다. 엘레나와 함께한 14일의 여행은 이곳에서 벌어진 일들이 어떤 식으로 역사의 일부가 되고, 그 역사가 어떻게 지금의 스페인을 만들었는지 알 수 있는 시간이었다. 이런 생각을 하고 있을 때쯤 엘레나가 정적을 깨고, 이야기했다.

"스페인은 어떠셨나요?"

"이 나라는 한마디로 '맛있다'고 표현하고 싶어요. 그러니까 이번 여행은 여러 곳의 좋은 식재료가 잘 섞여 만들어진 맛있는 음식처럼 다양한 역사, 문화로 요리된 맛있는 스페인을 배부르게 잘 먹은 것 같아요. 표현을 잘했는지 모르겠네요."

"맞아요. 스페인을 요리에 비유한 건 정말 적절한 표현이에요. 스페인의 국명인 에스파냐Espania라는 말의 기원을 아세요?"

"사실은 에스파냐로 부르는 게 맞죠. 스페인은 에스파냐의 영어 표현이니까요. 에스파냐라는 국명에 대해서는 여러 가지 설이 있어요. 그중 고대 로마 시대에 이베리아 반도를 지칭하던 이스파니아Hispania에서 유래했다는 설과 고대 그리스의 언어 에스페리아Hesperia에서 유래했다는 설이 있지요. 고대 그리스의 개념에서 보면 이탈리아를 에스페리아로 썼고, 스페인은 보다 멀리 있는 서쪽이라 에스페리아 울티마Hesperia Ultima로 불렀어요."

내 말을 들은 엘레나가 부연 설명을 하였다.

"그리고 한동안 이베리아 반도를 장악하였던 카르타고[1]의 관점에서 보면 스페인은 '토끼의 땅' 혹은 '가장자리'라는 의미에 이스파니아드Hispanihad로 불리기도 했죠. 지중해의 끝에 있다는 의미예요. 또 현재 스페인의 바스크 단어인 에이파나Eipanna에서 에스파냐가 유래했다는 설이 있는데, 이 단어 또한 가장자리를 의미하죠. 말하자면 에스파냐는 유럽 대륙의 남서쪽 가장자리, 스페인의 위치와도 관계가 있어요."

엘레나와 나는 차콜리를 한 모금 마시고 레스토랑을 둘러보았다. 많은 사람들이 우리처럼 와인을 마시며 하루를 마무리하고 있었다. 엘레나는 다시 말을 이어 나갔다.

"이번에는 스페인에 또 다른 이름, 지리적인 명칭인 이베리아 반도에 대해서 이야기할게요. 지리적으로 보자면 이베리아 반도는 유럽에서 두 번째로 큰 반도예요. 참고로 제일 큰 나라는 러시아를 빼고 나면 프랑스이고요. 그 다음이 바로 이곳이죠. 이베리아 반도는 한반도의 두 배 반 정도의 크기로 대륙의 땅 끝, 지중해의 서단이라고 부르기도 합니다. 지도에서 보면 이베리아 반도는 말 그대로 반도예요. 유럽으로 나아가는 북쪽도 지도를 놓고 보면 삼면이 해안으로 이루어져 있고, 육로는 프랑스와 국경을 접하는 피레네 산맥으로 차단되어 있습니다. 그리고 헤라클레스의 기둥이라고 불리는 너비 14킬로미터의 지브롤터Gibraltar 해협을 사이에 두고 아프리카 대륙과 마주 보고 있어요. 이곳이 가지는 의미는 유럽 역사에 있어서 아주 중요한데, 바로 지중해와 대서양이 만나는 지점이자 대항해 시대가 시작된 곳입니다."

나는 엘레나에게 물어보았다.

"지브롤터는 무슨 뜻인가요?"

"이슬람 군단을 이끌고 이베리아 반도에 침입하였던 이슬람 장군 타리크Tarik의 이름과 산이라는 의미의 지브르Gibr의 합성어예요."

"지리적인 관점에서 이베리아 반도는 동서로는 대서양과 지중해가 만나는 교차로이고, 남북으로는 유럽과 아프리카가 만나는 문명의 교차로라는 말이네요."

"맞아요. 이곳은 우리가 만난 발칸 반도와 마찬가지로 문명의 교차로예요. 스페인을 이해하기 위해서는 지리적인 부분, 즉 이베리아 반도에 대해 알아야 해요. 왜냐하면 지리적인 환경이 현재의 스페인 모습에 상당한 영향을 미쳤기 때문이죠.이베리아 반도는 해발 고도 약 600~700미터의 메세타Meseta 2라고 불리는 고지로 형성되어 있는데 서쪽으로 많이 기울어져 있어 많은 하천이 대서양 쪽으로 흐르고 있고요. 혹시 고지와 산맥들이 이베리아 반도에 어떠한 영향을 미쳤을지 아시겠어요?"

"글쎄요, 고원 지대의 산맥이 경계로 되어 있다면 서로 단절되어 있었겠죠?"

"맞아요. 이러한 지형적 특성으로 인해 각 지역별로 독자적인 문화와 언어가 발전하게 된 거고, 이것이 현재 스페인에서 분리 이야기가 나오는 이유이기도 해요."

"그러면 이곳의 토착 원주민은 누구였나요?"

"북아프리카에서 건너온 이베르인이라 불리는 종족이에요. 그러면 이베르Iber라는 명칭은 어떻게 생겨난 것일까요? 이 명칭을 따라가면 이베리아 반도의 의미와 이곳의 원주민을 알 수가 있어요."

엘레나는 잔을 들어 차콜리를 한 모금 마신 뒤 이야기를 계속 이어나갔다.

"이베르는 이베리아 반도 북동쪽 칸타브리아 산맥에서 발원한 에브로Iber Rio 강[3]의 옛 이름인 이베르에서 유래한다고 해요. 이들이 강 유역에서 살았다고 하여 붙여진 이름인데, 이베리아 역시 여기서 유래하였다고 볼 수 있죠. 하지만 그 이후에 유럽 북부에서 이주한 켈트족, 로마인 등 여러 민족과의 혼혈이 이루어졌고, 이로 인하여 현재의 스페인과 포르투갈인이 형성되었다고 볼 수 있어요. 이베르족은 반도의 남동부, 켈트족은 반도의 북서부에 정착하게 되죠. 그리고 프랑스의 마르세유와 니스, 이탈리아의 나폴리 등과 마찬가지로 스페인에서도 기원전 13세기경 페니키아와 그리스의 식민지가 이베리아 반도 여러 곳에 만들어졌습니다. 기원전 11세기부터 기원전 3세기까지 그리스와 페니키아, 카르타고의 영향을 많이 받았어요. 그럼 그리스, 페니키아, 카르타고와 이베리아 반도의 공통점은 무엇인지 아세요?"

내가 대답했다.

"세 나라 모두 지중해를 끼고 있다는 것이 공통점이에요. 아주 오래전 유럽에서 지중해가 가지는 의미는 아주 컸죠. 대서양 무역이 시작되기 전까지 말입니다. 지중해는 동서양이 만나는 교차점 역할을 하였

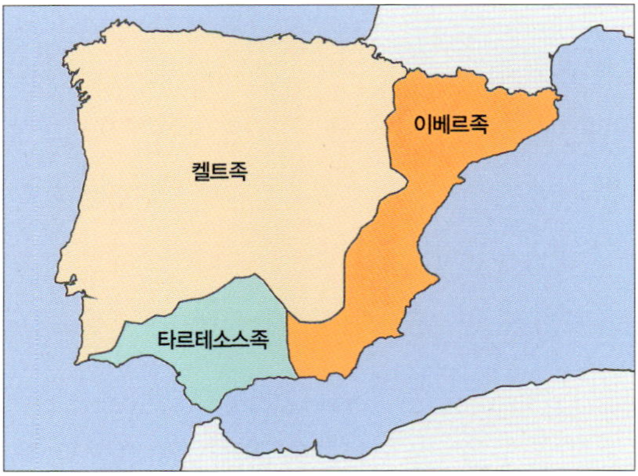

이베리아 반도 원주민 분포도

어요. 이곳을 통해 아시아의 많은 것이 유럽으로 유입되면서 유럽에 많은 영향을 주게 되죠. 즉 지중해를 장악하는 도시 국가는 부와 힘을 가질 수 있었죠. 그리스, 페니키아 좀 더 올라가 중세로 가보면 베네치아, 피사, 제노바, 아말피 등이 그러합니다. 지브롤터 해협은 수에즈 운하가 열리기까지 지중해와 대서양을 연결하는 유일한 바닷길이었어요."

"주로 거래되었던 것들은 무엇이었나요?"

"이베리아 반도에는 발칸 반도와 마찬가지로 주석, 구리 등의 천연 광물이 풍부했습니다."

엘레나는 내 말을 들으면서 와인을 따랐다. 그리고 덧붙여 설명하였다.

"이베리아 반도에서는 페니키아와 그리스에서 올리브, 포도 등의 과일을 받아들였어요. 그중 페니키아인들은 이베리아 반도에 살고 있던 사람들에게 의복 직조 방법과 금속 도구 제작 방법 등 많은 문화를 전달하면서 이베리아 반도 남쪽 해상 교역로를 구축하게 되죠. 그러다 점점 서부 지중해에서 점차 사라지게 돼요. 그 이유는 현재 북아프리카 튀니지의 카르타고가 번영하면서 이들의 상권이 점차 축소되었기 때문인데, 이런 페니키아인의 뒤를 이어 이곳에 들어온 민족이 그리스인이에요. 기원전 8세기에 들어와 원주민들과 교역을 시작했고, 이후 이베리아 반도 동부 연안의 해상 교역권을 장악하면서 스페인 예술에 많은 영향을 주게 돼요."

엘레나가 한잔하자며 잔을 들었다. 나는 엘레나를 따라 차콜리한 모금을 마신 뒤 물어보았다.

"페니키아와 그리스의 이베리아 반도 진출은 이곳에 구체적으로 어떤 영향을 주었나요?"

"페니키아인과 그리스인과의 해상 무역은 이베리아 반도가 농경 국가에서 바다로 통하는 해상 교역국으로 발전할 수 있도록 영향을 줍니다. 바로 북아프리카에서 이주해 온 이베리아인의 문화와 켈트의 문명이 지중해 문명으로 변화했다고 볼 수 있어요. 다시 말해 현재의 다양한 문화가 만들어지는 데 외적인 영향뿐만 아니라 내적으로도 그들이 가지고 있는 독특한 지리적 환경도 많은 영향을 미쳤다고 볼 수 있어요."

"혹시 이베리아 반도의 초기 문명인 타르테소스Tartessos 문명에 대해서는 아세요?"

"타르테소스 문명은 1958년 스페인 남부 도시인 세비야의 교외 지역에서 유적이 발견되면서 알려졌어요. 이 문명은 남부 이베리아 반도에서 발달하기 시작했다고 전해지죠. 그리고 반도 남부에 카디스라는 서유럽 최초의 도시를 세우면서 건설 교역을 시작하였다고 해요. 이 고대 문명은 고대 서적에 언급되는 이베리아 반도 서쪽 부근의 고대 문명이었던 아틀란티스와 지리상 위치가 비슷하고, 또 황소 숭배 사상을 가진 것도 비슷합니다. 이 문명의 전성기에는 현재의 세비야 우엘바 지역인 과달키비르Guadalquivir 강의 광물과 수자원을 기반으로 발전하였으며, 현재의 안달루시아 전역으로 발전해갔어요. 이러한 세비야를 중심으로 한 고대 문화권을 지칭하는 용어가 바로 타르테소스 문명이죠. 헤로도투스Herodotos 3에 의하면 이들은 왕정 국가였다고 합니다."

엘레나는 나를 한 번 쳐다본 뒤 말을 이었다.

"이 문명권은 서부 안달루시아가 중심이었는데 다른 지역인 에스트레마두라Extremadura 4와 무르시아Murcia 5로 확산되어갔고, 이곳에서 청동기 문화와 결합하면서 꽃을 피웠어요. 기원전 720년경부터는 남부 포르투갈로, 이후에는 루시타니아 문화 6로 대체되었죠. 이때 물레가 도입되면서 토기의 생산량과 질이 향상되고, 건물 형태도 원형의 오두막집에서 점차 사각형 형태로 변화하게 돼요. 농업에서는 동물과 쟁기를 사용하기 시작했는데, 철기 사용을 비롯해 사회 계층의 분화, 빈부 차이가 나타나는 계기가 되었죠."

"그러면 고대 그리스인과 페니키아인, 그리고 카르타고가 이베리아 반도에서의 교역은 어땠나요?"

엘레나는 입이 마른지 와인을 한 모금 마시고 답했다.

"고대 그리스인도 기원전 7세기경 타르테소스와 교역을 시작했어요. 이들은 현재의 프랑스 남부에 있는 도시 마르세유에 식민 도시를 건설하였죠. 그 후에는 현재 카탈루냐 북부 해안의 암푸리아스Ampurias 이전의 엠포리온Emporion에 도시를 건설해 그리스의 교역과 문물의 항구로 이용하였어요.

페니키아가 쇠퇴하자 카르타고는 기원전 540년 지브롤터 해안을 장악하죠. 그리고 그리스인들을 이베리아 반도에서 몰아냅니다. 이후 로마와 카르타고의 포에니 전쟁 전까지 서지중해의 교역을 카르

카르타고, 그리스, 페니키아의 이베리아 반도 교역로

타고가 독점하게 돼요. 이 문명권에는 그리스와 페니키아 문명권이 나타나는데, 특히 페니키아 문화가 혼재되는 것이 특징이에요. 이들의 문자는 페니키아의 영향을 받았다고 하는데 판독이 불가능하다고 해요. 타르테소스는 기원전 5세기에 멸망하였는데 여러 가설이 있죠. 하지만 가장 신빙성이 높은 것은, 이들이 주석 교역으로 많은 부를 획득하자 이를 시기한 현재의 튀니지에 위치한 카르타고인이 멸망시켜 주석 교역권을 차지했다는 설이에요."

엘레나는 말을 끝내고 핀초를 하나 집어 먹었다. 문득 오물오물 입을 움직여 먹는 엘레나의 모습이 귀엽다는 생각이 들었다. 어느덧 해가 어둑어둑 지고 있었다. 엘레나가 다시 대화를 이어갔다.

"이번 스페인 여행을 시작했던 바르셀로나는 어느 민족이 세운 도시인지 아세요?"

나는 웃으면서 말하였다.

"카르타고인이 세운 도시잖아요."

"네, 맞아요. 아까 잠깐 언급했는데, 이스파니아Hispania라는 말은 어디와 연관있는지 혹시 기억나세요?"

"이스파니아는 고대 로마 제국에서 이베리아 반도를 일컫던 말 아닌가요."

엘레나는 이스파니아를 로마와 연결시켜 이야기를 덧붙였다.

"로마는 우리가 알다시피 오로지 라틴 민족만으로 구성된 제국은 아니에요. 로마 제국의 전성기에는 약 1,000여 개가 넘는 도시 국가가 로마라는 이름으로 모여 있었어요. 이 중 이베리아 반도를 정복하기 전에 지중해의 여왕이라고 불리는 카르타고와의 포에니 전쟁을 빼놓을 수 없죠. 그리고 이스파니아와 카르타고와 관계된 또 다른 나라, 그리스가 있어요. 그래서 이스파니아 하면 카르타고와 함께 알레리아 해전과 포에니 전쟁을 이야기해야 하죠."

"카르타고는 기원전 약 9세기경 페니키아인이 아프리카 북부, 현재의 튀니지에 세운 도시로 해상 무역을 발전시켰죠. 페니키아가 알렉산더 대왕에게 멸망하였다는 것은 아시죠? 그리고 나서 카르타고는 지중해의 여왕으로 군림해요. 로마 제국의 농업과 정치 제도에도 많은 영향을 주죠. 그리고 그들은 지중해의 이비사Ibiza7에 교역 기지를 만들어 대규모로 염전을 건설하고 그리스인의 통상 활동을 차단하기도 해요."

"알레리아 해전과 포에니 전쟁에 관해 좀 더 자세히 이야기할까요?"

"카르타고의 지중해 해상 무역권 장악에 대해서는 기원전 535년 알레리아Aleria 해전을 이해해야 해요. 지중해에서 일어난 최초의 대규모 전투로, 이 전투로 인해 카르타고가 알려지기 시작하였다고 볼 수 있어요. 알레리아 해전에서 그리스가 패전했는데, 이로 인해 그들은 마르세유와 이탈리아 남부로 철수하였고 카르타고는 옛 페니키아의 식민지인 사르데냐, 시칠리아, 이베리아 반도 남단, 아프리카 북부를 장악하게 되죠. 이때 이베리아 반도로 진출하면서 카르타고는 경제적 부를 축척해나가죠. 기원전 348년에는 로마와의 조약이 체결하면서 카르타고는 교역의 독점권을 완전히 장악한 후 이베리아 반도에 여러 식민 도시를 건설해요."

나는 그녀의 이야기를 들으면서 나도 모르게 '카르타고, 바르셀로나' 하고 혼잣말을 했다.

"네, 맞아요. 현재 스페인의 최대 항구이자 도시인 바르셀로나는 카르타고인이 세운 도시예요. 카르타고는 카르타헤나Cartagena가 중심 거점 도시였죠. 이 카르타헤나는 현재 스페인의 남동부 무르시아Murcia 자치 지방 도시로, 기원전 3세기에 세워졌어요. 이렇게 번성하였던 카르타고는 로마와 100년이 넘는 기간 동안 전쟁을 벌이는데, 그 전쟁이 바로 포에니 전쟁이죠."

나는 엘레나에게 물었다.

"그런데 포에니는 무슨 뜻인가요?"

"포에니란 페니키아인을 뜻하는 라틴어예요. 포에니 전쟁은 기원전 3세기부터 기원전 2세기 중엽까지 3차에 걸쳐 일어나요."

"포에니 전쟁에 대해서는 저도 좀 알아요. 1차 포에니 전쟁은 기원전 264년부터 기원전 241년 시칠리아를 무대로 일어난 전쟁이죠. 로마는 시칠리아 남쪽의 아크라가스를 점령한 후 새로운 해군으로 시칠리아 해전에서 카르타고에 대승을 거두었어요. 여기에 힘입어 기원전 256년에 대함대를 거느리고 아프리카로 원정하였지만 크게 패합니다. 로마군은 다시 시칠리아에서 카르타고와 해전을 치러 승리한 뒤, 카르타고에 거액의 전쟁 배상금을 물리고 시칠리아섬에서 물러나게 합니다. 이때부터 시칠리아는 로마의 속주가 됐고요.”

“그럼 1차 포에니 전쟁은 로마가 카르타고를 시칠리아에서 물러나게 하고 해상권을 가지게 된 결과를 가져왔네요. 2차 포에니 전쟁은 어떻게 해서 일어나게 됐나요?”

“2차 포에니 전쟁은 기원전 218년부터 201년에 일어났어요. 로마는 1차 포에니 전쟁 이후 카르타고에게 전쟁 직후에 정했던 것보다 더 많은 전쟁 배상금을 내라고 강요했어요. 그러자 카르타고는 스페인에 새로운 기지를 얻어 로마와 두 번째 전쟁을 벌여요. 기원전 218년 카르타고의 한니발 장군은 로마가 해상을 통제하고 있었기 때문에 보병 2만 명, 기병 6천 명 그리고 코끼리 60마리의 부대를 이끌고 육로를 통해 스페인과 갈리아를 점령하고, 피레네 산맥과 알프스 산맥을 넘어 북부 이탈리아까지 점령하죠. 이어 한니발은 로마 제국과 동맹을 맺은 여러 도시를 점령해 나가는데, 먼저 당시 두 번째로 큰 도시인 카푸아로 갔어요. 그는 여러 큰 전투에서 승리하였으나 로마시를 공격하는 것은 참았어요. 그리고 기원전 216년 칸

나이에서 많은 로마군을 섬멸하였을 때에도 로마로 쳐들어가는 것을 참았고요. 그 사이에 로마에서 한 젊은 명장이 나타나는데 바로 명장 스키피오 장군이에요. 로마에서 한니발을 내몰 전략을 세운 스키피오는 기원전 204년에 바로 카르타고 본토를 공격하였고, 한니발은 급히 카르타고로 철수해요. 기원전 202년 자마Zama에서 드디어 한니발과 스키피오가 결전을 벌였는데 한니발이 패합니다. 젊은 장군이었던 스키피오는 한나발의 전략이나 전투 방법 등 많은 정보를 가지고 있었지만 한니발은 스키피오에 관한 정보가 없었기 때문이죠. 그 후 한니발은 소아시아로 가 재기에 힘쓰지만 측근의 배신으로 실패한 뒤 결국 기원전 183년에 자결하죠. 2차 포에니 전쟁에서 패배한 카르타고는 로마의 강화 조건을 받아들여 전쟁 배상금 및 해군 양도, 아프리카 이외에서의 전쟁 금지, 아프리카 내에서 전쟁 시 사전 통보, 그리고 지중해에 있는 섬들과 스페인까지 로마에 넘겨주게 되었어요. 제 설명이 맞는 건가요?"

"저보다 자세히 알고 계시네요. 3차 포에니 전쟁에 대해서도 설명해주시겠어요?"

"3차 포에니 전쟁은 기원전 149년부터 기원전 146년까지 일어난 전쟁이에요. 결과를 먼저 이야기하자면 이 전쟁으로 인해 카르타고는 멸망합니다. 그리고 카르타고인들은 노예가 되죠.

1, 2차 포에니 전쟁으로 카르타고는 사실상 정치적 권력을 잃었지만 상업 세력은 빠르게 성장해 기원전 2세기 무렵에는 로마의 상권까지 위협하며 전쟁 배상금을 계약 기간보다 빠르게 배상해 나갔

어요. 3차 포에니 전쟁은 기원전 150년 누미디아의 왕 마신사가 카르타고를 쳐들어 오자 카르타고가 무력으로 맞서면서 발생했지요. 로마와 맺은 조약을 공식적으로 어긴 것이죠. 하지만 사실 카르타고가 빠르게 회복하는 것을 두려워한 로마가 미리 싹을 자르기 위해 누미디아 왕과 짠 계략이었어요. 이에 로마는 즉시 누마디아로 군대를 파견하였어요. 이때 카르타고는 로마군의 조건을 수용하지 말고 로마군과 전쟁을 하자는 측과 전쟁을 하지 말자는 측으로 나뉘었죠. 카르타고는 전쟁을 하지 않으려고 무기를 넘겨준다는 것에는 동의하였으나 성을 버리고 쫓겨가 살아야 한다는 것에 격분해 전쟁을 하기로 했죠. 이것이 3차 포에니 전쟁의 시작이에요. 카르타고는 2년 동안 로마의 포위 공격에 맞서 싸웠고, 25만 명 중 5만 명만 살아남았다고 해요. 하지만 이들은 모두 노예로 팔려가고 카르타고의 영토는 로마 제국의 속주로 편입돼요. 3차에 걸친 포에니 전쟁에서 승리한 로마는 이후 마케도니아와 페르가몬 그리고 이베리아 반도를 본격 지배하게 되죠."

"아, 그렇게 된 거군요. 포에니 전쟁에 대해서는 정리하기가 어려웠는데, 선생님 덕분에 이해됐어요. 알레리아 해전, 포에니 전쟁은 이베리아 반도를 이해하는 데 정말 중요한 사건이라는 것을 다시 한 번 느끼게 됐고요."

식당 안은 어느새 제각각의 개성을 가진 다양한 사람들이 모여 북적였고, 더 이상 자리는 없어 보였다. 오랜 시간 엘레나와 스페인에 대해서 이야기를 해서인지 처음에는 별다른 특별함을 느끼지 못했던 이 공간이 갑자기 스페인의 묘한 매력을 내뿜어 흡사 이베리아 반도의 축소판처럼 느껴졌다.

엘레나는 이런 나의 마음을 읽었는지 나를 바라보며 웃고 있었다.

"참 다양한 사람들이 모여 있죠. 그런데 우리는 여행지의 과거, 역사에 관한 이야기만 하는 것 같아요"

"그런가요? 그렇게 말하니 그런 것도 같네요. 그래도 우리 둘 다 재미있어하니깐요."

"맞아요, 그럼 계속해볼까요? 로마 제국은 이베리아 반도를 약 700년간 점령해요. 단순히 영토를 정복하는 것에 머물지 않고 국가와 사회를 움직이는 데 필요한 정치, 경제, 사회, 문화, 예술 등 전반에 걸쳐 막대한 영향을 끼치면서 현재의 스페인이 형성되는 데 중요한 역할을 하지요."

"이베리아 반도의 로마화가 단시일 내에 이루어진 건 아니겠죠?"

"그렇죠. 남부 안달루시아와 동부의 레반테 해안 지대의 반란을 시작으로 기원전 147년부터 139년까지 그리고 현재의 포르투갈 지역인 숲테리오르에서 루시타니아인의 봉기가 시작되었어요. 그리고 기원전 133년에는 누만시아에서 약 4,000명의 켈트인과 이베로인이 투항을 거부하며 6만 명의 로마군과 8개월 동안 항전하였죠. 로마군은 이들의 보급로를 끊고 투항을 권유하였으나 이를 거부하며 자결하지요. 이러한 많은 항전 속에서 이베리아 반도의 로마화가 진행되었던 거예요."

"이베리아 반도, 로마에게는 어떤 의미를 가질까요?"

"이베리아 반도는 발칸 반도와 마찬가지로 로마의 자원 공급처였어요. 그리고 로마는 이곳을 관리하기 위해 정복지의 행정 구역을 처음에는 두 곳으로 나누어 관리하였죠. '더 가까운 이'라는 의미를 가지고 있는 히스파니아 시테리오르Hispania Citerior와 '먼 곳'이라는 의미를 가지고 있는 히스파니아 울테리오르Hispania Ulterior와 새로 정복한 지역을 포함하여 히스파니아 루시타니아Hispania Lvsitania, 히스파니아 타라콘세테Hispanis Tarraconensis, 히스파니아 베티카Hispania Baetica 등으로 나누어 다스렸죠."

로마 정복 당시 이베리아 반도의 행정구역

나는 다시 엘레나에게 질문했다.

"이베리아 반도는 언제 완전히 복속되어 로마의 영향권 안에 들어온 건가요?"

"로마의 초대 황제인 아우구스투스 시기에 완전히 복속되죠. 그리고 가장 평화로웠다고 하는 오현제 시대라고 불리는 팍스 로마나Pax Romana 시대[8]에 들어 로마 제국의 일부가 돼요."

엘레나는 나를 한 번 쳐다보더니 계속 이야기하였다.

"로마 제국의 일부가 되면서 이베리아 반도에 살던 다양한 민족에게 처음으로 지역적 통일체가 형성되게 되죠. 이스파니아라는 지역적 통일체라고 해야 할까요. 이스파니아라는 개념이 탄생하게 된 거죠. 이들의 로마화는 어떻게 형성되었는지 아시나요?"

"로마화 과정은 크게 세 가지가 적용되면서 그들의 일체감을 형성시켜 주었습니다. 바로 로마법, 라틴어 사용, 가톨릭이죠. 그리고 또 한 가지, 로마 가도로 인해 더욱 가속화되고요. 일단 로마법은 크게 세 가지 단계로 나뉘어 발달하는데 12표법, 만민법 그리고 로마법전이 편찬되어요. 우선 12표법을 이야기하면 건국 시기부터 시작하여 로마가 지중해의 승자가 되기까지의 시기예요. 그리고 만민법은 로마 시민과 시민권이 없는 사람들에게 적용되는 법이 발달한 시기라고 볼 수 있어요. 이것은 기원후 3세기 말까지의 시기로 로마 시대의 전성기에 해당하죠. 그리고 마지막 만민법 이후부터 유스티니아누스 1세대까지 로마 제국이 내외부의 문제로 변질 해체되는 시기예요. 이때 테오도시우스 2세, 유스티니아누스 1세에 의해 로마법전이 편찬되었죠."

식당 안은 테이블마다 사람들로 가득했는데 이상하게 조용했다. 마치 엘레나와 나의 이야기를 듣고 있는 것처럼. 엘레나는 식당 안에 이런 상황을 별로 의식하지 않는지 창밖을 바라보면서 내 이야기를 듣고는 바로 "그럼 말씀하신 로마법은 어떤 영향을 주었을까요?" 하고 나에게 물었다.

"로마가 멸망한 후에도 로마법은 중세 유럽에 영향을 주고, 그 결과 시민법이 형성되는 데 결정적인 역할을 하지 않았을까요?"라고 대답하였다.

“맞아요. 이베리아 반도를 지배한 로마는 라틴어를 사용하였는데 이베리아인들도 시간이 지나면서 토속어 대신 라틴어를 사용해요. 이러면서 라틴어가 발전하기 시작하였고 기원후 5세기에는 로마 제국의 속국이던 나라들, 그러니까 현재의 이탈리아, 프랑스, 스페인, 포르투갈 등의 나라에서 라틴어가 변천하게 되고, 결국 그들의 언어로 만들어지죠. 라틴어에서 파생한 언어를 ‘로망스 언어’라고 하는데, 로마인처럼 말하는 사람이라는 의미예요.”

나는 그녀의 말을 이어 받아 계속해서 이야기했다.

“맞아요. 로마법과 라틴어는 이베리아 반도를 로마화하는 데 정말 중요한 역할을 해요. 이베리아 반도는 또 다른 로마라고 볼 수 있죠. 이베리아 반도, 즉 스페인 출신의 황제들에는 먼저 오현제 중 3명의 황제 트리아누스, 히드리아누스, 마르쿠스 아우렐리우스가 있어요. 그리고 기독교를 국교로 선포한 테오도시우스 황제도 있고요.”

나는 핀초를 한 개 집어 먹은 후 이야기를 계속했다.

“마지막으로 가톨릭에 대한 이야기도 빼놓을 수 없죠. 이베리아 반도에 가톨릭이 처음 들어온 것은 기원후 1세기예요. 전역에 퍼진 것은 3세기이고요. 그 후 이베리아 반도에서 로마 제국이 붕괴되고 게르만족의 일파인 고트족이 유입돼요. 그리고 이슬람이 침략해 지배하는 동안에도 가톨릭은 이베리아 반도에서 깊게 뿌리를 내리죠. 그들에게 통일체를 형성시켰던 거예요. 스페인에서 본격적으로 가톨릭이 전개된 계기는 예수님의 제자이며 스페인의 수호 성인인 사도 산티아고Santiago, 야고보의 영향이 컸는데, 그는 스페인의 국토 회복 운동에 크게 이바지하였으며, 스페인 전역을 로마 문화로 동화시키는 데 아주 결정적 역할을 하였어요."

엘레나는 내 얘기가 끝나자 가도에 관한 이야기를 덧붙였다.

"그리고 로마법, 라틴어 사용, 가톨릭과 조금 다른 역할을 한 것이 있는데, 바로 로마 가도예요. 로마화를 가속화시키는 역할을 하죠. 로마 제국의 수도 로마를 출발할 때는 12개이던 로마 가도는 북해에서 사하라 사막, 영국에서 시리아, 대서양에서 유프라테스 강 그리고 독일과 발칸 반도에서 이집트까지 뻗어 나가요. 로마 가도가 제일 먼저 뻗어 진출한 곳은 어느 방향일까요? 바로 동쪽이에요. 당시 로마 입장에서 보면 선진 문명을 가지고 있는 동쪽의 그리스를 향해 나아갈 수밖에 없었을 거예요. 또한 아피아 가도의 종착지가 바로 타렌툼이었기 때문이기도 하고요. 이곳이 그리스를 향한 거점 항구가 됩니다. 그다음 계속해서 브룬디시움까지 확장됩니다. 이렇게 동서 로마를 연결하는 가도가 완성된 뒤에 기원전 120년 무렵 알프스 산을 넘어 갈리아로 진출한 로마 제국은 피레네 산맥으로 향하였고 '비아 아퉅리아 아우구스타'라 불리는 가도를 만들었는데, 이로 인해 오늘날 프랑스의 아를, 님므, 악상 프로뱅스, 생 레미 등의 도시가 생겨나게 되었죠.

피레네 산맥을 넘어 오늘날의 스페인 이베리아 반도로 진출해 남쪽으로 도로를 건설해나가요. 기원전 14년 아우구스투스가 죽기 전까지 이베리아 반도에 가도를 건설하는데 그 길이가 2,000킬로미터에 달했다고 해요. 나중에는 7,000킬로미터까지 확대되는데 그 과정에서 스페인의 주요 도로들도 건설되죠. 비아 도미티아에 건설된 '비아 아우구스타'라는 가도 덕분에 등장한 도시가 바르셀로나, 타라고나, 발렌시아, 사군토, 카르타헤나 등 이고요. 로마 제국은 다시 이베리아 반도의 내륙 쪽으로 진출해 코르도바, 라코루냐에까지 가도를 잇는데, 이베리아 반도는 이 로마 제국의 가도를 따라 보다 빠르게 로마화 되어갔습니다."

고대 스페인의 주인 게르만족과 이슬람

이베리아 반도에서 이슬람 문화가 스페인에 미친 영향을 이해하기 위해서는 콘비벤시아(convivencia)라는 말을 이해하여야 한다. 콘비벤시아는 다양한 종교의 공존을 의미한다. 이베리아 반도에서 이슬람은 모든 종교를 인정하며 받아들였고, 이것은 오늘날 스페인에 아주 많은 영향을 미쳤다. 각기 다른 종교가 공존하는 문화 속에서 이베리아 반도, 즉 스페인에 사는 사람들은 여러 계층으로 나뉘어졌다.

"혹시 세계사 수업 시간에 '게르만족의 대이동'에 대해 배우지 않으셨나요? 게르만족의 이동이 이베리아 반도에도 영향을 미쳤다고 알고 있는데, 이번에도 설명해주실 수 있을까요?"

엘레나가 물어보았다. 나는 생각을 정리하고, 천천히 이야기를 시작했다.

"게르만족의 이동은 훈족이 372년 볼가강Volga rio 9을 건너 동고트족을 정복하면서 시작되었죠. 그러면서 슬라브족의 이동까지도 야기시켰어요. 게르만족이 이동하자 슬라브족도 덩달아 이동한 거죠. 이러한 훈족의 이동은 게르만족이 유럽 전역과 아프리카까지 퍼지는 결과를 가져와요. 현재 이곳 이베리아 반도에서의 서고트족도 그러한 영향의 한 부분입니다. 결과적으로 서로마 제국의 멸망을 가져온 결정적 원인이기도 하죠. 게르만족은 인류학적으로 분류해보면 북방 인종이에요. 키가 크고 파란 눈과 금발이 특징인데 그들의 거주지는 북유럽, 스칸디나 반도 남쪽부터 북부 독일까지 퍼져 있었죠. 그런데 훈족에게 밀려 로마 제국의 땅으로 들어가게 되고, 로마 제국의 용병이 되었던 거예요. 그 후 게르만족의 용병 대장 오토 아케이드에 의해 로마 제국의 마지막 황제인 로물루스 아우구스툴루스가 황제의 자리에서 내려오면서 서로마 제국이 멸망하게 되죠."

"로마 제국 내에서 게르만족의 반란이 일어난 이유는 무엇일까요?" 하고 엘레나가 다시 물었다.

"로마 제국이 서고트족을 차별했기 때문이죠. 결국 참다못한 서고트족이 반란을 일으켰고, 로마 제국은 이들을 진압하지 못했어요. 이때부터 게르만족은 유럽 전역으로 광범위하게 퍼져 살게 돼요. 일부 게르만족은 이베리아 반도로 들어오게 되고요. 프랑스와 국경을 두고 있는 피레네 산맥을 넘어 이베리아 반도에 먼저 들어온 게르만족들이 있었지만 이베리아 반도에 국가를 먼저 형성한 것은 이들보다 좀 늦게 들어온 서고트족이죠. 서고트족은 톨레도를 수도로 이베리아 반도에서 최초의 통일 왕국을 형성한 후 로마의 문명과 가톨릭을 받아들였고, 이슬람이 이베리아 반도에 들어오기 전까지 300년간 존재하였어요."

그리고 내 이야기를 받아 대화를 이어나갔다.

"그렇죠. 이베리아 반도에서 최초로 통일 국가를 형성한 민족이 바로 서고트족이에요. 그리고 그들은 기독교를 받아들였죠. 하지만 이베리아 반도는 이슬람인에 의해 정복된 후 오랜 시간이 지납니다. 이후 기독교도에 의해 국토 회복 운동이 시작되는데, 그들은 회복해야 할 곳이 어디인지 분명하게 인식하고 있었어요. 바로 톨레도였어요."

"당시 서고트족의 최고 지식인은 누구였나요?"

"세비야의 주교인 '이시도르[10]'가 아닐까요? 이시도르는 『어원학』과 편저로 『어원백과사전』을 남겼는데, 당대의 지식을 집대성한 백과사전이죠. 또한 그는 인간의 몸은 4가지 요소로 이루어져 있다는 정의를 내렸죠."

이번에는 내가 그녀의 말을 이어 이야기하였다.

"저도 그건 알고 있어요. 인간의 살은 흙의 성질, 피는 물의 성질, 숨결은 공기의 성질 그리고 체온은 불의 성질을 가지고 있다고 정의하였죠. 그런데 서고트족은 이시도르처럼 훌륭한 지성인도 배출하고 300년 동안 이베리아 반도에 정착하였지만 이베리아 반도에 그다지 큰 영향을 미치지 못했다고 하는데, 그 이유는 무엇일까요?"

엘레나는 빙그레 웃으며 말을 이어나갔다.

"인구가 적었기 때문이에요. 당시 이베리아 반도의 총인구는 400만 명 정도였는데, 서고트족의 인구는 불과 10만 명이 조금 넘었다고 해요. 그래서 그들이 지배하는 곳에는 행정 관리나 군인들만 주둔시켰고, 대부분의 서고트족은 도시를 중심으로 살았죠. 7세기 말들어 서고트족은 이베리아 반도에 외세를 끌어들이는 치명적인 실수를 해요. 당시 서고트 왕국은 정치, 경제, 사회, 문화 등 모든 면에서 갈등하고 내분이 일어나면서 이슬람이란 외부 세력을 끌어들이는 계기를 만들었죠."

"서고트족은 초기에 어디에서 살기 시작하였나요?"

"초기에는 로마 제국의 변방에서 살았어요. 4~5세기경 그중 일부가 서쪽으로 진출했는데, 이들을 서고트족이라 불렀죠. 반면 동쪽으로 이동한 동고트족은 이미 왕국으로 발전하고 있었어요. 서고트족은 여러 부족으로 나뉘어 있었기 때문에 국가라는 통일체를 형성한 것은 동고트족이 서고트족보다 빨랐죠."

"서고트족도 로마 제국의 프랑크족 등 여러 관계를 거치면서 독립된 왕국으로 나아가게 되는데, 이에 대해서도 이야기해줄 수 있는지요?" 하고 나는 커피를 한 모금 마시면서 엘레나에게 물었다.

"395년 서고트족의 초대 왕 알라이크는 테오도시우스가 죽은 뒤 현재의 이탈리아를 유린해요. 그리고 410년 로마를 점령 약탈하는데, 이것을 피해 호노리우스[11]는 수도를 라벤다로 옮기죠."

알라이크 왕이 죽자 뒤를 이은 아타울푸스는 서고트족을 이끌고 갈리아 남부에 정착합니다. 그다음 415년에는 게르만 여러 부족에게 점령되었던 이베리아 반도를 침략했지만 바르셀로나에서 암살당해요. 그 후 그의 후계자 왈리아가 드디어 이베리아 반도에서 서고트 왕국을 세우게 되었고, 그들은 서로마 제국 멸망 후 가장 강력한 왕국이 됩니다."

"서로마 제국이 멸망하고 난 후 가장 강력한 왕국이었다면 영토는 어느 정도였나요?"

"지금의 프랑스 남서부 루아르 강 남쪽과 론 강 서쪽 그리고 스페인 대부분에 걸쳐 있던 로마 제국 서부 정도를 지배했죠. 서고트족은 이베리아 반도에 정착하였던 반달족을 북아프리카로 몰아내면서 이베리아 반도 전역으로 세력을 넓혀갔어요. 하지만 유리크 왕이 죽은 후 그의 아들인 알라리크 2세가 프랑크 왕국의 클로비스 1세와 싸우다 전사하면서 갈리아 남부의 많은 영토를 상실하게 돼요. 이때 많은 세력을 잃었어요. 이후 서고트 왕국은 분열되고, 피레네 산맥 이남으로 밀려나죠. 또 511년에는 동고트 왕국의 섭정을 받기도 하지만 그 후 6세기에 걸쳐 단일 정치 구조를 만들고 톨레도를 수도로 삼아 셉티마니아[12]와 이베리아 반도 대부분을 다스리게 돼요. 서고트인들은 이베리아 반도에서 완전한 통일을 이루기 위해 여러 민족을 몰아내고, 711년 이슬람 세력이 침입할 때까지 이베리아 반도를 지배했어요."

"음, 그러면 이슬람 세력이 이베리아 반도에 들어오기 전까지 서고트 왕국에서 교회는 어떠한 역할을 했나요?"

"유럽 문화를 이해하기 위해서는 기독교 문화도 함께 이해해야 한다는 것을 아마 아실 거예요. 마찬가지로 이베리아 반도를 이해하기 위해서도 서고트족의 기독교를 이해해야 하고, 이후의 국토 회복 운동을 이해해야 합니다."

엘레나는 이에 동의하느냐는 듯 나를 쳐다보았고, 내가 고개를 끄덕이자 이야기를 이어나갔다.

"좀 전에도 말했지만 이베리아 반도는 360년 아리우스주의를 받아들인 서고트족에게 지배를 받게 돼요. 서고트족은 톨레도를 수도로 정하고 남부 이베리아 반도를 탈환해 왕국의 번영을 회복한 레오비길드 왕 때 최고의 전성기를 맞으면서 아리우스주의 역시 최고의 전성기를 구가하죠. 아리우스주의는 325년 콘스탄티누스 대제 때 열린 니케아 종교 회의[13]에서 아타나시우스 교리가 인정됨에 따라 자신들이 이단으로 몰리자 게르만족이 사는 땅으로 가 선교 활동을 하였던 종파로, 예수를 하나님의 아들로 보지 않고 예언자로 보았죠.

서고트족은 반도의 다른 사람들과 결혼을 금지하였어요. 하지만 세 명의 서고트 왕 레오비힐도, 레카레도 그리고 레세스빈토에 의해 많은 변화가 일어나죠. 우선 573~586년까지 집권한 레오비힐도는 바스크 지역과 갈리시아를 정복하고 반도인과의 결혼 금지령을 폐지하였어요. 이것이 가지는 의미가 큰데, 바로 정치적·사회적으로 통합을 이뤄냈다는 거죠. 그리고 588~601년의 집정 기간 동안 레카레도 왕은 톨레도에서 제3차 톨레도 종교 회의를 열어요. 그때 그는 아리우스 교리를 버리고 아타나시우스파의 로마 가톨릭을 받아들이죠. 이것 역시 아주 중요합니다. 바로 종교적·도덕적 통합을 이뤄내기 위해 노력했다는 거죠. 마지막으로 산 후안 바우티아 성당을 건립한 레세스빈토는 두 선왕의 뒤를 이어 반도인과 사이에 남아 있던 법적인 차별성을 완전히 통합하였어요. 그렇게 해서 반도인과의 결혼 금지령 폐지로 정치·사회적 통합, 아리우스 교리를 버리고 아타나시우스파의 로마 가톨릭을 받아들이면서는 종교적 통합을 이룬 겁니다."

나는 다시 한번 엘레나의 해박한 지식에 놀랐다. 그리고 자신이 알고 있는 것을 조리 있게 설명하는 모습에 또 한번 놀라면서 엘레나 설명에 덧붙여 이야기를 이어나갔다.

"서고트족은 통일체를 형성한 후 일반적인 많은 일을 교회에 맡겼는데, 그것이 스페인과 그 식민지들에 대해 가톨릭이 세속적인 일과 정치적인 일에 간섭하는 원인이 됩니다. 국토 회복에 있어 종교 회의와 서고트족에 있어 종교 회의는 의미가 아주 다릅니다. 서고트족의 종교 회의는 의회의 기능을 하였다면, 국토 회복 운동 후의 종교 회의는 이슬람 지배 이후 신앙과 피의 순수성을 추구하는 거예요. 서고트 왕국의 각 지역 주교들은 그 지역을 다스리는 수장 역할을 하였어요. 그러면서 종교가 국가 일에 간섭하는 형식을 만들어나갔죠. 이것이 정착하면서 게르만족 고유의 문화는 점점 퇴색하며 가톨릭화되었습니다."

나는 '유럽 역사에서 이슬람이 차지하는 부분은 얼마나 될까?' 하고 혼잣말로 중얼거렸는데, 엘레나가 들었는지 고개를 돌려 나를 바라보며 이야기를 시작하였다.

"유럽 역사와 이베리아 반도에서 이슬람을 빼놓고는 이야기를 할 수 없어요. 7세기 초 아라비아 반도의 메카에서 유일신의 계시를 받은 예언자가 나타나 이슬람교를 창시한 후 북아프리카, 이베리아 반도까지 진출하죠. 후에 이슬람교를 믿는 오스만 투르크족은 동로마 제국을 정복해 발칸 반도를 약 500년 가까이 지배합니다. 이슬람교는 6~7세기에 활동하였던 마호메트에 의해 창시되었어요. 원음으로는 무하마드Muhammad라 불립니다. 그는 아랍의 예언자로 아라비아 반도를 통일하고 이슬람 국가의 터전을 마련한 인물이기도 해요. 그에게 내려진 신의 계시는 성전인 〈코란〉에 기록되어 있습니다."

나는 "마호메트에 대해서는 제가 이야기할게요." 하고 엘레나에게 말하였다.

"마호메트는 구약 성서에 나오는 아브라함의 아들 이스마엘의 쿠라이시족 하쉼 가문에서 유복자로 출생하였어요. 하지만 어렸을 때 부모님이 돌아가시고 할아버지를 거쳐 숙부의 보호 아래 양육되었죠. 어린 시절에는 양치기로 평범하게 자라다가 시리아를 왕래하는 무역상인 카디자의 대상에 고용되는데 그의 정직하고 성실한 성품에 감동을 받은 대상 주인인 카디자의 구혼에 의해 둘은 결혼하죠. 기록에 의하면 마호메트는 25세, 카디자는 40세의 미망인이었다고 해요. 결혼으로 인해 생활에 여유가 생긴 마호메트는 40세에 세속적 생활에서 벗어나 메카 교외의 하라 산에서 명상 생활을 시작하였는데 가브리엘의 계시를 받아요. 그때 알라 외에는 신이 없다는 유일 신앙을 갖게 되죠. 그의 부인 카디자가 최초의 신자가 되었고요.

마호메트는 다신교를 부정하고 유일신 알라 앞에서 인간의 평등을 주장하는데, 초기의 신자는 경제적으로 어려움을 겪는 메카의 하층민과 영세 상인이 주를 이루었습니다. 하지만 시간이 지남에 따라 점차 수가 증가하자 박해를 받게 되었어요. 그래서 박해를 피해 622년 메카에서 메디나로 갔는데 이를 '헤지라'라고 하며, 훗날 이 해를 이슬람력의 원년으로 삼게 돼요. 마호메트는 메디나에서 신도를 모아 630년 메카 함락에 성공하고 이슬람 공동체 움마Ummah[14]를 세우죠. 이후 이슬람교는 아라비아 전역에 퍼졌고요. 이렇게 마호메트는 알라신이라는 이름으로 아라비아 반도를 정치적, 종교적으로 통일하였고 시리아 원정길에 올랐다가 632년 메디나에서 사망했습니다."

설명을 마친 나는 엘레나에게 "그런데 이슬람교도의 포교 활동 범위는 어디까지 였을까요?" 하고 물어보았다.

"그들은 동쪽으로는 메소포타미아, 페르시아 서쪽으로는 이집트, 북쪽으로는 팔레스타인과 시리아, 북아프리카의 트리폴리 그리고 이베리아 반도까지 세력을 팽창해 나갔어요. 이슬람교도의 이베리아 반도 침입은 당시 이베리아 반도의 정치적 상황과도 맞물려 있다고 볼 수 있는데요. 다른 지역에서의 포교와는 다른 거죠. 당시 서고트족 지배하의 이베리아 반도에서는 왕위 세습제가 제대로 정착되지 못한 탓에 왕위 계승이 이루어질 때마다 유혈 사태가 뒤따라 왕국은 혼란에 빠졌죠. 710년에 서고트족의 왕 위티사가 사망하자 뒤를 이어 로드리고가 왕위를 계승하였어요. 하지만 위티사의 아들을 왕으로 추대하려 하였던 세력이 반란을 일으키죠. 그러면서 북아프리카의 이슬람 지배자에게 도움을 요청하였는데, 이것이 이베리아 반도에 이슬람교도가 넘어오는 원인을 제공하게 됩니다. 이슬람교도는 헤라클레스의 기둥이라 불리는 현재의 지브롤터 해협을 건너와 스페인 남부 과달레테 강에서 치러진 전쟁에서 승리하였어요. 그들은 북쪽 고산 산악 지역을 제외한 이베리아 반도 거의를 약 7

년 만에 정복하였고, 이때부터 이슬람의 이베리아 반도 지배가 시작되었어요. 서고트족이 멸망하게 된 가장 큰 원인은 바로 내부 분열과 외부 세력을 끌어들였다는 거예요."

엘레나는 이베리아 반도에 이슬람이 유입된 이유와 서고트족이 멸망하게 된 이유를 이해하기 쉽게 설명해주었다. 우리나라가 외세를 끌어들이면서 겪었던 과정과 비슷하다고 느껴졌다.

이베리아 반도에서 이슬람 문화가 스페인에 미친 영향을 이해하기 위해서는 콘비벤시아convivencia라는 말을 이해해야 한다. 나는 엘레나에게 콘비벤시아를 이해하는지 물었다. 그녀는 고개를 끄덕거리며 나에게 다시 물었다.

"단어의 뜻보다 이 말이 가지는 의미를 말씀하시는 거죠?"

"네, 맞아요. 다양한 종교의 공존을 의미하는 것 맞나요? 엘레나가 이베리아 반도에서 이슬람은 모든 종교를 인정하며 받아들였고, 이것은 오늘날 스페인에 아주 많은 영향을 미치게 된다고 했잖아요. 각기 다른 종교가 공존하는 문화 속에서 이베리아 반도, 즉 스페인에 사는 사람들은 여러 계층으로 나뉘어졌다고 들었어요. 바로 모사라베, 뮬라디, 토르나디소, 무데하르 그리고 에나시아도, 마울라로요."

이번에는 엘레나가 내 말에 이어 이야기했다.

"모사라베는 모스타리바라는 아랍어가 스페인어로 변형된 말로 이슬람 지배하의 이베리아 반도에서 종교적으로는 가톨릭을 믿지만 언어적으로는 아랍화한 사람을 의미하죠. 이들은 신앙의 자유를 보장받으면서 조세를 지불한 사람들이에요. 이는 오스만투르크가 발칸 반도를 지배할 때도 비슷했지요. 모사라베 사람들은 무슬림의 각 사회 계층과 조화를 이루었어요. 그들은 코르도바, 세비야 등 대도시에 살며 상업에 종사하였죠. 여러 분야에서 일하며 지배자와 피지배자 사이에 중간 역할도 했습니다.

그리고 뮬라디는 이베리아 반도에 살며 가톨릭을 믿었다가 이슬람교로 개종한 사람을 말해요. 그들이 개종한 이유는 재산을 잃지 않기 위해서였어요. 그래서 자유민 신분을 얻고 조세도 경감을 받았죠. 토르나디소는 가톨릭으로 개종한 이슬람교도를 의미해요. 그래서 단어 뜻 그대로 변절자라는 의미를 가지고 있어요.

무데하르는 조금 다른 의미예요. 어떻게 보면 시대가 조금 달라요. 718년 펠라요Pelayo 15라는 서고트 귀족이 이슬람교를 격파하고 아스투리아스 왕국을 건설했어요. 10세기에 레온 왕국과 카스티야 왕국 그리고 나바라가 독립하고, 11세기에는 아라곤이 독립하고, 1118년에는 사라고자를 점령하죠. 그리고 13세기에서 15세기에 걸쳐 국토 회복 운동이 추진되는데, 이후 이슬람교 일부는 이베리아 반도에 잔류하게 돼요. 그때 기독교도의 보호 아래 있던 이슬람인들에게 붙여진 이름이 바로 무데하르예요. 그들은 인두세를 납부함으로써 자신들의 언어와 종교, 관습 등을 보존할 수 있었습니다. 규모는 줄어들었지만 이슬람적 공동체 거주지가 유지되었는데 현재의 스페인 문화 형성에 큰 이바지를 했어요. 아랍의 이슬람 문화와 기독교의 스페인 문화를 결합시키는 역할을 했죠. 고트족의 양식인 고딕 양식과 이슬람 양식인 무어 양식의 결합을 낳은 거예요. 마지막으로 에나시아도는 가톨릭과 이슬람교를 오갔던 사람인데 1492년 이후 모두 추방되었어요. 마울라는 서고트족 노예의 후손들로 크리스트교에서 이슬람교로 개종한 사람들이고요."

손으로 제스처를 취해가며 긴 이야기를 풀어나가는 엘레나를 보며 나는 말을 보탰다.

"결국 콘비벤시아가 현재의 스페인에 아주 많은 영향을 주었다는 이야기네요. 다양한 종교와 문화의 공존이 유럽의 다른 지역과는 좀 색다른 문화를 낳았다는 것이군요. 그들의 이야기를 조금 더 들려주세요."

"외세를 끌어들이면서 시작된 이슬람의 지배는 알-안달루스Al-Andalus[17]부터 이베리아 반도에서 마지막 이슬람 왕국인 그라나다 왕국이 멸망한 1492년까지 여러 왕국에 걸쳐 이어집니다.

711년 이슬람교도가 이베리아 반도에 처음 침입해서 750년 옴미아드 왕조의 알라흐만[16]은 이베리아 반도로 들어와 정착해요. 756년에는 아브드 알라흐만 1세가 새로운 이슬람 국가를 세우는데, 그것이 바로 알-안달루스이고, 그들은 지금의 코르도바에 정착하였어요. 코르도바는 문화적으로 번성하였던 도시예요. 당시 인구가 40만~50만 명 정도였다고 하는데, 현재를 기준으로 하면 큰 도시가 아니지만 로마의 인구가 100만 명이었다고 하니 꽤 큰 도시였을 거예요. 코르도바에는 약 300여 개의 이슬람 사원이 있었고 900여 개 정도의 목욕탕이 있었다고 해요. 그리고 40만 권 이상의 도서를 소장한 도서관이 있었다고 하니 750년부터 1009년까지 그 시대에 코르도바가 문화 수도로서의 역할을 했던 거죠."

엘레나는 이슬람의 지배가 시작된 알-안달루스와 그곳의 수도였던 코르도바가 얼마나 번성한 도시였는지를 이야기하였다.

알-안달루스의 수도 코르도바의 지리적인 의미에 관해서는 내가 이야기하였다.

"알-안달루스의 수도 코르도바는 지리적으로 시에라 모레나 산맥과 이 산맥을 둘러싸고 흐르는 과달 키브르 강을 끼고 있는데, 이는 교역과 방어의 의미를 가지고 있어요. 시에라 모레나 산맥이 있어 광물 자원이 많고, 과달 키브르 강이 있어 교역을 보다 편안하게 할 수 있었던 거죠. 좀 더 역사적으로 거슬러 올라가면 코르도바는 후에 로마와 지중해 해상권을 놓고 전쟁을 벌이는 카르타고의 거주 지역이었어요. 그러다 기원전 260년 고대 로마의 속주 중 하나이면서 자치주인 바에티카Baetica이었기도 합니다. 그리고 6세기에 서고트족에게 함락되었고, 다시 이슬람에 정복되어 이슬람 왕국이 세워진 것이지요."

"우리 여행에서 본 코르도바의 메스키타라고 하는 이슬람 사원은 두척 인상적이었어요. 알-안달루시아 건축 양식은 무마야드 왕조의 것인데, 무슬림의 이베리아 반도 지배의 상징을 나타낸다고 하더군요. 시리아의 다마스쿠스 양식과 여러 지역의 양식을 따르면서 말발굽 아치와 서고트 양식이 합쳐져 나타났다고 해요. 786년에 이러한 특징을 가진 여러 이슬람 사원이 생겨났고요. 빨간 줄무늬의 아치 형태는 그리스, 로마의 건축 상징물인 아치에 이슬람의 색채가 입혀진 겁니다. 아시겠지만 흰색과 빨간색을 교대로 배열한 것인데, 표면도 장식이 있는 부분과 없는 부분이 번갈아 있는 아치예요. 이렇게 번성하였던 알-안달루스 왕국은 시간이 지나면서 점점 약해집니다. 코르도바의 우마이야 칼리프 왕조는 1031년까지 존속하였고, 그 뒤에 타이파 시대가 이어져요. 약 60년간 공화국 형태를 가지다가 알모라비데 왕조의 수중에 들어갔다가 그 후 1148년 알모하드 왕조의 지배를 받습니다."

11세기 이베리아 반도의 왕국

엘레나는 나를 보더니 말하였다.

"역사를 보면 타이파 시대는 어떤 제국이든지 한 번은 맞이하는 것 같아요. 그러면서 새로운 시대가 열리고요. 결국 역사는 돌고 도는 것 같아요. 이베리아 반도에서의 이슬람 문화도 국토 회복 운동을 벌인 나라들 중 하나인 카스티야의 페르디난도에게 정복돼요. 이로써 지중해의 문화, 의학, 과학 등 모든 면에서 발전하였던 코르도바는 그 역할을 마감하게 되죠. 코르도바는 이렇게 여러 왕조를 거치면서 정치, 경제, 사회, 문화, 예술 등 모든 면에서 발전한 도시였어요. 그리고 지식의 도시답게 좀 생소할 수도 있겠지만 서적 시장

또한 다른 지역에 비해 아주 활발한 도시였고요. 그래서 인쇄 및 출판의 중심 도시이기도 하였어요. 이것만이 아니라 모든 상거래가 아주 활발한 도시로 섬유, 보석, 가죽, 상아 등 사치품의 거래도 활발하였죠."

엘레나는 잔을 돌리더니 거리를 바라보았다. 많은 사람이 오갔다. 손을 잡고 가며 애정 표현을 하는 연인들, 그리고 한국 사람으로 보이는 여행객도 보였다. 엘레나는 타이파 시대 이후 이야기를 마저 하였다.

"칼리프 시대와 정치적으로나 군사적으로 혼돈하였던 타이파 시대를 넘어 무하마드 1세는 1238년에 이슬람 왕조의 마지막 왕국인 나스르 왕조를 세워요. 그라나다를 중심으로 250년간 존속하였던 이슬람 왕국이죠. 그라나다는 아까 이야기하였듯이 지정학적으로 물자가 풍부하여 활발한 경제 활동을 하였던 곳이에요. 하지만 이러한 왕조도 국토 회복 운동에 의해 남쪽으로 후퇴하게 되죠. 이후 북쪽은 시에라 네바다Sierra Nevada 산지, 남쪽은 그라나다에서 100킬로미터 떨어진 알메리아Almeria 해안선으로 둘러싸인 지역만으로 영토가 축소돼요. 그라나다는 카스티야의 이사벨라 여왕과 페르디난도 왕에 의해 1492년 멸망하는데, 이로써 이베리아 반도에서 이슬람 세력이 사라지게 됩니다."

스페인의 과거와 현재의 이해, 레콘키스타와 그 시작 코바돈가 전투

레콘키스타는 8세기에서 15세기에 걸쳐 기독교도가 모슬렘에게 점령당한 이베리아 반도 지역을 되찾기 위해 일으킨 국토 회복 운동이다. 1492년에 모슬렘 최후의 거점인 그라나다를 함락함으로써 끝이 났다.

"스페인을 이해하기 위해 역사 속에서 딱 하나만 이야기한다면 뭐가 가장 중요할까요?" 하고 나는 엘레나에게 물었다.

"딱 하나만 꼽으라면 레콘키스타Reconquista라고 불리는 국토 회복 운동이죠. 스페인의 역사와 현재의 스페인을 동시에 이해할 수 있어요. 레콘키스타는 재정복이라는 뜻이며, 이베리아 반도에서 벌어진 가톨릭교도와 이슬람교도와의 전쟁입니다. 이슬람이 이베리아 반도에 정착한 후 8세기 초부터 15세기 말 1492년까지 약 780년 동안 계속되었죠. 국토 회복 운동에 관해 이야기하자면, 서고트족의 멸망과 함께 이슬람의 지배가 시작되었다고 볼 수 있어요. 앞서 이야기했지만 서고트족은 게르만 민족 이동 때 피레네 산맥을 넘어 이베리아 반도에 정착했어요. 6세기 후반 정치적으로 통일을 이루었으나 7세기 후반에는 정치, 경제, 사회 모든 면에서 위기를 맞는데, 결과적으로는 내부의 이러한 위기가 북아프리카에 있던 이슬람교도를 끌어들이는 원인이 되었어요. 서고트족의 왕 위티사가 710년에 사망하자 뒤를 이어 로드리고가 왕위를 계승하였어요. 하지만 위티사의 아들을 왕으로 추대하려고 했던 세력이 반란을 일으켜 북아프리카의 이슬람교도를 끌어들이면서 이베리아 반도에 이슬람교도가 넘어오게 되죠. 그 후 711년 이슬람교도에게 서고트족이 멸망하게 됩니다. 서고트족의 멸망으로 생긴 많은 난민과 귀족들은 칸타브리아 산맥에 걸친 산악 지대로 도망갔는데, 이들은 후에 이슬람이 이베리아 반도를 지배하는 데 걸림돌이 됩니다."

"이러한 것의 상징적인 사건이자 국토 회복 운동의 시작점이 된 것이 722년에 일어난 코바돈가Covadonga 전쟁인가요?"

"그렇죠. 코바돈가에서 벌어진 코바돈가 전쟁이 국토 회복 운동의 시작이라고 볼 수 있어요. 스페인 사람들에게 있어 코바돈가 전쟁은 그들의 독립성과 정체성을 나타내죠. 이 전쟁을 이야기하기 위해서는 펠라요Pelayo라는 인물을 알아야 해요. 간단히 이야기하면 그는 북쪽 칸타브리아 산속 깊은 곳으로 피난하였는데 스페인의 수호성인을 코바돈가 동굴에서 만나죠. 이에 힘을 얻어 흩어진 세력을 모아 군대를 결성하고 이슬람 세력과 전쟁을 합니다. 산속으로 물러나 전략적으로 유리한 점을 이용해 전투에서 승리하죠. 이것이 바로 가톨릭의 스페인 재정복을 알리는 신호탄이 됩니다."

엘레나는 이야기하다 말고 나에게 물었다.

"아, 근데 아까 말한 알-안달루스Al-Andalus의 뜻을 아세요?"

"글쎄요." 나는 고개를 갸우뚱하였다.

"알-안달루스란 이슬람교도가 그들의 정복지를 부른 말이에요. 다시 간략하게 정리하면 그들은 코르도바를 수도로 동부의 에브로 강 유역과 남부의 과달키비르 강 유역에 정착하는데 북부와 서부는 관심 밖에 두었다고 해요. 당시 알-안달루스 내부에서는 분쟁이 끊이지 않았고요. 756년에 세워진 옴미아드 왕조에 와서도 사태는 별로 달라지지 않았는데, 이러한 상황이 북부의 저항 운동을 도와주는 꼴이 되었다고 합니다.

코바돈가 전투 이후 아스투리아스, 나바라, 카스티야 등의 가톨릭 국가들이 성립되었는데 이들의 공통점은 무엇일까요?"

"그야 반이슬람이죠."

"맞아요. 특히 아스투리아스 왕국은 서고트족의 후계자임을 자처하였는데, 8세기 중엽에 일찍이 자신들의 영역을 반도의 약 4분의 1로 넓혔어요. 당시 이슬람의 옴미아드 왕조는 가톨릭군이 남하하는 것을 두에로 강[17] 이북에서 저지하였죠. 11세기 들어서 옴미아드 왕조가 붕괴되면서 야심이 강한 두 가톨릭 국가가 새롭게 1035년에 성립하였어요. 바로 카스티야와 아라곤 왕국이에요. 이들은 1085년에 트레드, 1118년에는 사라고사, 그리고 1147년에는 리스본을 탈환합니다. 가톨릭군의 이 같은 활약에 의해 이베리아 반도의 이슬람군은 위기에 처하는데, 이 시기는 바로 '엘 시드El Cid'가 활약한 시기이기도 해요. 1212년에는 트레드 남쪽의 라스 나바스 데 톨로사 들판에서 연합군이 무와비즈조군을 격파하였고, 13세기까지 아라곤과 포르투갈은 각각 국토 회복을 완료하였어요. 또한 카스티야도 코르도바, 세비야, 무르시아 등의 주요 거점을 확보하였고요. 1492년 페르디난도와 이사벨라가 이슬람 최후의 거점인 그라나다를 함락함으로써 국토 회복 운동을 완성하죠.

국토 회복 운동은 이베리아 반도에 있어 스페인 중세사 전반을 이야기한다고 할 수 있을 정도로 굉장히 중요합니다. 국토 회복 운동으로 인해 스페인 사회에서는 노동 경시 풍조와 함께 농업 중심에서 목축 중심의 경제로 변화되고, 정치적으로도 혼돈의 시기가 옵니다. 이러한 현상들은 이베리아 반도의 근대사에 영향을 미쳐요. 이때 반도의 내셔널리즘이 나타나면서 스페인과 포르투갈이라는 나라가 성립돼요. 현재의 스페인과 포르투갈이라는 나라가 탄생한 거죠."

중세의 가톨릭 왕국

중세 시대 이베리아 반도의 가톨릭 왕국을 이해한다는 것은 과거와 현재의 스페인을 이해하는 데 많은 도움이 된다. 카스티야 왕국, 레온 왕국 카스티야 레온 왕국, 나바라 왕국 그리고 아라곤 왕국과 아라곤 연합왕국으로 구분되어 진다.

카스티야(Castilla) 왕국

엘레나와 나는 바에서 나와 거리를 걸으면서도 계속해서 이야기 나눴다.

"스페인을 이해하기 위해서는 가톨릭 왕국을 아는 게 아주 중요하다고 생각합니다."

"물론이죠. 중세의 가톨릭 왕국을 이해한다는 것은 현재의 스페인 구조를 이해하는 데에도 많은 도움이 돼요."라고 말하는 엘레나를 보는데, 그녀가 나와 키가 비슷하다는 것을 알았다. 정확하게 말하면 나보다 조금 작긴 하지만 편하게 마주 보며 이야기할 수 있어 좋다는 생각이 들었다.

나는 엘레나에게 카스티야 왕국에 관하여 이야기하였다.

"카스티야 왕국의 시작은 10세기 팜플로나Pamplona 왕국까지 거슬러 올라가죠. 팜플로나는 전형적인 중세 도시가 그렇듯이, 평균 고도가 446m 되는 고지대에 위치해 있어요.

산초 3세는 10~11세기 국토 회복 운동 중반쯤의 왕으로 산초 1세의 손자이며, 그의 아버지는 가르시아 3세예요. 그는 피레네 산맥의 이슬람군을 소탕하고 아라곤, 바르셀로나 그리고 카스티야 레온 왕국을 접수합니다. 간단하게 이야기하면 그는 북부 가톨릭교 여러 왕국을 통일해 스페인을 건국한 왕이에요. 즉, 국토 회복 운동의 신기원을 이룩한 왕이죠. 산초 3세는 죽으면서 자신의 아들들에게 영토를 나누어 주는데 가르시아 산체스 1세에게는 나바라 왕국, 페르난도 1세에게는 카스티야 레온 왕국, 라미로 1세에게는 아라곤 왕국을 줍니다.

페르난도 1세는 레온의 베르문도 3세가 죽자 레온 왕국 출신인 부인의 권리를 승계시켜 레온의 왕위를 획득함으로써 카스티야 레온 왕국을 통합하였어요. 그리고 뒤를 이어 알폰소 6세는 이들 왕국의 국경을 1085년 타이와 왕국과의 통합으로 광범위하게 확대해요. 당시 타이와 왕국의 국경은 마드리드, 과달라하라, 쿠엥카, 톨레도까지였어요. 이렇게 되면서 알폰소 6세는 1076년 산초 4세의 죽음으로 팜플로나 왕국의 일부를 점령하였고, 알폰소 7세는 1135년 팜플로나 그리고 레온 왕국의 황제로 즉위하였어요. 그는 죽으면서 유언으로 카스티야와 레온을 산초와 페르난도 두 왕자에게 나눠 가지도록 하였는데, 이 두 왕국이 다시 통합되는 데는 약 100년이라는 시간이 걸렸어요.

카스티야 왕국이 가장 번성하였을 때에는 페르난도 3세 시대인데 그때 서유럽의 최대 군주국이기도 하였어요. 그의 뒤를 이은 알폰소 10세 때 크게 발전하였지만 그의 사후 왕위 계승 문제, 귀족과 군주 간의 알력으로 상황이 힘들어지죠. 알폰소 11세 때 와서는 페스트로 인해 모든 면에서 위기를 맞이하게 됩니다. 그의 사후에는 이복형제인 두 아들 페드로 1세와 엔리케 2세가 왕위 계승 싸움에 프랑스와 영국이 개입해 국제화되었고, 1369년에 엔리케가 귀족과 프랑스군의 도움을 받아 페드로 1세를 격파하고 트라스타마라 왕조를 창건하였어요. 그는 대외 정책 및 중앙 행정 기구의 재정비 그리고 왕권 강화에도 힘썼어요. 그의 트라스타마라 왕조는 카스티야 왕국을 150년간 지배하였고 1412년부터는 아라곤을 지배하였어요."

레온(Leon) 왕국

내가 말하는 동안 엘레나는 셀카를 찍으면서도 정확히 다음 내용을 이어 받았다.

"레온Leon은 현재 카스티야 레온 자치 지역 북서부 끝의 레온주 중앙부에 위치한 곳입니다."

"레온 왕국은 오랜 역사를 가졌어요. 거슬러 올라가보면 1세기 로마 군대에 의해 설립되었다고 볼 수 있어요. 68년 이 지역에 주둔한 로마 군대가 도시 발전에 크게 영향을 끼쳤죠. 10세기에서 13세기까지 이베리아 반도 북서부 지역에 있었으며, 레온을 중심으로 바야돌리드, 발렌시아, 사모라, 살라망카 등이 왕국의 영지였어요."

"우선 레온 왕국의 도시들에 관해 간단히 이야기해보도록 하죠. 참고로 사모라를 제외하고는 우리가 모두 갔던 곳이예요. 바야돌리드는 국토 회복 운동 시기인 11세기에 레온 왕국의 전초 기지로 형성된 도시예요. 15~16세기 초반까지 카스티야 왕국의 수도 역할을 했죠.

우리에게 많이 알려진 도시 중의 하나인 발렌시아는 스페인 역사의 모든 것과 함께한다고도 할 수 있습니다. 역사적으로 그리스, 로마, 카르타고, 이슬람의 지배를 받았는데 11세기 후반 엘 시드에 의해 정복되었으나 그가 죽자 다시 이슬람 왕국의 수도로 발전해요. 하지만 이 도시는 13세기에는 아라곤 왕이 탈환하였고, 19세기에는 프랑스의 지배를 받으면서 반발로 인해 많은 것이 파괴되었죠. 현재 발렌시아는 스페인의 정치, 교육, 문화의 중심지이기도 해요.

사모라는 사모라 주 남부와 포르투갈 국경 근처에 위치해요. 고대 로마가 지배하던 시기에는 오세요두룸Ocellodurum이라고도 불렸고요. 이 도시는 레온 왕국의 중심 도시이며, 전략적 요충지였습니다.

마지막으로 살라망카는 로마의 군사 도시로 발전하였는데 게르만족인 고트족과 이슬람의 지배를 받았고, 이후에는 가톨릭의 지배를 받아요. 13세기에 들어와 알폰소 대주교에 의해 살라망카 대학이 설립되면서 학술과 문화의 중심지가 되었죠.

이러한 영토를 기반으로 10세기 아스투리아스 왕국의 가르시아 1세의 통치가 시작돼요. 그리고 가르시아의 아들인 오르도뇨 2세는 수도를 오비에도에서 레온으로 옮기면서 914년 레온 왕국을 세우게 돼요. 이 레온 왕국의 국경 지대에는 많은 성채가 구축되어 있는데, 카스티야라는 말이 바로 성이란 뜻이에요. 11세기 전반에 페르난도 곤잘레스가 레온 왕국으로부터 독립해 카스티야 왕국을 세웠고, 1037년에는 레온 왕국이 카스티야의 페르난도 1세에 의해 병합되면서 '레온 카스티야 왕국'이 되었어요. 그리고 알폰소 7세가 죽을 때까지 12세기 중반에 걸쳐 계속 이어졌고요. 뒤를 이은 페르난도 2세는 분할 상속에 의해 레온 왕으로 독립하게 되는데, 왕국은 카스티야와 관계없이 통치되었으며 레온과 카스티야는 카스티야 왕이었던 페르난도 3세 때에 합병되었어요."

카스티야 왕국과 레온 왕국에 대한 엘레나의 이야기가 끝나고, 우리는 와인을 마시면서 잠시 말없이 바라 보았다. 엘레나의 이야기를 바탕으로 내가 알고 있는 카스티야 레온 왕국에 대한 이야기를 시작하였다.

카스티야 레온(Reino de Castilla, Leon) 왕국

"카스티야 레온 왕국에 대해서는 제가 이야기할게요. 레온 왕국은 200년간 존속하였던 아스투리아스 왕국을 승계한 왕국이고, 아스투리아스 왕국은 스페인 북서부에 존속하였던 기독교 국가입니다. 서고트 왕국의 펠라요가 이슬람을 격파하며 718년 왕국이 성립하였는데, 아스투리아스 왕국의 알폰소 1세가 북부에 있는 칸타부리아 산맥을 넘어 남쪽에 있는 레온을 정복하면서 탄생한 국가입니다. 알폰소 3세가 두에로 강 일대까지 영토를 넓히고, 그의 뒤를 이은 가르시아 1세는 수도를 레온으로 옮기면서 드넓은 중부 고원 지대로 나갈 수 있는 발판을 마련하게 됩니다.

레온 왕국이 성립될 당시 카스티야는 레온 왕국이 다스리던 영지였는데, 카스티야Castilla는 라틴어 카스텔라Castella에서 유래한 성을 의미합니다.

11세기에는 카스티야가 독립하면서 독자적인 왕국으로 발전하기 시작합니다. 카스티야 왕국은 반도 중앙부에 위치하였는데, 남으로는 아라곤 백작령, 서쪽으로는 레온 왕국, 남으로는 알-안달루스와 국경을 접하고 있었습니다. 레온과 카스티야 왕국은 11세기에 독립한 후 두 차례에 걸쳐 연합 왕국을 형성합니다. 1085년 알폰소 6세의 재위 시대에는 반도 중앙부의 전략적 요충지인 톨레도를 점령하였는데 이것이 가지는 의미는 국토 회복 운동의 주도권이 카스티야 레온 왕국으로 넘어가게 됐다는 것이죠. 1198년에 카스티야의 공주 베렝겔은 레온의 왕이자 사촌 오빠인 알폰소 9세와 결혼하여 페르난도 3세를 낳았는데, 페르난도 3세는 1217년에 어머니가 돌아가시면서 왕위를 물려받았고, 1230년에는 알폰소 9세의 사망으로 레온의 왕위도 이어받아 카스티야 레온 통합 왕국의 최초의 왕이 되었습니다.

이 왕국은 통합과 분열을 거듭하면서 페르난도 3세 때 최종적으로 통합되었어요. 이것을 기반으로 여세를 몰아 반도의 남부 지역을 차례로 점령해나가면서 번영을 누리게 됩니다. 13세기 말에 접어들면서 왕국은 왕실과 귀족과의 대립 양상으로 내분이 일어나는데, 특히 페르난도 4세 이후 왕위 계승 문제로 혼란스러웠습니다. 이러한 혼란을 알폰소 11세가 진정시켰으나 페드로 1세 때 다시 사태가 악화되죠. 이때 귀족들은 선왕인 알폰소 11세의 서자인 엔리케를 옹립하고 엔리케 자신이 페드로를 살해한 뒤 왕위에 올라 트라스타마라Trastamara 왕가가 창시됩니다. 이 트라스타마라 왕가는 14~16세기에 걸쳐 이베리아 반도와 시칠리아, 나폴리를 지배합니다.

나바라(Navarra) 왕국

좁은 골목 안으로 들어가면서 엘레나에게 이야기하였다.

"나바라 왕국은 초기에 팜플로나 왕국이란 이름으로 시작하였어요. 이것은 카스티야 왕국의 역사가 팜플로나 왕국까지 거슬러 올라가는 것과 비슷합니다. 왜 그럴까요?"

엘레나는 빙그레 웃으면서 대답하였다.

"그야 그들의 공동 조상인 산초 3세로부터 시작되기 때문이죠."

"맞아요. 팜플로나 왕국은 10세기에서 16세기까지 나바라 왕국의 수도로 번영하였던 곳이기도 해요. 이곳의 거의 모든 주민은 바스크인으로 바스크어를 사용하고 있어요. 팜플로나를 수도로 나바라 왕국은 이미 10세기부터 국토 회복 운동에 적극 참여하였고 영토를 에브로 강 유역까지 확대했어요."

"11세기에 들어 나바라 왕국에는 스페인 역사상 가장 위대한 왕 가운데 한 명으로 꼽히는 왕이 등장합니다. 바로 산초 3세 대왕예요. 그는 카스티야 왕국과 아라곤 백작령 등을 점령하면서 이베리아 반도 최강의 왕국을 만들어요. 그 후 산초 대왕은 1034년에 레온 왕국마저 굴복시키면서 가톨릭 세계의 대왕으로 군림하죠. 그는 수도사들을 대거 초빙해 교회와 문물을 개혁하기도 했어요. 그러나 그가 죽자 나바라 왕국은 그의 아들들에 의해 3개의 나라로 분리되죠. 첫째인 산초 가르시아 3세가 통치하는 나바라 왕국, 둘째인 페르난도 1세의 카스티야 왕국, 서자인 라미로 1세의 아라곤 왕국으로 말이죠."

내가 여기까지 이야기하자 엘레나가 받아 말하였다.

"역사는 비슷하게 흐르나 봐요. 시기상으로 이 시대의 역사보다 조금 빠른 9세기 초에는 서유럽 프랑크족의 샤를마뉴 뒤를 이어 왕이 된 루트비히 1세도 세 아들에게 나누어준 땅이 이탈리아, 독일, 프랑스 세 나라로 갈라져서 형제끼리 영토 분쟁이 났잖아요."

"네. 그런데 나바라 왕국을 물려받은 산초 가르시아 3세와 산초 4세는 과거 산초 3세 대왕의 화려했던 시대를 유지하지 못하고 나바라 왕국을 피레네 산맥의 소국으로 전락시키고 말았죠."

아라곤 왕국(Reino de Aragón)과 아라곤 연합 왕국(Corona de Aragón)

"아라곤은 현재 스페인 북동부에 있는 역사적인 도시예요. 그런데 혹시 이거 아세요? 지금의 아라곤은 12세기 말경 이슬람교도를 재정복하였던 아라곤 영토와 거의 비슷해요." 하고 엘레나가 말했고, 나는 "그래요?" 하고 맞장구치며 그녀의 다음 이야기를 기다렸다.

"당시 카탈루냐와 발렌시아 그리고 프랑스 남부 지역은 아라곤 왕국의 지배를 받았어요. 아라곤 왕국은 영토는 작지만 피레네 산맥과 여러 강을 끼고 있는 지형적 특성 때문에 비교적 다양한 생활이 이루어졌죠. 이 왕국은 원래 9세기 초 원주민 귀족인 나바라 왕국의 한 백작령이었어요. 지금도 북쪽으로 올라가보면 스페인과 프랑스의 느낌을 동시에 받을 수가 있습니다."

엘레나는 잠시 나를 쳐다보더니 말을 이어나갔다.

"아라곤 왕국은 아까 말했듯이 나바라 왕국의 대왕으로 불린 산초 3세가 그의 서자인 셋째 아들 라미르 1세에게 아라곤의 작은 피레네 산맥을 넘겨주면서부터 독립 왕국이 되었어요. 라미르 1세는 서쪽으로 세력을 넓혀나가며 이슬람 세력이 소왕국들로 분열되어 있는 틈을 타 본격적으로 국토 회복 운동에 뛰어들었죠. 12세기에 접어들면서 산초 5세 라미레스의 아들인 알폰소 1세가 사라고사 및 에브로 강 유역의 많은 도시를 정복하며 방대한 영토를 차지하게 돼요. 알폰소 1세는 레온-카스티야의 왕인 알폰소 6세의 설득과 부탁으로 그의 딸이자 상속녀인 부르고뉴 레몽의 미망인인 우라카와 결혼을 합니다. 하지만 우라카는 알폰소 1세를 싫어하였다고 해요. 알폰소 6세가 죽자 4개의 그리스도교 왕국은 명목상 통일돼요. 알폰소 1세는 장인의 왕국까지 물려받아 레온-카스티야의 왕이 되죠. 하지만 레온-카스티야 사람들은 아라곤 출신의 황제를 싫어하였어요. 거기다가 알폰소 1세에게는 왕위를 계승할 왕자가 없었어요. 이때 프랑스 쿨뤼니 수도회의 톨레도 대주교 베르나르는 자신의 피후견인인 알폰소 레미나르[18]가 황제가 되기를 원하였어요. 베르나르는 교황을 재촉하여 우라카와의 결혼이 무효라고 선언하게 만들었고, 이때 알폰소 1세는 내란에 휘말리게 되었죠. 1126년 우라카가 죽을 때 그는 그의 의붓아들을 위해 권리를 포기하였어요. 이러한 와중에서도 그는 1118년 사라고사를 점령하였죠. 1125년 남부 안달루시아 이슬람교도과의 전쟁에서도 승리하였고요. 그는 이슬람과의 군사 작전 과정에서 피레네 산맥 북쪽의 여러 지방 통치자들로부터 많은 지원을 받게 돼요. 이를 계기로 남부 프랑스의 문제에 개입하게 되죠. 1134년 프리가 전투에서 알폰소 1세는 치명상을 입었어요. 신앙심이 깊었던 알폰소 1세는 자신의 후계자로 세 기사단[19]을 지명하였어요. 그러나 귀족들은 이를 받아들이지 않았고, 알폰소 1세가 죽자 동생인 수사 라미로가 임시로 왕위를 물려받았어요. 그는 갈수록 확대되어가는 카스티야 왕국의 팽창에 맞서기 위해 형 알폰소 1세의 딸을 바르셀로나의 백작과 결혼시키고 그를 후계자로 삼았어요. 이리하여 아라곤-카탈루냐 연합 왕국이 탄생하게 됐죠. 이 연합 왕국은 카스티야의 팽창에 맞설 수 있는 힘을 갖게 되었지만,

두 왕국의 기존 정치·문화·법률·언어 체계 등은 그대로 존중된 연합체 성격의 통합이었어요. 연합 왕국은 지중해의 마요르카, 이비사, 메노르카를 정복함으로써 지중해로 뻗어나갈 수 있는 교두보를 확보하였고 지중해 교역을 담당하는 상공업 도시들을 많이 거느리게 되었어요. 이 도시들에 상인 계급이 탄생함으로써 교역이 활발해지고, 또 많은 사람들 이곳으로 이주하여 정착하였어요.

이제 이베리아 반도, 즉 스페인과 관련된 가톨릭 왕국 이야기는 다 한 것 같네요. 이것을 알고 여행을 하는 것과 그렇지 않은 것과는 분명한 차이가 있어요. 물론 고대 이베리아 반도의 역사와 이슬람, 서고트족에 관한 것도 마찬가지입니다."

엘레나의 말을 들으니 이제야 스페인을 제대로 알게된 것 같았다. 많은 사람이 오가는 모습을 한참 동안 바라보다 우리는 그 자리에서 일어났다.

유럽의 대표 가문, 합스부르크 왕조

합스부르크 왕조는 프랑스의 부르봉, 이탈리아 피렌체의 메디치와 더불어 유럽의 3대 명문 가문 중 하나이다. 로마 제국이 멸망 후의 유럽 역사를 이해하는 데 합스부르크 왕조는 아주 중요하다. 약 640년간 유럽을 좌지우지한 왕조이다.

엘레나는 한 가지 이야기를 더 알려주고 싶다며, 합스부르크 왕조에 대한 이야기를 시작하였다.

"합스부르크 가문에 대한 이야기는 유럽 역사를 이야기할 때 항상 등장하는데, 이곳 스페인에서도 마찬가지예요."

"그렇죠. 스페인 역사에 있어 합스부르크 가문도 한 부분을 차지하는 한다고 알고 있어요. 합스부르크는 프랑스의 부르봉 왕가[20], 피렌체의 메디치[21]를 포함해 유럽의 3대 가문 중 하나 아닌가요?"

"네, 잘 알고 계시네요. 그럼 합스부르크 왕조에 대해서 설명해주시겠어요?"

"그러죠. 합스부르크라는 이름은 슈트라스부르크의 주교인 베르너와 그의 매부인 라트보트 백작이 1020년 스위스의 아르가우에 세운 합스부르크 성에서 유래하였다고 합니다.

이 가문은 독일의 남부지방에서 영향력을 확대하여 신성 로마 제국에서 큰 세력으로 부상하였고, 나중에는 신성 로마 제국 황제의 선출에도 개입하였어요.

알브레히트 4세의 아들인 루돌프 4세는 1273년에 독일 왕으로 선출되어 루돌프 1세가 되었어요. 그는 1282년 두 아들 알브레히트와 루돌프에게 슈타이머마르크를 물려주었고요.

이때부터 합스부르크 왕가와 오스트리아 사이에 아주 오랜 관계가 시작되는데, 이 가문은 합스부르크 가문이 끝날 때까지 20명의 황제를 배출하였어요. 프리드리히 5세는 1440년 독일 왕으로 선출되었죠. 1452년이 되어서 그는 프리드리히 3세로서 신성 로마 제국[37]의 황제가 되었어요.

그의 아들인 막시밀리언은 1477년 부르고뉴 공작인 샤를의 상속녀인 마리와 결혼하였어요. 이들 막시밀리언, 마리 그리고 현재의 밀라노의 스포르체스코 가문의 비앙카의 사랑 이야기는 오스트리아 인스부르크의 황금 지붕에 세 명이 나란히 부조되어 있어요. 여기까지는 신성 로마 제국과 오스트리아의 합스부르크 가문 이야기이고, 지금부터는 스페인 합스부르크 가문 이야기입니다."

나는 목을 가다듬고 말을 이어나갔다.

"엘레나, 막시밀리언의 아들 펠리페 1세는 열병으로 1506년에 죽습니다. 그의 죽음으로 아들인 카를로스 1세는 1516년 페르난도가 죽은 후 아라곤과 카스티야의 왕이 되고, 거의 2세기 동안 스페인을 통치하는 왕조가 성립되죠. 그는 신성 로마 제국의 황제로 카를 5세라고도 불렸어요."

엘레나는 고개를 끄덕였다. 그 모습을 본 나는 신성 로마 합스부르크 계열과 스페인 합스부르크가 나뉘게 된 이야기를 하였다.

"막시밀리언의 아들 펠리페 1세는 1496년 카스티야와 아라곤의 상속녀 아나와 결혼하면서 카를로스 1세가 돼요. 그는 1516년부터 1556년까지 재위했는데, 합스부르크 왕가의 후계자이기도 하기에 1519년 카를 5세라는 이름으로 신성 로마 제국의 황제가 됩니다. 이때부터 스페인 합스부르크 가문이 시작되었다고 볼 수 있습니다. 그의 가문은 스페인과 그 영토인 나폴리, 시칠리아, 사르데냐를 확보합니다. 그리고 부르고뉴, 스페인, 이탈리아를 펠리페 2세에게 양도하였고 황제 자리는 동생 페르디난트에게 물려주죠. 이리하여 합스부르크 왕가는 신성 로마 제국의 합스부르크 황제 계열과 스페인 합스부르크 황제 계열로 나뉩니다."

"합스부르크는 로마 제국이 멸망하고 나서의 유럽 역사를 이해하는 데 중요해요. 하지만 달이 차면 기운다는 말이 꼭 어울리는 두 합스부르크 가문의 몰락에 대해 이야기할게요."

엘레나가 내 말을 이어받아 합스부르크 가문에 대한 이야기를 계속했다.

"우선 신성 로마 제국의 합스부르크에 관하여 이야기하면, 합스부르크가는 오스트리아 왕위 계승 전쟁으로 거의 만신창이가 돼요. 거기다 프랑스 대혁명과 나폴레옹의 전쟁으로 1797년 네덜란드 남부까지 포기하다 그 후 나폴레옹이 몰락하자 빈 회의에서 왕정 복고를 시작해 롬바르디아, 베네치아, 달마티나, 티롤 지역을 되찾아요.

1914년, 오스트리아-헝가리 제국의 황제 계승자인 프란츠 페르디난트 대공은 보스니아의 수도 사라예보를 방문하였다가 세르비아의 민족주의자가 쏜 총에 맞아 사망하는데, 그로 인해 한 달 뒤 제1차 세계대전이 일어납니다. 그리고 이것이 합스부르크를 해체하는 결과를 가져오죠. 제1차 세계대전 이후 로마 제국의 마지막 황제인 카를에게는 오스트리아와 헝가리밖에 남지 않았죠. 결국 1918년 11월 11일 카를은 오스트리아가 장래의 국가 형태를 결정할 권리가 있음을 인정하고 본인은 국정에 참여하지 않겠다고 선언하는 포고문을 발표합니다. 이에 따라 1921년 11월 3일 헝가리 의회는 카를의 주권과 국사 조칙을 폐지한다는 법령을 발표하였고, 합스부르크의 신성 로마 제국 계열은 무너지게 되죠."

여기까지 말한 엘레나는 내가 잘 이해했는지 알고 싶다는 표정으로 나를 한 번 쳐다본 뒤 말을 이어나갔다.

"이젠 스페인의 합스부르크 왕조에 대해서 이야기할게요. 1492년 콜럼버스가 서인도 제도를 발견한 뒤 스페인은 아메리카 대륙의 거대한 두 제국을 정복하게 되고 동아시아 지역에서도 식민지를 만들었어요. 그리고 카를로스 1세가 퇴위하자 오스트리아와 독일을 포함한 신성 로마 제국과 스페인의 전 영토를 펠리페 2세가 계승하였는데 스페인의 황금시대를 맞게 돼요. 펠리페 2세는 즉위와 동시에 관료 조직을 정비하는 등 국가 질서 수립에 정진하고, 가톨릭 신앙으로 이베리아 반도를 통일하면서 프로테스탄트의 스페인 침투를 방지하죠. 그리고 종교 재판소를 국가 행정 기관으로 개편하고,

1508년에는 포르투갈을 합병하면서 마침내 이베리아 반도를 통일해요. 스페인 합스부르크는 남미, 아프리카의 포르투갈 식민지를 소유하면서 절정에 달하죠. 이때가 바로 스페인 합스부르크의 전성기입니다.

이렇게 번영했던 스페인 합스부르크가 몰락한 원인은 바로 그들 무역의 기초였던 모직물 산업에 있었어요. 그들의 모직물 산업이 영국산, 네덜란드산 모직물에 상권을 빼앗기면서부터인데 이로 인해 스페인 국내 산업이 침체돼요. 스페인은 이것을 만회하기 위해 네덜란드에 대한 통제와 징세를 강화하는데, 네덜란드의 독립 전쟁을 초래하는 원인이 되었거든요. 16세기 중반이 넘어서는 1558년 펠리페가 영국을 공격하기 위해 파견한 무적함대의 참패는 스페인의 몰락 원인이 되고 영국은 해상에서의 자신의 힘을 알리는 계기가 되었죠. 1598년부터 1621년까지 재위한 펠리페 2세의 아들 펠리페 3세는 대외적으로 평화를 유지하였으나 국내적으로는 중산층을 형성하고 있던 30만 명의 이슬람교도를 추방하지요. 그 결과 재정적 파탄을 가져와서 스페인 전체 경제의 쇠퇴로 이어지게 됩니다. 결국 중산층이 무너지면서 쇠퇴하게 되는 거예요. 펠리페 3세의 아들 펠리페 4세의 치하에서는 스페인의 쇠퇴는 더욱 두드러지게 나타나요. 그리고 스페인 합스부르크의 마지막 왕인 카를로스 2세 때는 보다 쇠퇴해요. 스페인 합스부르크는 17세기까지는 오스트리아 계열 합스부르크의 영향이 컸으나 18세기에 들어와서는 프랑스 부르봉 왕가의 지배를 받게 되고 20세기에 스페인 내란을 겪으면서 1937년에서 1975년까지 프랑코의 일인 독재 지배를 받습니다. 프랑코 사후 왕정 복고가 이루어져 후안 카를로스 5세가 왕위에 올랐고, 현재 펠리페 6세가 왕으로 있습니다."

엘레나는 이제 진짜 다 끝났다는 제스처로 손을 펴 보이며 이야기를 마무리하였다. 고대, 중세의 스페인 역사까지 마무리했다는 뿌듯함과 함께 스페인이 또 다른 느낌으로 다가왔다.

다음 날 아침, 렌터카를 반납하는데 알 수 없는 기분이 들었다. 엘레나는 시간이 남았으니 배웅하겠다며 공항까지 따라 나섰다. 짐을 부치고 출국장 안으로 들어가기 전, 엘레나는 처음 만났을 때와 같은 방법으로 내게 인사를 하였다. 달라진 점은 처음보다 좀 더 오래 꼭 안아주었다는 것이다. 나는 그녀에게 어떤 식으로든 꼭 다시 만나자고 인사를 전한 뒤 발길을 돌려 안으로 들어왔다. 엘레나는 내가 완전히 안으로 들어올 때까지 나를 바라보며 서 있었다.

주

1 **카르타고_** 기원전 6세기부터 지중해 대부분을 장악한 도시 국가

2 **메세타(Meseta)_** 스페인 북부의 바야돌리드를 중심으로 한 구카스티야, 톨레도와 라만차를 포함한 신카스티야가 해당한다.

3 **헤로도투스(Herodotos)_** BC 484~BC 425(추정). 그리스 역사가. 고대 로마의 철학자인 키케로가 '역사의 아버지'라고 불렀으며, 페르시아 전쟁사를 다룬 『역사』를 저술하였다.

4 **에스트레마두라(Extremadura)_** 스페인의 서쪽에 위치해 있는 자치 지역으로 서쪽은 포르투갈에 접해 있다.

5 **무르시아(Murcia)_** 스페인의 남동쪽에 위치하며, 안달루시아 주와 발렌시아 지방 사이에 있다. 지중해를 끼고 위치해 있다.

6 **루시타니아 문화_** 현재 포르투갈 북부와 스페인 북서부 지방의 일부분 일대에 살던 이베리아-켈트계 민족의 문화로 이베리아 문화와 켈트족 문화가 혼합된 문화이다.

7 **이비사(Ibiza)_** 에스파냐 발레아레스 제도에 있는 섬으로 이베리아 반도 동쪽 지중해에 위치해 있다.

8 **팍스 로마나(Pax Romana) 시대_** 기원전 1세기 말인 아우구스투스 시대부터 오현제 시대까지의 약 200년간을 말한다.

9 **볼가(Volga) 강_** 길이는 3,700킬로미터로, 러시아 서부를 남쪽으로 흐르는 유럽 제일의 강

10 **이시도르_** 560~636. 서고트족의 최고 지성인으로 세비야의 대주교를 지냈으며 『어원학』을 저술하였다.

11 **호노리우스_** 재위 395~423. 서로마 제국의 황제로 테오도시우스 1세의 둘째 아들 그리고 동로마 제국의 황제인 아르카디우스의 동생이기도 하다.

12 **셉티마니아_** 현재 프랑스의 남서부에 있는 고대 지역

13 **니케아 종교 회의_** 니케아, 현재 터키의 이즈니크에서 열린 공의회를 말한다.

14 **움마(Ummah)_** 이슬람교의 신앙 공동체로, 아라비아어로 민족 혹은 국가로 번역한다.

15 **펠라요(Pelayo)_** 아스투리아스 왕국을 건설한 왕

16 **알라흐만_** 옴미아드 왕조의 마지막 왕의 손자

17 **두에로 강_** 스페인 북부에서 시작하여 포르투갈 북부를 지나 대서양으로 흘러 들어가는 강으로, 도루 강이라고 한다.

18 **알폰소 레미나르_** 우라카와 부르고뉴 레몽 사이에서 태어난 아들

19 세 기사단_ 산티아고, 칼라트라바, 알칸타라 기사단

22 부르봉 왕가_ 프랑스의 왕조로 1589년 앙리 4세부터 1848년의 루이필리프 4세까지의 왕조

21 메디치_ 15~16세기 피렌체공화국에서 가장 유력하고 영향력이 높았던 시민 가문이며, 공화국의 실제적인 통치자였다.

Map of Madrid

N
Calle de Jorge Juan
벤타스 투우장
Calle Valverde
Calle Fuencarral
Calle Pelayo
Calle Augusto Figueroa
Calle de Paseaquillo
Calle de Prim
Calle San Marcos
Calle de las Infantas
Calle de Alcala
알칼라 문
시벨레스 광장
산 페르난도 왕립 아카데미 미술관
Calle de Montalban
Calle juan de Mena
Calle de Antonio Maura
티센-보르네미사 미술관
Calle de Felipe IV
Calle de Alfonso XII
Calle Moreto
산티아나 광장
Calle de Cervantes
벨라스케스 궁전
크리스털 궁전
Calle de las Huertas
Calle Santa Maria
Calle Jesus
Calle Magdalena
Cabeza
Calle Dona
Calle Gobernador
Calle Olivar
Calle tre peces
Calle de Santa Isabel
Calle Buenavista
Calle Saltre
Calle Argumosa
레이나 소피아 미술관
국립 인류학 박물관
아토차 역
Calle Victoria
Calle del Dr. Fourquet
Ronda de Atocha
Calle de Mendez Alvaro
Paseo de la Ft. Cristina

Map of Barcelona

N
콘 솔라트 데 마르 거리
라이에타나 거리
아비뇨 거리
카탈루냐
콜롬버스 동상
산 자우메 광장
시청사
산 펠리페
네리 교회
레알 광장
람블라스 거리
드라사네스 역
구엘 저택
바르셀로나
대성당
리세우 극장
보케리아 시장
Carrer Nou de la Rambla
Carrer de Vila i Vila
Passeig de Montjuïc
몬주익 성
Carrer de Villarroel
Carrer de Manso
Carrer de Ricart
Carrer de Calabria
Carrer de Rocafort
Carrer d'Entença
Carrer del Comte Borrell
Carrer de Viladomat
Carrer de Calabria
Carrer de Vilamari
Carrer de Rocafort
카탈루냐 미술관
아레나
쇼핑몰
스페인
광장

Madrid Metro

출처 www.planometromadrid.org

Barcelona Metro

출처 www.mapametrobarcelona.net

Foreign Copyright:
Joonwon Lee　　Mobile: 82-10-4624-6629
Address: 3F, 127, Yanghwa-ro, Mapo-gu, Seoul, Republic of Korea
3rd Floor
Telephone: 82-2-3142-4151
E-mail: jwlee@cyber.co.kr

시간으로의 여행

스페인을 걷다

2015. 8. 10. 1판 1쇄 발행
2024. 3. 13. 1판 3쇄 발행

저자와의 협의하에 검인생략

지은이 | 정병호
펴낸이 | 이종춘
펴낸곳 | BM (주)도서출판 성안당
주소 | 04032 서울시 마포구 양화로 127 첨단빌딩 3층(출판기획 R&D 센터)
10881 경기도 파주시 문발로 112 파주 출판 문화도시(제작 및 물류)
전화 | 02) 3142-0036
031) 950-6300
팩스 | 031) 955-0510
등록 | 1973. 2. 1. 제406-2005-000046호
출판사 홈페이지 | www.cyber.co.kr
ISBN | 978-89-315-7856-0 (13920)
정가 | 19,800원

이 책을 만든 사람들
책임 | 최옥현
진행 | 정지현
교정 · 교열 | 신정진
본문 · 표지 디자인 | 윤대한, 박원석
홍보 | 김계향, 유미나, 정단비, 김주승
국제부 | 이선민, 조혜란
마케팅 | 구본철, 차정욱, 오영일, 나진호, 강호묵
마케팅 지원 | 장상범
제작 | 김유석

■ **도서 A/S 안내**

성안당에서 발행하는 모든 도서는 저자와 출판사, 그리고 독자가 함께 만들어 나갑니다.
좋은 책을 펴내기 위해 많은 노력을 기울이고 있습니다. 혹시라도 내용상의 오류나 오탈자 등이 발견되면 **"좋은 책은 나라의 보배"**로서 우리 모두가 함께 만들어 간다는 마음으로 연락주시기 바랍니다. 수정 보완하여 더 나은 책이 되도록 최선을 다하겠습니다.
성안당은 늘 독자 여러분들의 소중한 의견을 기다리고 있습니다. 좋은 의견을 보내주시는 분께는 성안당 쇼핑몰의 포인트(3,000포인트)를 적립해 드립니다.
잘못 만들어진 책이나 부록 등이 파손된 경우에는 교환해 드립니다.